U0541276

国家社科基金重大委托项目
中国社会科学院创新工程学术出版资助项目

中国民族地区经济社会调查报告

总顾问　陈奎元
总主编　王伟光

2014年调查问卷分析·南方卷

本卷主编　王延中　丁赛

中国社会科学出版社

图书在版编目(CIP)数据

中国民族地区经济社会调查报告·2014年调查问卷分析·南方卷/王延中，丁赛主编.—北京：中国社会科学出版社，2017.10（2018.7重印）
ISBN 978-7-5161-9412-6

Ⅰ.①中… Ⅱ.①王… ②丁… Ⅲ.①民族地区经济-经济发展-调查报告-南方地区②民族地区-社会发展-调查报告-南方地区 Ⅳ.①F127.8

中国版本图书馆CIP数据核字（2016）第280278号

出 版 人	赵剑英
选题策划	宫京蕾
责任编辑	许　琳
责任校对	冯英爽
责任印制	李寡寡

出　　版	中国社会科学出版社
社　　址	北京鼓楼西大街甲158号
邮　　编	100720
网　　址	http://www.csspw.cn
发 行 部	010-84083685
门 市 部	010-84029450
经　　销	新华书店及其他书店
印刷装订	北京君升印刷有限公司
版　　次	2017年10月第1版
印　　次	2018年7月第2次印刷
开　　本	710×1000 1/16
印　　张	20.25
插　　页	2
字　　数	332千字
定　　价	85.00元

凡购买中国社会科学出版社图书，如有质量问题请与本社营销中心联系调换
电话：010-84083683
版权所有　侵权必究

《21世纪初中国少数民族地区经济社会发展综合调查》
项目委员会

顾问委员会
总 顾 问　陈奎元

学术指导委员会
主　　任　王伟光
委　　员（按姓氏笔画为序）
　　　　　丹珠昂奔　李　扬　李培林　李　捷　陈改户　武　寅
　　　　　郝时远　　赵胜轩　高　翔　黄浩涛　斯　塔

专家委员会
首席专家　王延中
委　　员（按姓氏笔画为序）
　　　　　丁卫东　丁　宏　丁　赛　马　援　王　平　王希恩
　　　　　王　锋　开　哇　车明怀　扎　洛　方　勇　方素梅
　　　　　石玉钢　尹虎彬　田卫疆　龙远蔚　包智明　卢献匾
　　　　　吐尔干·皮达　朱　伦　色　音　刘正寅　刘世哲
　　　　　刘　泓　江　荻　赤列多吉　李云兵　李红杰　李克强
　　　　　吴大华　吴　军　何星亮　张若璞　张昌东　张继焦
　　　　　陈建樾　青　觉　郑　堆　赵立雄　赵明鸣　赵宗福
　　　　　赵剑英　段小燕　姜培茂　聂鸿音　晋保平　特古斯
　　　　　俸代瑜　徐　平　徐畅江　高建龙　黄　行　曹宏举
　　　　　曾少聪　管彦波　毅　松

项目工作组
组　　长　扎　洛　孙　懿
成　　员（按姓氏笔画为序）
　　　　　丁　赛　孔　敬　刘文远　刘　真　李凤荣　李益志
　　　　　宋　军　陈　杰　周学文　程阿美　管彦波

《中国民族地区经济社会调查报告》
编辑委员会

总 主 编 王伟光

执 行 主 编 王延中

编 辑 委 员（以姓氏笔画为序）

　　　　丁　赛　马俊毅　马　骍　王伟光　王延中
　　　　王希恩　王　锋　方　勇　方素梅　尹虎彬
　　　　包胜利　色　音　刘正寅　刘世哲　刘　泓
　　　　刘海涛　孙伯君　李云兵　吴兴旺　张国春
　　　　张继焦　陈建樾　周竞红　庞　涛　赵明鸣
　　　　秦永章　贾　益　黄成龙　曹宏举　曹道巴特尔
　　　　曾少聪　蓝庆元　管彦波

编辑工作组　任　明　宫京蕾　孙　懿　扎　洛　宋　军

总　序

　　实践的观点是马克思主义哲学最基本的观点，实事求是是马克思主义的活的灵魂。坚持一切从实际出发、理论联系实际、实事求是的思想路线，是中国共产党人把马克思主义基本原理与中国实际相结合，领导中国人民进行社会主义革命和社会主义建设不断取得胜利的基本经验。改革开放以来，在实事求是、与时俱进思想路线指导下，中国特色社会主义伟大事业取得了举世瞩目的伟大成就，中国道路、中国经验在世界上赢得广泛赞誉。丰富多彩的成功实践推进了中国化马克思主义的理论创新，也为哲学社会科学各学科的繁荣发展提供了坚实沃土。时代呼唤理论创新，实践需要哲学社会科学为中国特色社会主义理论体系的创新发展做出更大的贡献。在中国这样一个统一的多民族的社会主义国家，中国特色的民族理论、民族政策、民族工作，构成了中国特色社会主义的重要组成部分。经济快速发展和剧烈社会转型，民族地区全面建成小康社会，进而实现中华民族的伟大复兴，迫切需要中国特色民族理论和民族工作的创新，而扎扎实实开展调查研究则是推进民族研究事业适应时代要求、实现理论创新、服务发展需要的基本途径。

　　早在20世纪50年代，应民族地区的民主改革和民族识别之需，我国进行了全国规模的少数民族社会历史与语言调查，今称"民族大调查"。这次大调查搜集获取了大量有关民族地区社会历史的丰富资料，形成300多个调查报告。在此次调查的基础上，整理出版了400余种6000多万字的民族社会历史建设的巨大系统工程——《民族问题五种丛书》，为党和政府制定民族政策和民族工作方针，在民族地区开展民主改革和推动少数民族经济社会的全面发展提供了重要的依据，也为新中国民族研究事业的发展奠定了坚实的基础。

半个多世纪过去了，如今我国边疆民族地区发生了巨大而深刻的变化，各民族逐渐摆脱了贫困落后的生产生活状态，正在向文明富裕的现代化社会迈进。但同时我们也要看到，由于历史和现实的原因，各民族之间以及不同民族地区之间经济社会的发展依然存在很大的差距，民族地区经济发展不平衡问题以及各种社会问题、民族问题、宗教问题、生态问题，日益成为推动民族地区经济社会发展必须着力解决的紧迫问题。深入民族地区开展长期、广泛而深入的调查研究，全面了解各民族地区经济社会发展面临的新情况、新问题，科学把握各民族地区经济社会发展趋势，是时代赋予民族学工作者的使命。

半个多世纪以来，中国社会科学院民族学与人类学研究所一直把调查研究作为立所之本。1956年成立的少数民族语言研究所和1958年成立的民族研究所（1962年两所合并），从某种意义上讲，就是第一次民族大调查催生的结果。作为我国多学科、综合性、国家级的民族问题专业研究机构，民族所非常重视田野调查，几代学人已在中国各民族地区近1000个点进行过田野调研。20世纪90年代，民族所进行了第二次民族地区典型调查，积数年之功完成了20余部调研专著。进入新的历史时期，为了更好地贯彻党中央对我院"三个定位"的要求，进一步明确今后一个时期的发展目标和主攻方向，民族所集思广益，经过反复酝酿、周密论证，组织实施了"21世纪初中国少数民族地区经济社会发展综合调查"。这是我国民族学研究事业发展的迫切需要，也是做好新时期民族工作的前提和基础。

在充分利用自20世纪50年代以来开展的少数民族社会历史与语言调查相关研究成果的基础上，本次民族大调查将选择60—70个民族区域自治地方（包括城市、县旗或民族乡）作为调查点，围绕民族地区政治、经济、社会、文化、生态五大文明建设而展开，计划用4—5年的时间，形成60—70个田野调查报告，出版50部左右的田野民族志专著。民族调查是一种专业性、学科性的调查，但在学科分化与整合均非常明显的当代学术背景下，要通过调查研究获得开拓性的成果，除了运用民族学、人类学的田野调查方法外，还需结合社会学问卷调查方式和国情调研、社会调查方式，把静态与动态、微观与宏观、定量分析与定性分析、典型与一般有机结合起来，突出调查研究的时代性、民族性和区域性。这是新时期开展民族大调查的新要求。

立足当代、立足中国的"民族国情",妥善处理民族问题,促进各民族平等团结,促进各民族地区繁荣发展,是中国特色社会主义的重要任务。"21世纪初中国少数民族地区经济社会发展综合调查"作为国家社科基金特别委托项目和中国社会科学院创新工程重大项目,希望立足改革开放以来少数民族地区的发展变化,围绕少数民族地区经济社会发展,有针对性地开展如下调查研究:①民族地区经济发展现状与存在的问题调查研究;②民族地区社会转型、进步与发展调查研究;③西部大开发战略与民族问题调查研究;④坚持和完善民族区域自治制度调查研究;⑤民族地区宗教问题调查研究;⑥民族地区教育与科技调查研究;⑦少数民族传统文化与现代化调查研究。

调查研究是加强学科建设、队伍建设和切实发挥智库作用的重要保障。基础研究与应用对策研究是现代社会科学不可分割的有机统一的整体。通过全面深入系统的调查研究,我们冀望努力达成以下几个目标。一是全面考察中国特色民族理论、民族政策的探索和实践过程,凝练和总结中国解决民族地区发展问题、确立和谐民族关系、促进各民族共同繁荣发展的经验,把握民族工作的一般规律,为未来的民族工作提供坚实的理论支撑,为丰富和发展中国特色社会主义理论体系做出贡献。二是全面展示改革开放特别是进入21世纪以来民族地区经济社会发展的辉煌成就,展示以"平等、团结、互助、和谐"为核心内容的新型民族关系在当代发展状况,反映各族人民社会生活的深刻变化,增强各民族的自豪感、自信心,建设中华民族共同体,增强中华民族凝聚力。三是深入调查探寻边疆民族地区经济社会发展中存在的问题,准确把握未来发展面临的困难与挑战,为党和国家全面了解各民族发展现状、把握发展趋势、制定未来发展规划提供可靠依据。四是通过深入民族地区进行扎实、系统的调研,搜集丰富翔实的第一手资料,构筑我国民族地区社会发展的基础信息平台,夯实民族研究的基础,训练培养一支新时代的民族问题研究骨干队伍,为民族学研究和民族地区未来发展奠定坚实的人才基础。

我们深信,参与调查研究的每一位专家和项目组成员,秉承民族学、人类学界前辈学人脚踏实地、不怕吃苦、勤于田野、精于思考的学风,真正深入民族地区、深入田野,广泛汇集干部群众的意见、倾听干部群众的呼声,运用多种方式方法取得丰富的数据资料,通过科学严谨的数据分析和系统深入的理论研究,一定会取得丰硕的成果。这不仅会成为21世纪我国民族学与人类学学科建设的一个重要里程碑，也一定会为党和政府提供重要决策参考，为促进我国民族理论和民族工作的新发展，为在民族地区全面建成小康社会，为实现中华民族的伟大复兴做出应有的贡献。

王伟光

目 录

第一章 广西龙胜各族自治县经济社会发展综合调查报告 …………（1）
 一 城乡受访者基本情况 ………………………………………（2）
 二 经济生活 ……………………………………………………（3）
 三 退耕还林与生态保护 ………………………………………（16）
 四 民族文化与教育 ……………………………………………（26）
 五 民族关系与民族政策 ………………………………………（37）
 六 公共服务与政府管理 ………………………………………（49）
 七 简要总结 ……………………………………………………（54）

第二章 广西隆林各族自治县经济社会发展综合调查报告 …………（58）
 一 调查对象基本情况 …………………………………………（59）
 二 经济生活情况 ………………………………………………（60）
 三 移民与生态环境保护 ………………………………………（69）
 四 社会事业发展 ………………………………………………（72）
 五 民族关系 ……………………………………………………（88）
 六 民族政策 ……………………………………………………（99）
 七 民族文化传承与保护 ………………………………………（103）
 八 社会和谐与安定 ……………………………………………（108）
 九 简要结论 ……………………………………………………（121）

第三章 广西金秀瑶族自治县经济社会发展综合调查报告 ………（123）
 一 调查对象基本情况 …………………………………………（124）
 二 经济生活情况 ………………………………………………（125）

三　公共服务与管理 …………………………………（134）
　　四　民族语言与民族文化 ……………………………（139）
　　五　民族政策与民族关系 ……………………………（144）
　　六　生态环境与保护 …………………………………（149）
　　七　扶贫项目开展及评价 ……………………………（152）
　　八　社会和谐与发展的评价 …………………………（154）
　　九　结论和建议 ………………………………………（160）

第四章　浙江省景宁畲族自治县经济社会发展综合调查报告 ……（165）
　　一　调查对象基本情况 ………………………………（166）
　　二　经济生活 …………………………………………（167）
　　三　民族文化 …………………………………………（178）
　　四　民族语言与双语教育 ……………………………（181）
　　五　民族关系与民族意识 ……………………………（184）
　　六　民族政策 …………………………………………（189）
　　七　简要结论 …………………………………………（191）

第五章　西藏那曲县经济社会发展综合调查报告 ……………（193）
　　一　调查对象基本情况 ………………………………（194）
　　二　经济生活 …………………………………………（195）
　　三　公共服务与政府管理 ……………………………（207）
　　四　民族政策与民族关系 ……………………………（211）
　　五　结论与讨论 ………………………………………（222）

第六章　西藏白朗县经济社会发展综合调查报告 ……………（225）
　　一　调查对象基本情况 ………………………………（225）
　　二　经济生活 …………………………………………（228）
　　三　退耕还林/草与生态保护 …………………………（237）
　　四　社会政策 …………………………………………（240）
　　五　民族关系与社会和谐 ……………………………（246）
　　六　结论与讨论 ………………………………………（257）

第七章　西藏拉萨市经济社会发展综合调查报告 …………（260）
　　一　调查对象基本情况 ………………………………（261）
　　二　经济生活 …………………………………………（262）
　　三　移民与生态环境保护 ……………………………（269）
　　四　社会事业发展 ……………………………………（272）
　　五　民族关系 …………………………………………（283）
　　六　民族政策 …………………………………………（290）
　　七　民族教育与语言 …………………………………（292）
　　八　民族文化传承与保护 ……………………………（295）
　　九　社会和谐与安定 …………………………………（299）
　　十　总结与讨论 ………………………………………（302）

关键词索引 …………………………………………………（308）

后记 …………………………………………………………（310）

第一章

广西龙胜各族自治县经济社会
发展综合调查报告

龙胜各族自治县位于广西壮族自治区东北部，地处越城岭山脉西南麓，桂湘边陲，介于东经109°43′28″—110°21′14″，北纬25°29′—26°12′，东南北三面高而西部低，县境南北最大纵距78千米，东西最大横距60千米，全县总面积2538平方千米。龙胜气候属中亚热带温湿气候，雨量充沛，年降水量达1592毫米。全县平均海拔约700米，最高点为海拔1940米的大南山顶，最低点为海拔163米的桑江出境处石门塘，16度至46度以上的陡坡占全县土地87.7%，梯田广布，有丰富的林木和矿产资源。[①] 县内居住有苗、瑶、侗、壮、汉五个民族，辖7乡3镇，119个行政村，1469个村民小组，总人口16.7万，其中少数民族12.88万人，占总人口的77.22%。人口自然增长率为0.58‰，计划生育率达99.18%。[②] 县城距桂林市88千米，是大桂林旅游圈内的旅游大县之一，广州至成都的国道321线从龙胜境内通过，是湘西南、黔东南与四川进入广西之咽喉与物资集散地。龙胜古称桑江，中华人民共和国成立后，延续民国称呼"龙

[①] 《龙胜各族自治县概况》编写组、《龙胜各族自治县概况》修订本编写组编：《广西龙胜各族自治县概况》，民族出版社2009年版，第1—8页。

[②] 根据龙胜各族自治县统计局2015年4月2日公布的《龙胜县2014年国民经济和社会发展统计公报》，最新人口数据与此处有所差异："截至2014年年末全县户籍人口为180974人，比上年末增加1657人，其中，男性人口91286人，占总人口比重50.73%。女性人口89148人，占总人口比重49.26%；按年龄分，18岁以下人口29839人；18—35岁人口41711人，35—60岁人口74386人，60岁以上人口35038人。全年出生人口1913人，出生率为10.55‰；死亡人口683人，死亡率为6.86‰；自然增长率为3.69‰。"公报内容可参见广西壮族自治区政府信息公开统一平台官网：http://219.159.250.198:8202/govinfo/documentAction.do?method=toDocView&docId=e9ce7626-610e-48a0-8a5b-d87aaf1e273a&moduleId=44d55882-60cc-4678-a29a-0bf351546be5。

胜县",属桂林专区。1951年8月19日实行区域自治,改称"龙胜各族联合自治区(县级)",1955年9月改为"龙胜各族联合自治县",1956年12月改称"龙胜各族自治县",是中南地区第一个成立的民族自治县。[①]

一 城乡受访者基本情况

本报告的分析数据来源于中国社会科学院民族学与人类学研究所主持开展的国家社科基金重大委托项目、中国社会科学院创新工程重大专项"21世纪初中国少数民族地区经济社会发展综合调查",在2014年广西龙胜各族自治县进行的家庭问卷调查。调查对象包括龙胜各族自治县各民族成员,问卷回收数为402份。整理录入问卷数据后,主要使用社会统计软件SPSS对其进行统计分析,调查对象基本情况如下:

性别方面,402个受访者中男性比例为53.7%,女性比例为46.3%。年龄方面,31岁至60岁的受访者占比73.7%,是此次受访者的主要人群,30岁及以下与61岁及以上的受访者分别占比9%与17.4%。从民族成分来看,受访者由5个民族的成员组成,除瑶族受访者占比9.5%之外,其他4个民族的占比均在20%左右,其中侗族占比27.6%,苗族占比22.6%,汉族占比20.6%,壮族占比19.7%,符合龙胜县各族聚居的整体情况。户口类型方面,由于当地的户籍改革正在进行中,因此,此次调查的户口类型分为4类,其中农业户口受访者占56.5%,非农业户口受访者占10.7%,农业户口转居民户口受访者占14.4%,非农业户口转居民户口受访者占18.4%。受教育程度方面,未上学的受访者占比较低,为4.2%,小学文化程度的受访者占比21.6%,初中文化程度的受访者占比33.3%,高中、中专或职高技校文化程度的受访者占比26.6%,大学专科、本科及研究生文化程度的受访者占比14.2%。在宗教信仰方面,没有宗教信仰的受访者占了绝大多数,占比94.8%,拥有民间信仰的受访者占比2.3%,信仰佛教的受访者占比2.0%,信仰道教的受访者与选择"不知道(不清楚)"的受访者均占比0.5%。职业类型分布方面,占比例最高的受访者为农林牧渔水利生产人员,占比36.3%,其次是商业、

---

① 参考中华人民共和国国家民族事务委员会网站说明:http://www.seac.gov.cn/art/2004/7/13/art_ 1710_ 25917. html。

服务业人员，占比 20.8%，而后是国家机关事业单位负责人、工作人员，占比 18.8%。

表 1-1　　　　　　龙胜各族自治县受访者的基本特征①　　　　　（%）

性别	男性占比	53.7	民族	汉族	20.6	户口	农业	56.5
	女性占比	46.3		苗族	22.6		非农业	10.7
年龄	30 岁及以下	9		壮族	19.7		居民户口（之前是农业户口）	14.4
	31—45 岁	35.6		侗族	27.6			
				瑶族	9.5		居民户口（之前是非农业户口）	18.4
	46—60 岁	38.1	宗教信仰	佛教	2.0	职业	国家机关事业单位负责人、工作人员	18.8
	61 岁及以上	17.4		道教	0.5		专业技术人员	1.8
受教育程度	未上学	4.2		民间信仰	2.3		各类企业办事人员	4.0
	小学	21.6					商业、服务业人员	20.8
	初中	33.3		没有宗教信仰	94.8		农林牧渔水利生产人员	36.3
	高中	26.6					生产、运输设备操作人员及有关人员	0.5
	大学专科及以上	14.2		不知道（不清楚）	0.5		不便分类的其他从业人员	17.8

二　经济生活

(一) 就业状况

就业乃民生之本，是加快构建社会主义和谐社会、全面实现建成小康社会目标工作的重点。本报告将从受访者的职业类型、就业内容、就业渠道、就业观念与阻力四个方面，综合说明龙胜各族自治县的就业状况。

1. 职业类型

参与本题调查的有效回收问卷共 400 份，其中无人选择"军人"。总体来看，"农林牧渔水利生产人员"占比最大，为 36.5%，其次是"商

---

① 职业类型是按照人力资源和社会保障部职业能力建设司公布的国家职业分类目录编制而成，详情可参见网站：http://ms.nvq.net.cn/nvqdbApp/htm/fenlei/index.html。

业、服务业人员",占比 20.8%,而后是国家机关事业单位负责人、工作人员,两者共占比 19%。从户口类型来看,农业户口受访者中大多数人的职业是"农林牧渔水利生产人员",占比 62.6%;在非农业、农转居、非农转居的受访者中,"国家机关党群组织、事业单位的工作人员",即负责人与普通工作人员的总和均占职业类型的最高比例,其中在非农业受访者中占比 35.8%,在农转居受访者中占比 34.5%,在非农转居受访者中占比 46.5%。

表 1-2　　　　龙胜各族自治县受访者的职业类型分布　　　　（个、%）

	国家机关党群组织、事业单位负责人	国家机关党群组织、事业单位工作人员	专业技术人员	各类企业办事人员	商业、服务业人员	农林牧渔水利生产人员	生产、运输设备操作人员及有关人员	不便分类的其他从业人员	合计
整体	9	66	7	16	83	146	2	71	400
	2.5	16.5	1.8	4.0	20.8	36.5	0.5	17.8	100.0
农业	2	4	2	1	43	142	0	33	227
	0.9	1.8	0.9	0.4	18.9	62.6	0.0	14.5	100.0
非农业	2	13	1	6	5	2	1	12	42
	4.8	31.0	2.3	14.3	11.9	4.8	2.3	28.6	100.0
农转居	3	17	1	3	19	1	0	14	58
	5.2	29.3	1.7	5.2	32.8	1.7	0.0	24.1	100.0
非农转居	2	32	3	6	16	1	1	12	73
	2.7	43.8	4.1	8.2	21.9	1.4	1.4	16.4	100.0

2. 就业内容

为了更有针对性地开展有关就业内容的调查,我们把受访者按照户口类型进行了区分,收回农业户口和居民户口(包括"农转居"与"非农转居")受访者的有效问卷 346 份,非农户口受访者的有效问卷 32 份。其中,农业户口和居民户口受访者中 28.6% 的人只是务农;28.3% 的人只从事非农工作;15.3% 的人以务农为主,同时也从事非农工作;14.5% 的人以非农工作为主,同时也务农。

表1-3　龙胜各族自治县农业户口和居民户口受访者的就业内容　（个、%）

	只是务农	以务农为主，同时也从事非农工作	以非农工作为主，同时也务农	只从事非农工作	家务劳动者	退休人员	全日制学生	非全日制学生	其他不工作也不上学的成员	合计
样本量	99	53	50	98	10	24	3	1	8	346
占比	28.6	15.3	14.5	28.3	2.9	6.9	0.9	0.3	2.3	100.0

非农业户口受访者的劳动合同以"固定职工（包括国家干部、公务员）"以及"长期合同工"为主，两者比例均为34.4%，即有68.8%的非农户口受访者拥有较为稳定的工作。"从事私营或个体经营人员"占比21.9%，"短期或临时合同工""没有合同的员工""其他"均占比3.1%。

表1-4　龙胜各族自治县非农业户口受访者的劳动合同性质　（个、%）

	固定职工（包括国家干部、公务员）	长期合同工	短期或临时合同工	没有合同的员工	从事私营或个体经营人员	其他	合计
样本量	11	11	1	1	7	1	32
占比	34.4	34.4	3.1	3.1	21.9	3.1	100.0

3. 就业渠道

本次调查中，107名农业户口受访者曾在2013年从事过非农务工，在多种就业渠道中，占比最大的是"其他"选项，比例为42.1%，基本表现形式是自己开店。除此之外，通过"朋友、熟人介绍"的受访者占比28%，"通过本乡人介绍"的受访者占比10.3%，通过"政府、社区安排介绍"的受访者占比8.4%，通过"家人、亲戚介绍"的受访者占比5.6%。由此可见，自主经营以及熟人、朋友、老乡、家人、亲戚介绍是农业户口受访者非农就业的主要渠道，政府与社区的就业指导扶持作用还有待进一步提高。

表1–5　龙胜各族自治县农业户口受访者寻找非农工作的渠道　（个、%）

	政府/社区安排介绍	商业职介（包括人才交流会）	招聘广告	直接申请（含考试）	家人/亲戚介绍	朋友/熟人介绍	通过本乡人介绍	其他	合计
样本量	9	2	3	1	6	30	11	45	107
占比	8.4	1.9	2.8	0.9	5.6	28.0	10.3	42.1	100.0

在120名有工作的非农业户口与居民户口受访者中，28.3%的人是通过"政府、社区安排介绍"得到的第一份城镇工作，其次是20.8%的人通过国家分配、自主创业等"其他"渠道得到，直接申请（含考试）的人占比17.5%。从户口类型来看，非农业户口受访者中通过"其他"渠道的比例最高，为32.1%，农转居户口受访者中通过"政府、社区安排介绍"的比例最高，为31.7%，非农转居户口受访者中通过"政府、社区安排介绍"与"直接申请（含考试）"的占比最高，均为25.5%。与上文中农业户口受访者就业渠道明显不同的是：非农业户口与居民户口的受访者首次寻找城镇工作时，家人、亲戚、朋友等人脉关系的影响相对减弱，最主要的渠道还是国家分配，政府、社区安排介绍，直接申请（含考试）等就业平台。

表1–6　龙胜各族自治县非农业户口及居民户口受访者寻找城镇工作的渠道　（个、%）

	政府、社区安排介绍	商业职介（包括人才交流会）	招聘广告	直接申请（含考试）	家人/亲戚介绍	朋友/熟人介绍	通过本乡人介绍	其他	合计
整体	34	5	3	21	14	17	1	25	120
	28.3	4.2	2.5	17.5	11.7	14.2	0.8	20.8	100.0
非农业	8	4	0	4	1	2	0	9	28
	28.6	14.3	0	14.3	3.6	7.1	0.0	32.1	100.0
农转居	13	0	1	4	5	10	1	7	41
	31.7	0.0	2.4	9.8	12.2	24.4	2.4	17.1	100.0
非农转居	13	1	2	13	8	5	0	9	51
	25.5	2.0	3.9	25.5	15.7	9.8	0	17.6	100.0

4. 就业观念与阻力

除了就业能力与就业渠道，就业观念与就业障碍也是影响就业的重要因素。本报告从就业意愿区域、未外出就业原因、外出就业障碍三个方面，对受访者就业观念与阻力进行了调查分析。在就业区域方面，308名受访者中74.4%的人表示最愿意在"县城之内"工作；7.1%的受访者愿意在"县外省区内，但必须是家附近的市、县"工作；3.6%的受访者愿意在"县外省内无所谓远近"的地方工作；2.9%的受访者愿意前往"东部一线大城市"工作；1.3%的受访者愿意在"本省区外非相邻省区"工作；10.1%的受访者选择了"其他"，大部分原因是年龄较大，不愿意再外出，想在家中养老。从户口类型来看差异不大，无论哪种户口的受访者，选择在"县城之内"工作的比例均超过70%。由此可以看出，龙胜县受访者中的大多数人比较安土重迁，希望在离家较近的本县城之内解决就业。

表1-7　　龙胜各族自治县受访者关于就业区域的主观愿望　　（个、%）

	县城之内	县外省区内，但必须是家附近的市/县	县外省内无所谓远近	本省区相邻的外省区	本省区外非相邻省区	东部一线大城市	其他	合计
整体	229	22	11	2	4	9	31	308
	74.4	7.1	3.6	0.6	1.3	2.9	10.1	100.0
农业	125	17	7	0	4	7	17	177
	70.6	9.6	4.0	0.0	2.3	4.0	9.6	100.0
非农业	17	0	2	0	0	2	3	24
	70.8	0.0	8.3	0.0	0.0	8.3	12.4	100.0
农转居	38	2	2	2	0	0	2	46
	82.8	4.3	4.3	4.3	0.0	0.0	4.3	100.0
非农转居	49	3	0	0	0	0	9	61
	80.3	4.9	0.0	0.0	0.0	0.0	14.8	100.0

49名以前有过外出务工经历但今年未外出务工的农业户口受访者中，28.6%的受访者选择了"其他"选项，具体内容多是因为家里有事走不开，比如照顾孩子、老人、返修房屋等。其次，24.5%的受访者因为"家中农业缺乏劳动力"而不能外出从业，18.4%的受访者因为"找不到工作（或担心找不到工作）"未外出从业。另外，10.2%的受访者未外出是因为"在当地能找到满意的工作"。

表1-8　龙胜各族自治县以前有过外出务工经历的
受访者，今年未外出务工的原因　　　（个、%）

	找不到工作(或担心找不到工作)	不适应外地生活环境	收入没有在家稳定	疾病或伤残	家中农业缺乏劳动力	回家结婚、生育	当地能找到满意的工作	其他（请注明）	合计
样本量	9	2	2	3	12	2	5	14	49
占比	18.4	4.1	4.1	6.1	24.5	4.1	10.2	28.6	100.0

关于外出工作中的首要障碍，60名有过外出经历的受访者中，33.3%的受访者认为是"得不到相关就业信息"，26.7%的受访者认为是"工作辛苦收入低"，16.7%的受访者则是因为"家里需要照顾必须返乡"，6.7%的受访者"想留在就业地但生活成本太高"。如何推进劳动就业的信息公开，提高群众的就业信息知晓率，值得相关部门进行关注。

表1-9　龙胜各族自治县外出受访者就业中的首要障碍　　　（个、%）

	得不到相关就业信息	被当地人看不起	工作辛苦收入低	想留在就业地但生活成本太高	生活习俗不能适应	气候自然环境不能适应	孩子就学困难	家里需要照顾必须返乡	其他（请注明）	合计
样本量	20	2	16	4	1	3	2	10	2	60
占比	33.3	3.3	26.7	6.7	1.7	5.0	3.3	16.7	3.3	100.0

（二）受访居民住房情况

作为家庭财产的重要组成部分，房屋是居民经济生活的重要调查指标。此次调查的402名受访者中，绝大多数拥有自有住房，84.1%的受访者拥有1套自有住房，10.9%的受访者拥有2套自有住房，没有自有住房和拥有3套自有住房的受访者比例都较少，其中没有自有住房的受访者占比3.5%，拥有3套自有住房的受访者占比1.5%。从户口类型来看，无论哪种户口的受访者，拥有1套住房的比例均超过了75%。同时，非农转居户口受访者中没有自住房的比例高于其他户口类型，为9.5%，非农业户口受访者中拥有2套自住房的比例高于其他户口类型，为16.3%。

表 1-10　　龙胜各族自治县受访者家庭自有住房的拥有情况　　（个、%）

	0 套	1 套	2 套	3 套	合计
整体	14	338	44	6	402
	3.5	84.1	10.9	1.5	100.0
农业	3	197	22	5	227
	1.3	86.8	9.7	2.2	100.0
非农业	2	34	7	0	43
	4.7	79	16.3	0.0	100.0
农转居	2	50	6	0	58
	3.4	86.3	10.3	0.0	100.0
非农转居	7	57	9	1	74
	9.5	77.0	12.2	1.3	100.0

关于龙胜县受访者的现住房性质，87.7%的住房是"自有住房"，4.9%的住房是"租/住廉租房"，3.6%的住房是"租/住私人房"。从户口类型来看，拥有居民户口的受访者，无论之前是农业户口还是非农业户口，本户住房属于"自有住房"的比例都较大程度地低于农业户口与非农户口的受访者，农业户口转居民户口的受访者住房为"自有住房"的比例为70.4%，非农户口转居民户口的受访者住房为"自有住房"的比例为75.7%，而农业户口受访者与非农业户口受访者的这一比例分别为95.0%与92.9%。从民族维度来看，汉族受访者的本户住房产权为"自有住房"的比例为77.8%，低于87.7%的平均水平，也均低于其他四个少数民族，壮族受访者的住房产权为"自有住房"的比例最高，为92.3%，瑶族受访者的此项比例为91.7%，苗族受访者的此项比例为89.8%，侗族受访者的此项比例为88.9%。

表 1-11　　龙胜各族自治县受访者本户住房产权的归属情况　　（个、%）

	自有住房	租/住廉租房	租/住亲友房	租/住私人房	其他	不清楚	合计
整体	343	19	1	14	13	1	391
	87.7	4.9	0.3	3.6	3.3	0.3	100.0
农业	210	1	1	7	2	0	221
	95.0	0.5	0.5	3.2	0.9	0.0	100.0
非农业	39	1	0	0	2	0	42
	92.9	2.4	0.0	0.0	4.8	0.0	100.0

续表

	自有住房	租/住廉租房	租/住亲友房	租/住私人房	其他	不清楚	合计
居民户口（农转居）	38	9	0	2	4	1	54
	70.4	16.7	0.0	3.7	7.4	1.8	100.0
居民户口（非农业转居）	56	8	0	5	5	0	74
	75.7	10.8	0.0	6.8	6.8	0.0	100.0
汉族	63	7	0	7	4	0	81
	77.80	8.60	0.00	8.60	4.90	0.00	100.00
苗族	79	3	1	1	3	1	88
	89.8	3.4	1.1	1.1	3.4	1.1	100.0
壮族	72	1	0	1	4	0	78
	92.3	1.3	0.0	1.3	5.1	0.0	100.0
侗族	96	5	0	5	2	0	108
	88.9	4.6	0.0	4.6	1.9	0.0	100.0
瑶族	33	3	0	0	0	0	36
	91.7	8.3	0.0	0.0	0.0	0.0	100.0

关于对当前住房的评价，397名问卷有效的受访者中61.2%持满意态度，24.7%持"一般"态度，13.6%表示"不满意"，另有0.5%的受访者表示"不清楚"。从户口类型来看，非农业户口受访者满意度最高，为71.4%，不满意度最低，为7.1%；农业户口受访者满意度最低，为59.4%，不满意度最高，为16.5%。从民族维度来看，各民族差异不大，其中瑶族受访者满意度最高、不满意度最低，满意度为65.8%，不满意度为7.9%，与之相反，壮族受访者的满意度最低，为57.1%，不满意度最高，为16.9%。

表1-12　　龙胜各族自治县受访者对当前住房的满意情况　　（个、%）

	满意	一般	不满意	不清楚	合计
整体	243	98	54	2	397
	61.2	24.7	13.6	0.5	100.0
农业	133	53	37	1	224
	59.4	23.7	16.5	0.4	100.0

续表

	满意	一般	不满意	不清楚	合计
非农业	30	9	3	0	42
	71.4	21.5	7.1	0.0	100.0
居民户口（农转居）	36	16	5	1	58
	62.1	27.6	8.6	1.7	100.0
居民户口（非农业转居）	44	20	9	0	73
	60.3	27.4	12.3	0.0	100.0
汉族	53	21	9	0	83
	63.9	25.3	10.8	0.0	100.0
苗族	51	24	12	2	89
	57.3	27.0	13.5	2.2	100.0
壮族	44	20	13	0	77
	57.1	26.0	16.9	0.0	100.0
侗族	70	23	17	0	110
	63.6	20.9	15.5	0.0	100.0
瑶族	25	10	3	0	38
	65.8	26.3	7.9	0.0	100.0

关于未来改善住房的意愿，30.3%的受访者表现出"迫切"意愿，9.5%的受访者选择"一般"，21.3%的受访者选择"不迫切"，36.3%的受访者表示"不想改善"，2.6%的受访者表示"不清楚"。从户口类型来看，农业受访者表现出最高的住房改善迫切度，迫切度为37.0%，非农业户口受访者的改善迫切度最低，为12.2%（见表1-13），与表1-12中的数据表现出直接对应关系，即：住房满意度最低的农业户口受访者改善住房的意愿迫切度最高，住房满意度最高的非农业户口受访者改善住房的意愿迫切度最低。从民族维度来看，瑶族受访者的改善迫切度最高，为34.2%，汉族受访者的改善迫切度最低，为24.1%。这一结果与表1-12的住房满意程度未表现出直接对应的关联，并且恰恰相反，瑶族受访者的住房满意度最高，改善迫切度也最高。

表 1-13　　　龙胜各族自治县受访者改善住房的意愿情况　　　（个、%）

	迫切	一般	不迫切	不想改善	不清楚	合计
整体	121	38	85	145	10	399
	30.3	9.5	21.3	36.3	2.6	100.0
农业	84	20	53	67	3	227
	37.0	8.8	23.3	29.5	1.3	100.0
非农业	5	3	17	15	1	41
	12.2	7.3	41.5	36.6	2.4	100.0
居民户口（农转居）	12	7	9	26	3	57
	21.1	12.3	15.8	45.6	5.3	100.0
居民户口（非农转居）	20	8	6	37	3	74
	27.0	10.8	8.1	50.0	4.1	100.0
汉族	20	9	13	37	4	83
	24.1	10.8	15.7	44.6	4.8	100.0
苗族	30	8	26	25	2	91
	33.0	8.8	28.6	27.5	2.2	100.0
壮族	26	7	16	26	2	77
	33.8	9.1	20.8	33.8	2.5	100.0
侗族	32	12	20	45	1	110
	29.1	10.9	18.2	40.9	0.9	100.0
瑶族	13	2	10	12	1	38
	34.2	5.3	26.3	31.6	2.6	100.0

关于目前各种住房政策，所有受访者中满意度最高的是"农村住房改造政策"，满意度为42.5%，满意度最低的是城镇小产权房政策，满意度为4.9%。不满意度最高的是"商品房政策"，不满意度为8.4%，不满意度最低的是"农村住房改造政策"，不满意度为2.3%。整体而言，有较大部分的受访者表示不清楚，特别是不清楚"城镇小产权房政策"的受访者占比高达82.7%，不清楚"城镇棚户区改造政策"的受访者占比也有67.0%。由此可见，未来有关部门的政策宣传力度还有待进一步提高。

表4-14　　龙胜各族自治县受访者对当前住房政策的满意情况　　（%）

	满意	一般	不满意	不清楚
商品房政策	15.6	28.1	8.4	47.9
政府保障性住房政策	21.3	22.6	3.8	52.3
城镇小产权房政策	4.9	9.8	2.6	82.7
城镇棚户区改造政策	19.8	10.6	2.6	67.0
农村住房改造政策	42.5	18.0	2.3	37.2

（三）自我生活状况评价与预期

关于生活质量，除了之前所提到的就业、住房等影响家庭收入的物质因素外，个人的自我生活评价也至关重要，越来越多的调查与研究开始注意到这一精神方面的变化。总体而言，在龙胜县401名受访者中，26.4%的人认为过去5年自己的生活水平"上升很多"，60.9%的人认为"略有上升"，即认为生活水平上升的人共占87.3%，大部分的人对于过去5年生活水平的变化持肯定态度。除此之外，认为"没有变化"的受访者占比8.5%，认为"略有下降"的受访者占比2.8%，认为"下降很多"的受访者占比0.7%，认为"不好说"的受访者占比0.7%。从民族维度来看，瑶族受访者中认为过去5年生活水平"上升很多"的人占比最高，比例为36.8%，同时，认为"上升很多"与"略有上升"的总和，即认为上升的受访者占比最高的也是瑶族，两者共占92.1%。从户口类型来看，非农业户口受访者中认为"上升很多"的人占比最高，为33.3%；认为"上升很多"与"略有上升"的总和，即认为有所上升的人占比最高的是农业户口受访者，比例为91.6%。

表1-15　　龙胜各族自治县受访者对过去5年生活水平变化的评价　（个、%）

		上升很多	略有上升	没有变化	略有下降	下降很多	不好说	合计
整体		106	244	34	11	3	3	401
		26.4	60.9	8.5	2.8	0.7	0.7	100.0
汉族		17	51	9	3	1	2	83
		20.5	61.5	10.8	3.6	1.2	2.4	100.0
苗族		26	52	9	2	0	1	90
		28.9	57.8	10.0	2.2	0.0	1.1	100.0

续表

	上升很多	略有上升	没有变化	略有下降	下降很多	不好说	合计
壮族	23	47	5	4	0	0	79
	29.1	59.5	6.3	5.1	0.0	0.0	100.0
侗族	26	73	10	0	2	0	111
	23.4	65.8	9.0	0.0	1.8	0.0	100.0
瑶族	14	21	1	2	0	0	38
	36.8	55.3	2.6	5.3	0.0	0.0	100.0
农业	65	143	12	4	2	1	227
	28.6	63.0	5.3	1.8	0.9	0.4	100.0
非农业	14	20	7	1	0	0	42
	33.3	47.6	16.7	2.4	0.0	0.0	100.0
居民户口（农转居）	14	34	7	2	1	0	58
	24.1	58.6	12.1	3.4	1.7	0.0	100.0
居民户口（非农转居）	13	47	8	4	0	2	74
	17.6	63.5	10.8	5.4	0.0	2.7	100.0

对于未来5年的生活水平预期，22.9%的受访者认为生活水平会"上升很多"，57.0%的受访者认为生活水平会"略有上升"，两者总计占比79.9%。另外，认为"没有变化"的受访者占比5.5%，认为"略有下降"的受访者占比1.2%，认为"不好说"的受访者占比13.4%，无人认为会"下降很多"。从民族维度来看，各族的差异性不太明显，瑶族受访者中认为会"上升很多"的比例最高，为36.8%，苗族受访者中认为"略有上升"的比例最高，为60.4%。从户口类型来看，农转居户口受访者中认为会"上升很多"的比例最高，为32.8%，非农转居户口受访者认为"没有变化"的比例最高，为10.8%。

表1-16　龙胜各族自治县受访者对未来5年生活水平的预期　（个、%）

	上升很多	略有上升	没有变化	略有下降	下降很多	不好说	合计
整体	92	229	22	5	0	54	402
	22.9	57.0	5.5	1.2	0.0	13.4	100.0
汉族	14	46	6	1	0	16	83
	16.9	55.4	7.2	1.2	0.0	19.3	100.0

续表

	上升很多	略有上升	没有变化	略有下降	下降很多	不好说	合计
苗族	20	55	5	0	0	11	91
	22.0	60.4	5.5	0.0	0.0	12.1	100.0
壮族	19	44	2	3	0	11	79
	24.1	55.7	2.5	3.8	0.0	13.9	100.0
侗族	25	63	8	1	0	14	111
	22.5	56.8	7.2	0.9	0.0	12.6	100.0
瑶族	14	21	1	0	0	2	38
	36.8	55.3	2.6	0.0	0.0	5.3	100.0
农业	56	134	7	1	0	29	227
	24.7	59.0	3.1	0.4	0.0	12.8	100.0
非农业	8	22	3	1	0	9	43
	18.6	51.2	7.0	2.3	0.0	20.9	100.0
农转居	19	29	4	2	0	4	58
	32.8	50.0	6.9	3.4	0.0	6.9	100.0
非农转居	9	44	8	1	0	12	74
	12.2	59.5	10.8	1.4	0.0	16.2	100.0

对于2020年龙胜县全面建成小康社会，"很有信心"的受访者占比14.0%，"有信心"的受访者占比76.7%，两者总计占比90.7%。因此，整体而言，无论是对未来5年个人生活水平的提高，还是对2020年全县全面小康社会的建成，大多数的受访者持乐观态度。从民族维度来看，瑶族受访者中"很有信心"的比例最高，为21.1%，汉族受访者中"有信心"的比例最高，为82.7%，"很有信心"与"有信心"两者之和占比最高的是瑶族受访者，为92.2%。从户口类型来看，农业户口受访者中"很有信心"的比例最高，为18.6%，非农业户口受访者中"有信心"的比例最高，为93.0%，"很有信心"与"有信心"两者之和占比最高的是非农业户口受访者，为97.7%。

表1-17　　　　龙胜各族自治县受访者对2020年
龙胜县全面建成小康社会的信心指数　　　　（个、%）

	很有信心	有信心	没什么信心	不可能	没听说过	合计
整体	56	306	24	1	12	399
	14.0	76.7	6.0	0.3	3.0	100.0

续表

	很有信心	有信心	没什么信心	不可能	没听说过	合计
汉族	3	67	8	0	3	81
	3.7	82.7	9.9	0.0	3.7	100.0
苗族	13	67	8	1	1	90
	14.4	74.5	8.9	1.1	1.1	100.0
壮族	16	61	1	0	1	79
	20.3	77.1	1.3	0.0	1.3	100.0
侗族	16	84	7	0	4	111
	14.4	75.7	6.3	0.0	3.6	100.0
瑶族	8	27	0	0	3	38
	21.1	71.1	0.0	0.0	7.8	100.0
农业	42	165	8	1	10	226
	18.6	73.0	3.5	0.4	4.4	100.0
非农业	2	40	1	0	0	43
	4.7	93.0	2.3	0.0	0.0	100.0
农转居	5	48	3	0	1	57
	8.8	84.2	5.3	0.0	1.7	100.0
非农转居	7	53	12	0	1	73
	9.6	72.6	16.4	0.0	1.4	100.0

三 退耕还林与生态保护

龙胜县属中亚热带温湿气候，雨量充沛，有丰富的林木和矿产资源。全境基本为山地，是一个典型的"九山半水半分田"的山区县，平均海拔700—800米，16度至46度以上的陡坡占全县土地87.7%，梯田广布，最为代表的便是拥有"天下一绝"盛名的龙脊梯田。由于优美的生态环境、独特的自然景观和浓郁的民族风情，龙胜县不仅是国家级生态建设示范县，也是广西旅游大县，[1] 近些年更是以"生态立县、绿色崛起"的发展理念统筹城乡发展，把生态优势作为龙胜经济转型升级的核心竞争力。本报告将

---

[1] 参考新华网龙胜县网站：http://www.gx.xinhuanet.com/dtzx/guilin/longsheng/gk.htm。

从退耕还林与生态保护评价两个方面，介绍与分析龙胜县的生态建设工作。

（一）退耕还林

在401名受访者中，31.4%的人所在地区实施过退耕还林，68.6%的人所在地区没有实施过退耕还林。从户口类型来看，农业户口受访者所在地区实施退耕还林的比例为52.4%，远高于整体比例，非农业户口与居民户口受访者参与率较低，这是由于退耕还林工程基本上是在农村地区推行。从民族维度来看，苗族受访者所在地区退耕还林实施度最高，为46.2%，壮族受访者所在地区为45.6%，瑶族受访者所在地区为39.5%，侗族受访者所在地区为23.4%，汉族受访者所在地区的退耕还林实施度最低，为8.5%，这与汉族受访者中较低的农业户口率有一定的关系。

表1-18　　　　　龙胜各族自治县受访者所在地区
实施退耕还林（退牧还草）情况　　　　　（个、%）

	是	否	合计
整体	126	275	401
	31.4	68.6	100.0
汉族	7	75	82
	8.5	91.5	100.0
苗族	42	49	91
	46.2	53.8	100.0
壮族	36	43	79
	45.6	54.4	100.0
侗族	26	85	111
	23.4	76.6	100.0
瑶族	15	23	38
	39.5	60.5	100.0
农业	119	108	227
	52.4	47.6	100.0
非农业	2	41	43
	4.7	95.3	100.0
居民户口（农转居）	3	54	57
	5.3	94.7	100.0

续表

	是	否	合计
居民户口（非农转居）	2	72	74
	2.7	97.3	100.0

关于退耕还林对环境保护的效果评价，124 名受访者中 35.5% 的人认为退耕还林"已经遏制了土地或草场退化"，61.3% 的人认为目前实行"时间太短没有明显改观，但时间长了肯定有好的效果"，即 96.8% 的受访者对退耕还林的环境保护效果是持肯定态度的，只有 3.2% 的受访者认为"无论时间长短，环境都不会有改变"。从民族维度来看，瑶族与侗族受访者中认为退耕还林"已经遏制了土地或草场退化"的比例较高，分别为 46.7% 与 44.0%。汉族与苗族受访者中认为"时间太短没有明显改观，但时间长了肯定有好的效果"的比例较高，分别为 71.4% 与 66.7%。[①]

表 1-19　　　　龙胜各族自治县参与退耕还林的受访者
　　　　　　　对退耕还林环境保护效果的评价　　　　（个、%）

	已经遏制了土地或草场退化	时间太短没有明显改观，但时间长了肯定有好的效果	无论时间长短，环境都不会有改变	合计
整体	44	76	4	124
	35.5	61.3	3.2	100.0
汉族	2	5	0	7
	28.6	71.4	0.0	100.0
苗族	12	28	2	42
	28.6	66.7	4.7	100.0
壮族	12	21	2	35
	34.3	60.0	5.7	100.0
侗族	11	14	0	25
	44.0	56.0	0.0	100.0
瑶族	7	8	0	15
	46.7	53.3	0.0	100.0

---

① 由于 124 名参与退耕还林的受访者中有 117 人为农业户口，仅 3 人为农转居户口，非农业与非农转居户口受访者也仅均为 2 人，无非农业户口受访者，即绝大多数的退耕还林参与者为农业户口，因此本章节中关于退耕还林效果评价及政策建议的相关分析就不再从户口类型维度进行。

关于退耕还林的经济效果，123 名受访者中，65.0% 的人认为"退耕（牧）后自家收入没变化"，18.7% 的人认为"退耕（牧）后自家收入提高"，16.3% 的人认为不清楚，无人认为"退耕（牧）后自家收入下降"。从民族维度来看，壮族受访者中选择"退耕（牧）后自家收入没变化"的比例最高，为 71.4%，壮族与瑶族受访者选择"退耕（牧）后自家收入提高"的比例均高于其他民族，同为 20%，汉族受访者中选择"不清楚"的比例最高，为 33.3%，总体而言，评价结果未表现出特别明显的民族差异性。

表 1-20　　　　龙胜各族自治县参与退耕还林的受访者
对退耕还林经济效果的评价　　　　（个、%）

	退耕（牧）后自家收入没变化	退耕（牧）后自家收入提高	退耕（牧）后自家收入下降	不清楚	合计
整体	80	23	0	20	123
	65.0	18.7	0.0	16.3	100.0
汉族	3	1	0	2	6
	50.0	16.7	0.0	33.3	100.0
苗族	28	8	0	6	42
	66.7	19.0	0.0	14.3	100.0
壮族	25	7	0	3	35
	71.4	20.0	0.0	8.6	100.0
侗族	15	4	0	6	25
	60.0	16.0	0.0	24.0	100.0
瑶族	9	3	0	3	15
	60.0	20.0	0.0	20.0	100.0

在 88 名参加过退耕还林职业培训项目的受访者中，39.8% 的人参加过"种植业"的培训，13.6% 的人参加过"畜牧业、养殖业"的培训，10.2% 的人参加过"劳务（外出务工）培训"，1.2% 的人参加过"造林种草"培训，还有 35.2% 的人参加过"其他"培训。从民族维度来看，侗族受访者中参加过"种植业"培训的比例最高，为 64.7%，其次为苗族与壮族，分别占比 43.3% 与 34.5%。其他项目上，各民族受访者占比都相对比较分散，未体现出特别明显的代表性。

表1-21　　龙胜各族自治县受访者参与的退耕还林职业培训项目　　（个、%）

	种植业	造林种草	畜牧业、养殖业	劳务（外出务工）培训	其他	合计
整体	35	1	12	9	31	88
	39.8	1.2	13.6	10.2	35.2	100.0
汉族	0	0	1	0	3	4
	0.0	0.0	25.0	0.0	75.0	100.0
苗族	13	0	3	4	10	30
	43.3	0.0	10.0	13.3	33.4	100.0
壮族	10	0	8	2	9	29
	34.5	0.0	27.6	6.9	31.0	100.0
侗族	11	0	0	1	5	17
	64.7	0.0	0.0	5.9	29.4	100.0
瑶族	1	1	0	2	4	8
	12.5	12.5	0.0	25.0	50.0	100.0

关于未来退耕还林的政策建议，120名受访者中，51.7%的受访者认为应"该扩大面积和提高补助标准"，33.3%的受访者认为应该"保持现状"，即85%的受访者对于未来退耕还林的施行是持肯定态度的。除此之外，还有13.3%的受访者表示"不清楚"，1.7%的受访者认为应该"停止执行"。从民族维度来看，整体而言，各民族受访者的差异性表现不是特别明显。具体而言，汉族受访者中认为应该"扩大面积和提高补助标准"的占比最高，为57.1%。壮族受访者中认为应该"保持现状"的占比最高，为43.8%。苗族受访者中认为应该"停止执行"的占比最高，为4.8%，其他各民族受访者的此项占比均为0。

表1-22　　龙胜各族自治县受访者对退耕还林的政策建议　　（个、%）

	扩大面积和提高补助标准	保持现状	停止执行	不清楚	合计
整体	62	40	2	16	120
	51.7	33.3	1.7	13.3	100.0
汉族	4	3	0	0	7
	57.1	42.9	0.0	0.0	100.0
苗族	23	13	2	4	42
	54.8	30.9	4.8	9.5	100.0

续表

	扩大面积和提高补助标准	保持现状	停止执行	不清楚	合计
壮族	15	14	0	3	32
	46.9	43.8	0.0	9.3	100.0
侗族	13	6	0	5	24
	54.2	25.0	0.0	20.8	100.0
瑶族	7	4	0	4	15
	46.6	26.7	0.0	26.7	100.0

(二) 生态保护

调查组以20年为时间段,分别对20年前、现在、20年后的所处生态环境进行了评价调查,如表1-23至表1-25。从历时角度来看,关于20年前当地的生态环境,59.1%的受访者认为"好",27.1%的受访者认为"一般",13.8%的受访者认为"不好"。关于目前所处地区的生态环境,67.1%的受访者认为"好",29.9%的受访者认为"一般",3.0%的受访者认为"不好"。关于20年后当地的生态环境,62.2%的受访者认为"好",33.3%的受访者认为"一般",4.5%的受访者认为"不好"。即较20年之前,受访者对目前所处地区的环境好评度有所上升,但关于20年后的环境质量,受访者认为会有小幅度的下滑,但整体而言,无论现在的切身评价还是对20年后的预测,受访者都认为环境质量较20年前有所好转,所持态度较为乐观。

表1-23 龙胜各族自治县受访者对**20年前当地生态环境的评价** (个、%)

	好	一般	不好	合计
整体	236	108	55	399
	59.1	27.1	13.8	100.0
汉族	48	29	5	82
	58.5	35.4	6.1	100.0
苗族	51	27	12	90
	56.7	30.0	13.3	100.0
壮族	40	22	17	79
	50.6	27.9	21.5	100.0

续表

	好	一般	不好	合计
侗族	72	25	14	111
	64.9	22.5	12.6	100.0
瑶族	25	5	7	37
	67.6	13.5	18.9	100.0
农业	128	63	35	226
	56.6	27.9	15.5	100.0
非农业	22	18	2	42
	52.4	42.8	4.8	100.0
农转居	40	7	11	58
	69.0	12.0	19.0	100.0
非农转居	46	20	7	73
	63.0	27.4	9.6	100.0

表1-24　　龙胜各族自治县受访者对目前当地生态环境的评价　　（个、%）

	好	一般	不好	合计
整体	269	120	12	401
	67.1	29.9	3.0	100.0
汉族	45	35	2	82
	54.9	42.7	2.4	100.0
苗族	61	26	4	91
	67.0	28.6	4.4	100.0
壮族	59	19	1	79
	74.7	24.0	1.3	100.0
侗族	74	34	3	111
	66.7	30.6	2.7	100.0
瑶族	30	6	2	38
	78.9	15.8	5.3	100.0
农业	167	55	5	227
	73.6	24.2	2.2	100.0
非农业	25	18	0	43
	58.1	41.9	0.0	100.0

续表

	好	一般	不好	合计
农转居	33	21	4	58
	56.9	36.2	6.9	100.0
非农转居	44	26	3	73
	60.3	35.6	4.1	100.0

表1-25　龙胜各族自治县受访者对20年后当地生态环境的评价　（个、%）

	好	一般	不好	合计
整体	248	133	18	399
	62.2	33.3	4.5	100.0
汉族	42	35	4	81
	51.9	43.2	4.9	100.0
苗族	55	28	8	91
	60.4	30.8	8.8	100.0
壮族	57	21	1	79
	72.1	26.6	1.3	100.0
侗族	69	37	4	110
	62.7	33.6	3.7	100.0
瑶族	25	12	1	38
	65.8	31.6	2.6	100.0
农业	149	68	9	226
	65.9	30.1	4.0	100.0
非农业	20	23	0	43
	46.5	53.5	0.0	100.0
农转居	33	20	5	58
	56.9	34.5	8.6	100.0
非农转居	46	22	4	72
	63.9	30.6	5.5	100.0

关于生态环境和资源保护，龙胜县受访者表现出很强的环保意识。

402名受访者中①，99.5%的受访者认为"大自然很容易被破坏，需要人类在开发使用中加强保护"，98.5%的受访者认为"万物与人类一样都有生命"，98.0%的受访者认为"为了子孙后代的生存和发展必须大力保护环境"，97.2%的受访者认为"为了继承先人和本民族传统，必须平衡好开发利用与保护资源环境的关系"，只有2.0%的受访者认为"为了加快致富发展，人类没必要考虑环境约束问题"，9.7%的受访者认为"为了当地经济发展和解决就业，需要大规模开发自然资源"，70.6%的受访者认为"国家和发达地区需要加强生态补偿机制建设"。由此可见，作为国家级生态建设示范县，龙胜县的生态保护观念已经深入人心，同时与其他生态保护观念相比，对于生态补偿等新型机制的认识还有待进一步加强。从民族维度来看，苗族与壮族受访者在选择"为了当地经济发展和解决就业，需要大规模开发自然资源"方面占比较高，分别为14.4%与12.7%，侗族受访者在选择"国家和发达地区需要加强生态补偿机制建设"方面高于其他民族，占比81.1%。从户口类型来看，农业户口受访者在选择"为了当地经济发展和解决就业，需要大规模开发自然资源"方面高于其他户口类型，占比13.3%，非农业户口受访者在选择"国家和发达地区需要加强生态补偿机制建设"方面高于其他户口类型，占比81.4%。

表1-26 龙胜各族自治县受访者关于生态环境和资源保护方面的看法 （%）

	大自然很容易被破坏，需要人类在开发使用中加强保护	万物与人类一样都有生命	为了子孙后代的生存和发展必须大力保护环境	为了继承先人和本民族传统，必须平衡好开发利用与保护资源环境的关系	为了加快致富发展，人类没必要考虑环境约束问题	为了当地经济发展和解决就业，需要大规模开发自然资源	国家和发达地区需要加强生态补偿机制建设
整体	99.5	98.5	98.0	97.2	2.0	9.7	70.6
汉族	97.6	98.8	97.6	95.1	2.4	4.8	69.9
苗族	100.0	97.8	96.7	95.6	2.2	14.4	67.0
壮族	100.0	100.0	98.7	98.7	2.5	12.7	60.8
侗族	100.0	97.3	98.2	98.2	0.9	9.0	81.1
瑶族	100.0	100.0	100.0	100.0	2.6	5.3	71.1

---

① 402位受访者全部参与了此部分的调查，因此关于各民族以及各种户口类型的样本量可以参考表1-1，此处不再重复罗列。

续表

	大自然很容易被破坏，需要人类在开发使用中加强保护	万物与人类一样都有生命	为了子孙后代的生存和发展必须大力保护环境	为了继承先人和本民族传统，必须平衡好开发利用与保护资源环境的关系	为了加快致富发展，人类没必要考虑环境约束问题	为了当地经济发展和解决就业，需要大规模开发自然资源	国家和发达地区需要加强生态补偿机制建设
农业	100.0	99.1	96.9	98.2	2.6	13.3	70.5
非农业	100.0	100.0	100.0	97.6	2.3	9.3	81.4
农转居	100.0	94.8	100.0	91.4	1.7	1.7	63.8
非农转居	97.3	98.6	98.6	98.6	0.0	5.4	70.3

关于对地方政府生态环境保护工作的评价，调查组将其分为"生态保护措施和法规""环境保护投入力度""违法违规环境事件的处罚""公众参与环境保护的宣传动员""对公众自发制止影响环境的资源开发项目的态度"五个方面进行了调查。其中，满意为3分，一般为0分，不满意为-3分，受访者对"生态保护措施和法规"的评分最高，为1.49分，对"环境保护投入力度""公众参与环境保护的宣传动员"的评分均为1.11分，对"违法违规环境事件"的处罚以及"对公众自发制止影响环境的资源开发项目的态度"的评分分别为0.80分与0.74分，由此可见以上各项的满意度均介于一般到满意之间，但均低于1.5分，即倾向于一般。从民族维度来看，壮族受访者对地方政府保护环境的各项工作评分均为最高；侗族受访者除在"违法违规环境事件的处罚"方面的评分略低于平均分外，其他各项均高于平均分；瑶族受访者除在"生态保护措施和法规"方面的评分略高于平均分外，其他各项均低于平均分，而汉族与苗族受访者的各项评分均低于平均分。从户口类型来看，在"生态保护措施和法规""环境保护投入力度""违法违规环境事件的处罚""公众参与环境保护的宣传动员"四个方面，农业户口受访者的满意度均高于其他户口受访者，在"违法违规环境事件的处罚""公众参与环境保护的宣传动员""对公众自发制止影响环境的资源开发项目的态度"三个方面，非农转居户口受访者满意度均低于其他户口受访者。整体言之，受访者对地方政府的生态保护工作持肯定态度，但同时也存有不少意见与期待，未来地方政府生态保护的工作水平还有待提高。

表 1-27 龙胜各族自治县受访者对地方政府保护生态环境效果的评价

	生态保护措施和法规	环境保护投入力度	违法违规环境事件的处罚	公众参与环境保护的宣传动员	对公众自发制止影响环境的资源开发项目的态度
整体	1.49	1.11	0.80	1.11	0.74
汉族	1.25	0.96	0.43	0.82	0.40
苗族	1.40	0.87	0.69	0.72	0.50
壮族	1.72	1.60	1.44	1.72	1.37
侗族	1.58	1.17	0.79	1.21	0.91
瑶族	1.50	0.86	0.58	1.00	0.18
农业	1.69	1.24	0.88	1.22	0.78
非农业	1.00	1.02	0.88	1.15	0.82
农转居	1.25	0.91	0.78	1.08	1.00
非农转居	1.38	0.92	0.56	0.65	0.40

注：本报告对"地方政府保护生态环境效果"的评价标准进行量化的方法是：满意为3分、一般为0分、不满意为-3分，得分越高满意度也越高。

四 民族文化与教育

（一）民族文化

1. 民族文化认知

通过对龙胜县318名少数民族受访者的有效调查，"传统服饰"被认为是本民族最具特色的文化类型，占比35.80%，其次是"传统民居"，占比31.10%，再次是"传统节日"，占比16.40%。从民族维度来看，不同民族受访者对最具本民族特色文化类型的认知有所差异，壮族和瑶族受访者认为是"传统服饰"，苗族和侗族受访者则认为是"传统民居"。另外，不同于苗族、壮族、侗族受访者选择的"传统节日"，瑶族受访者把"传统文娱活动"与"传统饮食"并列作为第三项最具民族特色的文化类型。

表1–28　龙胜各族自治县受访者认为本民族最具特色的文化类型　（个、%）

	传统民居	传统服饰	传统节日	人生礼仪	传统文娱活动	传统饮食	人际交往习俗	传统生产方式	其他
整体	99	114	52	6	19	13	5	3	7
	31.1	35.8	16.4	1.9	6.0	4.1	1.6	0.9	2.2
苗族	33	29	19	2	4	1	3	0	0
	36.2	31.9	20.9	2.2	4.4	1.1	3.3	0.0	0.0
壮族	19	32	14	1	3	3	1	1	4
	24.4	41.0	17.9	1.3	3.8	3.8	1.3	1.3	5.2
侗族	38	35	17	2	9	6	0	1	3
	34.2	31.5	15.3	1.8	8.1	5.4	0.0	0.9	2.7
瑶族	9	18	2	1	3	3	1	1	0
	23.7	47.4	5.3	2.6	7.9	7.9	2.6	2.6	0.0

关于最需要保护的民族文化类型，36.4%的受访者认为是"传统服饰"，34.5%的受访者认为是"传统民居"，12.3%的受访者认为是"传统节日"，三大选项与最具特色的文化类型调查结果一致，即受访者认为最具有民族特色的文化类型也恰恰是最需要保护的民族文化类型。从民族维度来看，除侗族受访者把"传统民居"排在最需要保护的文化类型首位外，苗族、壮族、瑶族受访者均选择了"传统服饰"。同时，不同于苗族、壮族、侗族受访者把"传统节日"排在第三位，瑶族受访者把"传统文娱活动"列为第三位需要保护的民族文化类型，说明传统文娱活动在瑶族民族文化中较为重要。

表1–29　龙胜各族自治县受访者认为最需要保护的民族文化类型　（个、%）

	传统民居	传统服饰	传统节日	人生礼仪	传统文娱活动	传统饮食	道德规范	人际交往习俗	传统生产方式	其他
整体	110	116	39	6	25	9	2	1	3	8
	34.5	36.4	12.3	1.9	7.8	2.8	0.6	0.3	0.9	2.5
苗族	35	36	13	3	2	1	1	0	0	0
	38.5	39.6	14.3	3.3	2.2	1.1	1.1	0.0	0.0	0.0%
壮族	23	33	9	0	6	1	1	1	1	4
	29.1	41.8	11.4	0.0	7.5	1.3	1.3	1.3	1.3	5.0
侗族	40	31	15	2	12	6	0	0	2	3
	36.0	27.9	13.5	1.8	10.8	5.4	0.0	0.0	1.8	2.7

续表

	传统民居	传统服饰	传统节日	人生礼仪	传统文娱活动	传统饮食	道德规范	人际交往习俗	传统生产方式	其他
瑶族	12	16	2	1	5	1	0	0	0	1
	31.6	42.1	5.3	2.6	13.2	2.6	0.0	0.0	0.0	2.6

2. 民族文化传承

关于民族文化传承的途径,龙胜县大多数受访者选择了"家庭、邻里和亲朋耳濡目染",此项占比77.5%。其次,14.9%的人选择了"广播、电视、互联网等"。再次,5.1%的人认为是"村庄或社区的公共文化等活动"。从民族维度来看,尽管具体占比不同,但各民族受访者选择的前三位均分别为:"家庭、邻里和亲朋耳濡目染","广播、电视、互联网等","村庄或社区的公共文化等活动"。具体而言,苗族、壮族、侗族、瑶族受访者选择"家庭、邻里和亲朋耳濡目染"选项的比例分别为:75.8%、75.6%、77.1%、86.9%,从而说明在广播、电视、互联网等传媒工具快速发展的今天,以家庭为主体的社会关系网络仍是民族文化传承的最主要途径。

表1-30　少数民族文化在龙胜各族自治县受访者中的传承途径　(个、%)

	家庭、邻里和亲朋耳濡目染	学校教育	村庄或社区的公共文化等活动	旅游展示	广播、电视、互联网等	图书报刊	其他(请注明)	合计
整体	245	5	16	1	47	1	1	316
	77.5	1.6	5.1	0.3	14.9	0.3	0.3	100.0
苗族	69	2	6	0	14	0	0	91
	75.8	2.2	6.6	0.0	15.4	0.0	0.0	100.0
壮族	59	2	3	1	12	1	0	78
	75.6	2.6	3.8	1.3	15.4	1.3	0.0	100.0
侗族	84	1	6	0	17	0	1	109
	77.1	0.9	5.5	0.0	15.6	0.0	0.9	100.0
瑶族	33	0	1	0	4	0	0	38
	86.9	0.0	2.6	0.0	10.5	0.0	0.0	100.0

关于少数民族子女传承本民族文化的意愿,在"语言文字"方面,81.9%的受访者认为子女和上辈相比有更强烈的接受意愿。在"风俗习

惯"方面，81.2%的受访者认为子女愿意接受传承，即在"语言文字"与"风俗习惯"两方面，受访者表现出较强的文化传承信心。在"宗教信仰"方面，62.9%的受访者认为子女会表现出无所谓的态度，25.5%的受访者认为子女会接受与传承上辈人的宗教信仰，11.6%的受访者则认为子女不愿意接受。在本民族"特色手艺"传承方面，57.0%的受访者很有信心，6.0%的受访者没有信心，37.0%的受访者认为子女会持无所谓的态度。从民族维度来看，在"语言文字"和"风俗习惯"方面，民族差异不大，均表现出较强的传承信心，在"宗教信仰"方面，侗族受访者的表现较为突出，认为子女会持不愿意与无所谓态度的受访者比例均高于其他民族，分别占比14.3%与70.5%，认为子女愿意接受的占比均低于其他民族与整体平均值，为15.2%。在"特色手艺"的传承方面，苗族受访者的信心低于其他民族以及整体平均值，认为子女愿意接受传承的受访者占比49.4%，认为子女会持不愿意与无所谓态度的分别占比9.9%与40.7%。

表1-31　　　龙胜各族自治县少数民族受访者子女和上辈相比
接受本民族语言、文化和风俗习惯的意愿　　　　　（%）

	语言文字			风俗习惯			宗教信仰			特色手艺		
	愿意	不愿意	无所谓	愿意	不愿意	无所谓	愿意	不愿意	无所谓	愿意	不愿意	无所谓
整体	81.9	4.2	13.9	81.2	3.6	15.2	25.5	11.6	62.9	57.0	6.0	37.0
苗族	85.1	4.6	10.3	81.6	4.6	13.8	31.3	13.8	55.0	49.4	9.9	40.7
壮族	82.1	5.1	12.8	80.8	5.1	14.1	32.9	9.2	57.9	61.8	6.6	31.6
侗族	79.4	4.7	15.9	81.1	2.8	16.1	15.2	14.3	70.5	58.1	4.8	37.1
瑶族	81.6	0.0	18.4	81.6	0.0	18.4	27.3	3.0	69.7	61.1	0.0	38.9

3. 民族文化保护

历史建筑作为民族文化的重要载体，在民族文化的保护中占有重要地位。在历史建筑（以旧的传统民居和祖屋为主）改造拆迁问题上，317名受访者中37.9%的人主张"保持原貌不动"，36.3%的人认为"保留外形但内部可改造"，17.6%的人则表示"不清楚"，主张"异地重建"和"直接拆迁"的比例较小，分别占比6.3%与1.9%。从民族维度看，瑶族受访者中主张"保持原貌不动"的比例低于其他民族，为24.3%，主张"保留外形但内部可改造"的比例却高于其他民族，为45.9%。从户口类型来看,非农业户口受访者对历史建筑的保护意识强于农业户口以及居民户口受访者,主张历史建筑应"保持原貌不动"与"保留外形但内部可改造"的比例总和为96.3%。

表1-32　　　　龙胜各族自治县少数民族受访者对历史建筑
　　　　　　（以旧的传统民居和祖屋为主）改造拆迁的看法　　（个、%）

	保持原貌不动	保留外形但内部可改造	直接拆迁	异地重建	不清楚	合计
整体	120	115	6	20	56	317
	37.9	36.3	1.9	6.3	17.6	100.0
苗族	38	34	4	4	11	91
	41.8	37.4	4.4	4.4	12.0	100.0
壮族	31	22	0	5	21	79
	39.2	27.8	0.0	6.3	26.7	100.0
侗族	42	42	2	4	20	110
	38.2	38.2	1.8	3.6	18.2	100.0
瑶族	9	17	0	7	4	37
	24.3	45.9	0.0	18.9	10.9	100.0
农业	77	75	5	11	41	209
	36.8	35.9	2.4	5.3	19.6	100.0
非农业	11	15	0	1	0	27
	40.7	55.6	0.0	3.7	0.0	100.0
农转居	20	12	1	4	9	46
	43.5	26.1	2.2	8.7	19.5	100.0
非农转居	12	13	0	4	6	35
	34.3	37.1	0.0	11.4	17.2	100.0

关于城建过程中自家房屋被拆迁的态度,认为应该"服从国家需要"的受访者占比最高,为42.9%,其次是"只要价钱合理就行",占比29.0%,再次为"看拆迁工作的方式方法而定",占比22.4%。从民族维度来看,苗族、壮族、侗族的结果排序均与整体结果一致,瑶族受访者中把"服从国家需要"排在第一位的同时,"看拆迁工作的方式方法而定"则被排在了第二位,"只要价钱合理就行"被排在了第三位。从户口类型来看,农业与居民户口受访者(包括农转居与非农转居)的结果排序均

与整体结果一致,非农业户口受访者中排在前三位(从高到低)的态度则分别为"看拆迁工作的方式方法而定""服从国家需要""只要价钱合理就行"。

表1-33 龙胜各族自治县受访者关于城建过程中自家房屋被拆迁的态度 (个、%)

	只要价钱合理就行	价钱再高也不愿意拆迁	服从国家需要	看周围邻居态度	看拆迁工作的方式方法而定	合计
整体	92	8	136	10	71	317
	29.0	2.5	42.9	3.2	22.4	100.0
苗族	26	5	35	6	19	91
	28.6	5.5	38.5	6.6	20.8	100.0
壮族	27	2	32	0	18	79
	34.2	2.5	40.5	0.0	22.8	100.0
侗族	32	0	51	3	23	109
	29.4	0.0	46.8	2.7	21.1	100.0
瑶族	7	1	18	1	11	38
	18.4	2.6	47.4	2.6	29.0	100.0
农业	62	5	90	9	42	208
	29.8	2.4	43.3	4.3	20.2	100.0
非农业	6	1	9	0	11	27
	22.2	3.7	33.4	0.0	40.7	100.0
农转居	14	1	20	1	10	46
	30.4	2.2	43.5	2.2	21.7	100.0
非农转居	10	1	17	0	8	36
	27.8	2.8	47.2	0.0	22.2	100.0

当开发旅游资源和保护本民族文化遗产发生冲突时,76.0%的受访者主张"以保护本民族传统文化为主,不赞同过度商业化",14.1%的受访者主张"以发展经济,提高现代生活水平为主"。从民族维度看,各民族均倾向于"以保护本民族传统文化为主,不赞同过度商业化",且在瑶族受访者中表现最为突出。从户口类型来看,非农业户口的受访者中主张"以保护本民族传统文化为主,不赞同过度商业化"的比例最高,为88.9%,非农转居受访者中主张"以发展经济,提高现代生活水平为主"的比例较其他三种户口类型较高,占比22.2%。

表 1 – 34　　当开发旅游资源和保护本民族文化遗产
发生冲突时，龙胜各族自治县受访者的态度　　（个、%）

	以发展经济，提高现代生活水平为主	以保护本民族传统文化为主，不赞同过度商业化	不好说	合计
整体	44	238	31	313
	14.1	76.0	9.9	100.0
苗族	18	63	8	89
	20.2	70.8	9.0	100.0
壮族	8	58	11	77
	10.4	75.3	14.3	100.0
侗族	13	85	11	109
	11.9	78.0	10.1	100.0
瑶族	5	32	1	38
	13.2	84.2	2.6	100.0
农业	32	150	22	204
	15.7	73.5	10.8	100.0
非农业	2	24	1	27
	7.4	88.9	3.7	100.0
农转居	2	39	5	46
	4.3	84.8	10.9	100.0
非农转居	8	25	3	36
	22.2	69.4	8.4	100.0

龙胜县少数民族受访者对政府保护民族文化工作的评价较高，80.9%的人持"满意"态度，16.1%的人认为"不好说"，3.0%的人持"不满意"态度。从民族维度来看，壮族与侗族受访者的满意度相对较高，分别为86.5%与84.2%，苗族受访者的满意度最低，为74.7%，瑶族受访者的满意度为75.0%。与此同时，苗族受访者选择"不好说"的比例最高，为20.7%，其次为瑶族受访者，比例为19.4%。从户口类型来看，非农业户口与农业户口受访者的满意度较高，分别为85.2%与84.0%，居民户口受访者的满意度较低，其中农转居受访者的满意度最低，为67.4%。与此对应，农转居受访者选择"不满意"与"不好说"的比例均高于其他三种户口类型，分别为6.5%与26.1%。

表 1-35　龙胜各族自治县受访者对政府保护民族文化工作的评价　（个、%）

	满意	不满意	不好说	合计
整体	241	9	48	298
	80.9	3.0	16.1	100.0
苗族	65	4	18	87
	74.7	4.6	20.7	100.0
壮族	64	2	8	74
	86.5	2.70	10.8	100.0
侗族	85	1	15	101
	84.2	1.0	14.8	100.0
瑶族	27	2	7	36
	75.0	5.60	19.4	100.0
农业	163	4	27	194
	84.0	2.1	13.9	100.0
非农业	23	1	3	27
	85.2	3.7	11.1	100.0
农转居	31	3	12	46
	67.4	6.5	26.1	100.0
非农转居	24	1	6	31
	77.4	3.2	19.4	100.0

（二）民族教育

1. 民族语言的习得与使用

在最先习得语言方面，399 名龙胜县受访者中有 70.4% 的人最先会说的语言是"本民族语言"，25.8% 的人是"汉语方言"，2.8% 的人是"普通话"，1.0% 的人是"其他少数民族语言"。从民族维度来看，汉族受访者在"普通话"与"汉语方言"方面的最先习得率最高，分别占比 9.9% 与 85.2%，少数民族受访者在"本民族语言"方面的最先习得率较高，其中，瑶族比例最高，为 92.1%，其次是壮族，为 91.1%，侗族与苗族则分别为 88.3% 与 83.4%。

表1-36　　龙胜各族自治县受访者小时候最先会说的语言　　（个、%）

	普通话	汉语方言	本民族语言	其他少数民族语言	合计
整体	11	103	281	4	399
	2.8	25.8	70.4	1.0	100.0
汉族	8	69	1	3	81
	9.9	85.2	1.2	3.7	100.0
苗族	1	13	75	1	90
	1.1	14.4	83.4	1.1	100.0
壮族	1	6	72	0	79
	1.3	7.6	91.1	0.0	100.0
侗族	1	12	98	0	111
	0.9	10.8	88.3	0.0	100.0
瑶族	0	3	35	0	38
	0.0	7.9	92.1	0.0	100.0

　　龙胜县各族受访者的语言使用能力方面，88.3%的人能够使用"普通话"与人交谈，87.6%的人能够使用"汉语方言"，69.7%的人能够使用"本民族语言"（因为汉族受访者多选择了"普通话"与"汉语方言"，所以此项的占比较低，拉低了整体水平，实际上少数民族使用本民族语言的比例均超过了80%），5.2%的人能够使用"其他少数民族语言"，另有1.0%的人能够使用一些当地方言或者外地方言。从民族维度来看，瑶族、苗族以及侗族受访者能够使用"普通话"的比例较高，甚至高于汉族。其中，瑶族的比例最高，为92.1%，苗族次之，为90.1%，侗族为88.3%，汉族为88.0%，比例最低的壮族也为84.8%，从而说明普通话在龙胜县的普及推广率还是相当高的。在汉语方言的使用方面，瑶族受访者中能够使用"汉语方言"的比例最高，为97.4%，高于汉族的91.6%。侗族受访者中能够使用"本民族语言"的比例最高，为91.9%。瑶族受访者中能够使用"其他少数民族语言"的比例最高，为15.8%，因此，在能够使用本民族语言的同时，相比其他民族，瑶族受访者在普通话、汉语方言、其他少数民族语言方面均表现出较强的使用能力。

表 1-37　　龙胜各族自治县受访者与人交谈中能使用的语言　　（个、%）

	普通话	汉语方言	本民族语言	其他少数民族语言	其他
整体	355	352	280	21	4
	88.3	87.6	69.7	5.2	1.0
汉族	73	76	2	5	1
	88.0	91.6	2.4	6.0	1.2
苗族	82	79	74	3	2
	90.1	86.8	81.3	3.3	2.2
壮族	67	64	70	2	0
	84.8	81.0	88.6	2.5	0.0
侗族	98	96	102	5	1
	88.3	86.5	91.9	4.5	0.9
瑶族	35	37	32	6	0
	92.1	97.4	84.2	15.8	0.0

关于使用普通话的好处，73.2%的受访者表示"对工作生活各方面都有好处"，21.5%的受访者认为"有好处，方便与其他民族交往"，2.3%的受访者认为"有好处，方便做买卖"，2.0%的受访者表示"不好说"，另有1.0%的受访者认为"没太大好处"。从民族维度来看，在普通话"对工作生活各方面都有好处"方面，汉族受访者的认可率最高，为82.7%，侗族受访者的认可率最低，为67.6%。反之，在"有好处，方便与其他民族交往"方面，侗族受访者的认可率最高，为26.1%，汉族受访者的认可率最低，为13.6%。

表 1-38　　龙胜各族自治县受访者认为使用普通话的好处　　（个、%）

	有好处，方便与其他民族交往	有好处，方便做买卖	对工作生活各方面都有好处	不好说	没太大好处	合计
整体	85	9	289	8	4	395
	21.5	2.3	73.2	2.0	1.0	100.0
汉族	11	3	67	0	0	81
	13.6	3.7	82.7	0.0	0.0	100.0
苗族	23	0	62	3	1	89
	25.8	0.0	69.7	3.4	1.1	100.0

续表

	有好处，方便与其他民族交往	有好处，方便做买卖	对工作生活各方面都有好处	不好说	没太大好处	合计
壮族	15	1	59	3	1	79
	19.0	1.3	74.7	3.8	1.2	100.0
侗族	29	4	75	2	1	111
	26.1	3.6	67.6	1.8	0.9	100.0
瑶族	7	1	26	0	1	35
	20.0	2.9	74.3	0.0	2.8	100.0

关于少数民族地区工作的干部是否有必要学习掌握当地的民族语言，61.4%的受访者认为"有必要"，19.0%的受访者表示"一般"，15.0%的受访者表示"没必要"，4.6%的受访者表示"不清楚"。从民族维度来看，汉族受访者中认为"有必要"的比例最低，为50%，瑶族受访者中认为"有必要"的比例最高，为71.1%。同时，瑶族受访者中认为"没必要"的比例也最高，为23.7%，苗族受访者中认为"没必要"的比例最低，为8.8%。

表1-39　　龙胜各族自治县受访者对到少数民族地区工作的干部学习掌握当地民族语言的态度　　（个、%）

	有必要	一般	没必要	不清楚	合计
整体	245	76	60	18	399
	61.4	19.0	15.0	4.6	100.0
汉族	41	24	12	5	82
	50.0	29.3	14.6	6.1	100.0
苗族	63	17	8	3	91
	69.2	18.7	8.8	3.3	100.0
壮族	48	16	11	3	78
	61.5	20.5	14.1	3.9	100.0
侗族	66	17	20	7	110
	60.0	15.5	18.2	6.3	100.0
瑶族	27	2	9	0	38
	71.1	5.2	23.7	0.0	100.0

2. 双语教育情况

对于是否愿意送子女到双语教育学校学习，26.7%的受访家长表示"愿意"，8.7%的受访家长表示"不愿意"，64.6%的受访家长表示"无所谓"。家长愿意的原因主要是出于传承民族语言与保护民族文化的目的，而不愿意的理由多是认为不实用，在现实生活与学习中，学会普通话就已经足够。从民族维度来看，苗族受访者中持"愿意"态度的比例最高，为33.3%，汉族受访者比例最低，为13.9%。同时，汉族受访者持"不愿意"态度的比例最高，为16.5%，侗族受访者比例最低，为4.8%。无论哪个民族，持"无所谓"态度的比例均超过一半。实际上，在龙胜县目前还没有使用少数民族语言与汉语的双语教育学校，一方面是由于此处五个民族长期杂居，另一方面是由于普通话的学习使用已经十分普及，家庭仍是学习本民族语言的主要场所。

表1-40 龙胜各族自治县受访者中父母对子女就学于双语教育学校的意愿 （个、%）

	愿意	不愿意	无所谓	合计
整体	101	33	244	378
	26.7	8.7	64.6	100.0
汉族	11	13	55	79
	13.9	16.5	69.6	100.0
苗族	29	5	53	87
	33.3	5.7	61.0	100.0
壮族	21	5	47	73
	28.8	6.8	64.4	100.0
侗族	29	5	70	104
	27.9	4.8	67.3	100.0
瑶族	11	5	19	35
	31.4	14.3	54.3	100.0

五 民族关系与民族政策

（一）民族关系

1. 族际交往

在族际交往方面，无论是龙胜县汉族受访者还是少数民族受访者，都表现出很强烈的与其他民族交往的意愿。100%的汉族受访者表示愿意或者比较愿意与少数民族的人"聊天""成为邻居""一起工作""成为亲密朋友""结为亲家"。少数民族受访者与汉族人"聊天""成为邻居""一起工作""成为亲密朋友""结为亲家"的意愿率（包括愿意与比较愿意）分别为：99.7%、99.7%、99.3%、99.7%、98.4%。少数民族受访者与其他少数民族的人"聊天""成为邻居""一起工作""成为亲密朋友""结为亲家"的意愿率（包括愿意与比较愿意）分别为：99.7%、99.7%、99.6%、99.7%、97.7%。由此可见，无论是普通的族际交往还是更为亲密的族际交友与族际通婚，龙胜县的各族受访者都表现出极高的热情，呈现出"不分你我"与高度融合的民族交往状态。

表1-41　龙胜各族自治县汉族受访者与少数民族的交往意愿　　（个、%）

	聊天	成为邻居	一起工作	成为亲密朋友	结为亲家
愿意	76	76	76	75	75
	92.7	92.7	92.7	91.5	91.5
比较愿意	6	6	6	7	7
	7.3	7.3	7.3	8.5	8.5
不太愿意	0	0	0	0	0
	0	0	0	0	0
不愿意	0	0	0	0	0
	0	0	0	0	0

表1-42　龙胜各族自治县少数民族受访者与汉族的交往意愿　　（个、%）

	聊天	成为邻居	一起工作	成为亲密朋友	结为亲家
愿意	278	278	266	266	266
	87.4	87.4	83.6	83.9	83.4
比较愿意	39	39	50	50	48
	12.3	12.3	15.7	15.8	15.0
不太愿意	1	1	1	1	3
	0.3	0.3	0.3	0.3	0.9
不好说	0	0	1	0	2
	0	0	0.3	0	0.6

续表

	聊天	成为邻居	一起工作	成为亲密朋友	结为亲家
不愿意	0	0	0	0	0
	0	0	0	0	0

表1-43　　龙胜各族自治县少数民族受访者与其他少数民族的交往意愿　　（个、%）

	聊天	成为邻居	一起工作	成为亲密朋友	结为亲家
愿意	257	256	246	247	244
	83.7	83.4	80.1	80.5	79.2
比较愿意	49	50	60	59	57
	16.0	16.3	19.5	19.2	18.5
不太愿意	1	1	1	1	3
	0.3	0.3	0.3	0.3	1.0
不好说	0	0	0	0	4
	0	0	0	0	1.3
不愿意	0	0	0	0	0
	0	0	0	0	0

被问及在外地生活、工作、旅游时，优先交往、信任的对象，44.5%的受访者表示"不存在民族、地域差别"，31.7%的受访者表示会优先交往、信任"同乡（不管是否本民族的人）"，17.9%的受访者表示"本民族的人和同乡同等交往、信任"，只有5.9%的人表示会优先考虑"本民族的人（不管是否是同乡）"。从民族维度来看，各民族未表现出特别明显的差异性，民族身份在外地交往因素中所占比重较小。

表1-44　　　　龙胜各族自治县受访者在外地生活、
工作、旅游时，优先交往、信任的对象　　（个、%）

	本民族的人（不管是否同乡）	同乡（不管是否本民族的人）	本民族的人和同乡同等交往、信任	不存在民族、地域差别	合计
整体	19	101	57	142	319
	5.9	31.7	17.9	44.5	100.0
苗族	4	29	18	40	91
	4.3	31.9	19.8	44.0	100.0

续表

	本民族的人（不管是否同乡）	同乡（不管是否本民族的人）	本民族的人和同乡同等交往、信任	不存在民族、地域差别	合计
壮族	6	25	16	32	79
	7.6	31.6	20.3	40.5	100.0
侗族	5	38	14	54	111
	4.5	34.2	12.6	48.7	100.0
瑶族	4	9	9	16	38
	10.5	23.7	23.7	42.1	100.0

2. 民族意识与国家意识

关于龙胜县受访者的民族意识与国家意识，41.5%的人认为未来"国家意识增强，民族意识也随之逐步增强"；18.6%的人认为未来"民族意识增强，国家意识也随之逐步增强"；15.6%的人认为未来"国家意识增强"；5.1%的人认为未来"民族意识增强"；另外，19.2%的人表示"不清楚"。从民族维度看，各民族的差异不是特别明显，其中汉族受访者中认为"国家意识增强，民族意识也随之逐步增强"的比例最高，为45.7%；壮族受访者中认为"民族意识增强，国家意识也随之逐步增强"的比例最高，为23.2%；瑶族受访者中认为"国家意识增强"的比例最高，为22.9%；苗族受访者中认为"民族意识增强"的比例最高，为8.2%。总而言之，尽管各民族受访者对于民族意识和国家意识变化程度与顺序的认识有所不同，但是普遍认为民族意识和国家意识都处于增强趋势。

表1-45　龙胜各族自治县受访者认为民族意识与国家意识未来的变化趋势　（个、%）

	民族意识增强	国家意识增强	民族意识增强，国家意识也随之逐步增强	国家意识增强，民族意识也随之逐步增强	不清楚	合计
整体	19	58	69	154	71	371
	5.1	15.6	18.6	41.5	19.2	100.0
汉族	3	16	11	37	14	81
	3.7	19.8	13.6	45.7	17.2	100.0
苗族	7	11	14	34	19	85
	8.2	12.9	16.5	40.0	22.4	100.0

续表

	民族意识增强	国家意识增强	民族意识增强，国家意识也随之逐步增强	国家意识增强，民族意识也随之逐步增强	不清楚	合计
壮族	3	9	16	29	12	69
	4.3	13.0	23.2	42.0	17.5	100.0
侗族	4	14	21	43	19	101
	4.0	13.9	20.8	42.6	18.7	100.0
瑶族	2	8	7	11	7	35
	5.7	22.9	20.0	31.4	20.0	100.0

3. 民族身份

关于民族身份的平等性，龙胜县少数民族受访者中93.4%的人表示少数民族身份在工作中"没有"不便利的地方，4.4%的人表示"不清楚"，2.2%的人表示"很少"出现不便利，无人表示有不便利的地方，从而表明龙胜县的民族身份平等性非常高。从民族维度来看，各民族的差异性并不是特别明显，瑶族受访者中认为工作中少数民族身份"没有"不便利的比例最高，为97.4%。

表1-46 龙胜各族自治县受访者工作中，少数民族身份有无不便利的地方 (个、%)

	经常有	偶尔有	很少	没有	不清楚	合计
整体	0	0	7	298	14	319
	0.0	0.0	2.2	93.4	4.4	100.0
苗族	0	0	2	84	5	91
	0.0	0.0	2.2	92.3	5.5	100.0
壮族	0	0	3	74	2	79
	0.0	0.0	3.8	93.7	2.5	100.0
侗族	0	0	2	103	6	111
	0.0	0.0	1.8	92.8	5.4	100.0
瑶族	0	0	0	37	1	38
	0.0	0.0	0.0	97.4	2.6	100.0

关于少数民族身份在外出旅行或者出国时有无不便利的地方，77.1%的受访者表示"没有"，20.7%的受访者表示"不清楚"，1.6%的受访者

表示"很少"出现不便利,另外各有 0.3% 的受访者表示"经常"或者"偶尔"出现不便利。和表 1-46 相比,表示"不清楚"的受访者比例升高,主要是由于不少受访者未曾外出旅行或者出国。从民族维度来看,苗族、壮族、瑶族受访者均表示未曾因为少数民族身份在外出旅行或者出国时出现不便利,侗族受访者中则有 1.8% 的受访者表示"经常"有或者"偶尔"有不便利,除此之外,各民族差异性不明显。

表 1-47 龙胜各族自治县受访者外出旅行或出国时,少数民族身份有无不便利的地方 (个、%)

	经常	偶尔	很少	没有	不清楚	合计
整体	1	1	5	246	66	319
	0.3	0.3	1.6	77.1	20.7	100.0
苗族	0	0	2	67	22	91
	0.0	0.0	2.2	73.6	24.2	100.0
壮族	0	0	1	63	15	79
	0.0	0.0	1.3	79.7	19.0	100.0
侗族	1	1	2	86	21	111
	0.9	0.9	1.8	77.5	18.9	100.0
瑶族	0	0	0	30	8	38
	0.0	0.0	0.0	78.9	21.1	100.0

当被外国人询问民族身份时,74.2% 的少数民族受访者会按照"中国人、本民族"的顺序进行回答,18.9% 的人表示"中国人和本民族不分先后",4.7% 的人表示这个问题"不好回答",2.2% 的人表示会按照"本民族、中国人"的顺序进行回答。从民族维度来看,瑶族受访者中选择"中国人、本民族"与"本民族、中国人"的比例均高于其他民族,分别为 81.6% 与 5.2%,苗族受访者中选择"中国人和本民族不分先后"的比例最高,为 23.1%,壮族受访者中选择"不好回答"的比例最高,为 10.3%。

表 1-48 外国人询问民族身份时,龙胜各族自治县少数民族受访者的回答排序(个、%)

	中国人、本民族	本民族、中国人	中国人和本民族不分先后	不好回答	合计
整体	235	7	60	15	317
	74.2	2.2	18.9	4.7	100.0

续表

	中国人、本民族	本民族、中国人	中国人和本民族不分先后	不好回答	合计
苗族	65	3	21	2	91
	71.4	3.3	23.1	2.2	100.0
壮族	52	1	17	8	78
	66.7	1.2	21.8	10.3	100.0
侗族	87	1	17	5	110
	79.1	0.9	15.5	4.5	100.0
瑶族	31	2	5	0	38
	81.6	5.2	13.2	0.0	100.0

4. 民族关系评价

通过对不同时期当地民族关系的评价可以发现，龙胜县的民族关系不断改善，和谐程度不断提高。受访者对民族关系持好评的比例，由改革开放前的55.6%，上升到如今的87.9%。与改革开放之前相比，改革开放至2000年期间，好评提升21.9个百分点，2000年至今提升10.4个百分点。与之对应，评价为"一般"与"不好"的比例一直在下降，选择"说不清"的比例也由改革开放前的11.6%降至现在的0.3%，说明受访者对民族关系的认知逐渐清晰化。从民族维度看，各民族对当地民族关系的好评度都有大幅提升，其中，瑶族受访者的提升幅度最大，由改革开放前的50.0%提升至现在的97.4%。

表1-49 龙胜各族自治县受访者对改革开放前本地民族关系的评价（个、%）

	好	一般	不好	说不清	合计
整体	220	124	6	46	396
	55.6	31.3	1.5	11.6	100.0
汉族	47	20	2	13	82
	57.3	24.4	2.4	15.9	100.0
苗族	49	27	0	13	89
	55.1	30.3	0.0	14.6	100.0
壮族	49	21	1	7	78
	62.8	26.9	1.3	9.0	100.0

续表

	好	一般	不好	说不清	合计
侗族	56	40	2	11	109
	51.4	36.7	1.8	10.1	100.0
瑶族	19	16	1	2	38
	50.0	42.1	2.6	5.3	100.0

表1-50　龙胜各族自治县受访者对改革开放至2000年本地民族关系的评价（个、%）

	好	一般	不好	说不清	合计
整体	307	76	2	11	396
	77.5	19.2	0.5	2.8	100.0
汉族	58	17	1	6	82
	70.7	20.7	1.2	7.4	100.0
苗族	71	16	0	2	89
	79.8	18.0	0.0	2.2	100.0
壮族	67	11	0	0	78
	85.9	14.1	0.0	0.0	100.0
侗族	79	26	1	3	109
	72.5	23.9	0.9	2.7	100.0
瑶族	32	6	0	0	38
	84.2	15.8	0.0	0.0	100.0

表1-51　龙胜各族自治县受访者对2001年以来本地民族关系的评价（个、%）

	好	一般	不好	说不清	合计
整体	348	46	1	1	396
	87.9	11.5	0.3	0.3	100.0
汉族	66	14	1	1	82
	80.5	17.1	1.2	1.2	100.0
苗族	79	10	0	0	89
	88.8	11.2	0.0	0.0	100.0
壮族	72	6	0	0	78
	92.3	7.7	0.0	0.0	100.0

续表

	好	一般	不好	说不清	合计
侗族	94	15	0	0	109
	86.2	13.8	0.0	0.0	100.0
瑶族	37	1	0	0	38
	97.4	2.6	0.0	0.0	100.0

（二）民族政策

1. 计划生育政策

如何评价针对少数民族地区及少数民族实行的计划生育政策，76.6%的受访者认为"好"，15.9%的受访者认为"一般"，5.0%的受访者表示"不清楚"，2.5%的受访者认为"不好"。从民族维度来看，苗族受访者对计划生育的好评度最高，为85.7%，瑶族受访者最低，为68.4%。同时，瑶族受访者认为计划生育政策"不好"的比例与"不清楚"的比例分别为5.3%与7.9%，均高于其他民族。从户口类型来看，农业户口的受访者对计划生育政策的好评度最高，为80.2%，但同时农业户口受访者中选择"不清楚"的比例也高于其他户口类型，为6.1%。

表1-52　　龙胜各族自治县受访者对少数民族地区及
少数民族实行的计划生育政策的评价　　（个、%）

	好	一般	不好	不清楚	合计
整体	308	64	10	20	402
	76.6	15.9	2.5	5.0	100.0
汉族	60	15	2	6	83
	72.3	18.1	2.4	7.2	100.0
苗族	78	8	2	3	91
	85.7	8.8	2.2	3.3	100.0
壮族	57	17	2	3	79
	72.2	21.5	2.5	3.8	100.0
侗族	87	17	2	5	111
	78.4	15.3	1.8	4.5	100.0

续表

	好	一般	不好	不清楚	合计
瑶族	26	7	2	3	38
	68.4	18.4	5.3	7.9	100.0
农业	182	27	4	14	227
	80.2	11.9	1.8	6.1	100.0
非农业	30	12	0	1	43
	69.8	27.9	0.0	2.3	100.0
农转居	38	14	3	3	58
	65.5	24.1	5.2	5.2	100.0
非农转居	58	11	3	2	74
	78.4	14.9	4.1	2.6	100.0

2. 高考加分政策

关于对少数民族高考加分的政策，76.9%的受访者表示"满意"，21.1%的受访者表示"不清楚"，2.0%的受访者表示"不满意"。从民族维度来看，满意度最高的是苗族受访者，为80.2%，不满意度最高的是汉族受访者，为7.2%。从户口类型来看，满意度最高的为非农转居户口受访者，为87.8%，不满意度最高的也是非农转居户口受访者，为5.4%。农转居户口受访者满意度最低，为65.5%，"不清楚"比例最高，为32.8%。

表1-53　龙胜各族自治县受访者对少数民族高考加分政策的评价　（个、%）

	满意	不满意	不清楚	合计
整体	309	8	85	402
	76.9	2.0	21.1	100.0
汉族	60	6	17	83
	72.3	7.2	20.5	100.0
苗族	73	2	16	91
	80.2	2.2	17.6	100.0
壮族	62	0	17	79
	78.5	0.0	21.5	100.0
侗族	87	0	24	111
	78.4	0.0	21.6	100.0

续表

	满意	不满意	不清楚	合计
瑶族	27	0	11	38
	71.1	0.0	28.9	100.0
农业	170	1	56	227
	74.9	0.4	24.7	100.0
非农业	36	2	5	43
	83.7	4.7	11.6	100.0
农转居	38	1	19	58
	65.5	1.7	32.8	100.0
非农转居	65	4	5	74
	87.8	5.4	6.8	100.0

关于长期居住在城市的少数民族，其子女高考是否应该加分，55.7%的受访者表示"应该"加分，29.8%的受访者表示"不清楚"，14.5%的受访者表示"不应该"加分。从民族维度来看，汉族受访者中"应该"加分的比率最高，为62.3%，瑶族受访者支持率最低，为45.5%。苗族受访者中"不应该"加分的比例最高，为18.8%，瑶族受访者中表示"不清楚"的比例最高，为45.4%。从户口类型来看，非农转居户口受访者中"应该"加分的比例最高，为78.3%，非农业户口受访者中"不应该"加分的比例最高，为22.5%，农转居与农业户口受访者中选择"不清楚"选项的比例相对较高，分别为38.2%与35.4%。

表1-54　　　龙胜各族自治县受访者对少数民族且长期
在城市居住，其子女高考是否应该加分的态度　　　（个、%）

	应该	不应该	不清楚	合计
整体	211	55	113	379
	55.7	14.5	29.8	100.0
汉族	48	12	17	77
	62.3	15.6	22.1	100.0
苗族	47	16	22	85
	55.3	18.8	25.9	100.0

续表

	应该	不应该	不清楚	合计
壮族	45	9	22	76
	59.2	11.8	29.0	100.0
侗族	56	15	37	108
	51.9	13.9	34.2	100.0
瑶族	15	3	15	33
	45.5	9.1	45.4	100.0
农业	108	31	76	215
	50.2	14.4	35.4	100.0
非农业	22	9	9	40
	55.0	22.5	22.5	100.0
农转居	27	7	21	55
	49.1	12.7	38.2	100.0
非农转居	54	8	7	69
	78.3	11.6	10.1	100.0

3. 民族地区特殊优惠政策

对于民族地区特殊优惠政策，90.8%的受访者表示"满意"，6.7%的受访者表示"不清楚"，2.5%的受访者表示"不满意"。整体而言，龙胜县受访者对于民族地区特殊优惠政策的满意度较高。从民族维度来看，壮族受访者的满意度最高，为96.1%，汉族受访者的满意度最低，为84.0%。在不满意度方面，汉族受访者不满意度最高，为8.6%，苗族受访者不满意度最低，为0。从户口类型来看，非农业户口受访者满意度最高，为95.1%，农转居受访者满意度最低，为84.5%，与之对应的是，农转居受访者选择"不满意"与"不清楚"的比例均高于其他户口类型的受访者，分别为5.2%与10.3%。

表1-55　龙胜各族自治县受访者对民族地区特殊优惠政策的评价　（个、%）

	满意	不满意	不清楚	合计
整体	357	10	26	393
	90.8	2.5	6.7	100.0

续表

	满意	不满意	不清楚	合计
汉族	68	7	6	81
	84.0	8.6	7.4	100.0
苗族	83	0	7	90
	92.2	0	7.8	100.0
壮族	74	1	2	77
	96.1	1.2	2.6	100.0
侗族	98	1	9	108
	90.7	0.9	8.4	100.0
瑶族	34	1	2	37
	91.9	2.7	5.4	100.0
农业	204	4	16	224
	91.1	1.8	7.1	100.0
非农业	39	1	1	41
	95.1	2.5	2.5	100.0
农转居	49	3	6	58
	84.5	5.2	10.3	100.0
非农转居	65	2	3	70
	92.9	2.9	4.2	100.0

六 公共服务与政府管理

(一) 公共基础设施

从家到公共基础设施的距离，直接影响到居民对公共基础设施的使用。根据对 402 名受访者的调查结果可见，在距家 1 千米的范围内，62.1%的受访者可找到"社区或乡卫生院或最近的医院"，其次是"教育设施（幼儿园）"，比例为 59.0%，再次为"教育设施（小学）"，比例为 43.1%，另外，"活动中心（活动室、老年活动中心、广场等）"与"农贸市场"的比例分别为 41.4%与 41.2%。在距家 1—3 千米的范围内的公共基础设施中，"治安设施（派出所、警卫室等）"的比例最高，为

42.4%,其次为"教育设施(小学)",为40.9%,再次为"车站(码头)"等交通站点,为36.1%。距家超过10千米的公共基础设施中,"教育设施(中学)"占比最高,为30.4%,即部分受访者家的孩子上中学离家较远。28.4%的受访者选择不知道"运动场所及器材",表明目前这类公共基础设施还未完全普及。

表1-56　龙胜各族自治县受访者从家到公共基础设施的距离　　　(%)

	教育设施(幼儿园)	教育设施(小学)	教育设施(中学)	社区或乡卫生院或最近的医院	治安设施(派出所、警卫室等)	活动中心(活动室、老年活动中心、广场等)	运动场所及器材	农贸市场	车站(码头)	邮电所	银行(信用社)
小于1千米	59.0	43.1	15.8	62.1	33.2	41.4	29.0	41.2	30.1	37.5	39.8
1—3千米	24.4	40.9	33.3	29.9	42.4	27.6	28.0	27.9	36.1	28.5	27.0
3—5千米	4.3	2.5	6.3	3.0	6.5	6.3	6.4	4.5	12.5	7.5	7.0
5—10千米	9.0	10.7	6.0	3.5	8.7	3.5	4.6	10.3	7.5	12.3	13.5
10千米以上	2.0	1.7	30.4	0.5	4.7	4.5	3.6	8.3	5.0	6.8	6.0
不知道	1.3	1.1	8.2	1.0	4.5	16.9	28.4	7.8	8.8	7.4	6.7
合计	100.0	100.0	100.0	100.0	100.0	100.0	100.0	100.0	100.0	100.0	100.0

龙胜县受访者对于公共基础设施使用效果的满意度,结果不容乐观。整体来看,只有对银行(信用社)与邮电所的满意度超过了半数,分别为57.5%与51%,其他各项的满意度不及一半,其中对于运动场所及器材的满意度最低,为23.9%。不满意度的结果显示,邮电所与银行(信用社)的不满意度最低,分别为0.3%与0.5%,对农贸市场的不满意度最高,为10.1%。在"没有该设施"的选项结果中,运动场所及器材的占比最高,为26.9%,其次是教育设施(中学),为14.5%,占比最低的是社区或乡卫生院或最近的医院,为1.5%。因此,综合来看,初等教育(幼儿园和小学)公共基础设施均衡化程度高于中等教育(中学)阶段,医疗卫生公共基础设施已经较为普遍,但运动场所及器材与活动中心等方面的健身文娱活动基础设施还相对缺乏。

表1-57　龙胜各族自治县受访者对公共基础设施使用效果的满意度　　　　（%）

	教育设施（幼儿园）	教育设施（小学）	教育设施（中学）	社区或乡卫生院或最近的医院	治安设施（派出所、警卫室等）	活动中心（活动室、老年活动中心、广场等）	运动场所及器材	农贸市场	车站（码头）	邮电所	银行（信用社）
满意	44.5	45.6	40.3	36.4	38.0	32.7	23.9	35.4	42.7	51.0	57.5
一般	37.1	38.2	32.5	54.8	49.0	38.8	33.4	38.2	40.5	34.0	29.9
不满意	3.0	2.5	2.3	5.0	2.3	4.5	4.5	10.1	2.0	0.3	0.5
不好说	11.4	10.7	10.4	2.3	4.4	6.1	11.3	2.7	1.7	2.9	1.3
没有该设施	4.0	3.0	14.5	1.5	6.3	17.9	26.9	13.6	13.1	11.8	10.8
合计	100.0	100.0	100.0	100.0	100.0	100.0	100.0	100.0	100.0	100.0	100.0

（二）社会保障

关于城镇受访者各项保险的参保率，174名受访者接受了调查，其中"城镇职工基本医疗保险"的参保率最高，为54.5%，其次是"城镇居民基本医疗保险"，参保率为48.9%，再次是"城镇居民养老保险"，参保率是36.0%。除此之外，"失业保险"的参保率是11.5%，"工伤保险"和"生育保险"的参保率均为9.2%，"城镇低保"的参保率最低，为7.5%。关于保险参加者对于各类保险的满意度，城镇居民养老保险的满意度最高，为67.2%，其次是城镇职工基本医疗保险，满意度为66.0%，再次是城镇居民基本医疗保险，满意度为65.2%。

表1-58　龙胜各族自治县城镇受访者的参保情况与满意度　　　　（%）

	城镇职工基本医疗保险	城镇居民基本医疗保险	城镇居民养老保险	城镇低保	失业保险	工伤保险	生育保险
参保率	54.5	48.9	36.0	7.5	11.5	9.2	9.2
满意度	66.0	65.2	67.2	54.2	55.6	47.8	47.8

225名农村受访者的参保种类中，"新型农村合作医疗"的参保率最高，为96.0%，其次是"新型农村养老保险"，参保率是57.1%。与之相比，其他社会保险的参保率就比较低，其中，"农村低保"的参保率是9.3%，"农村五保"的参保率是0.4%，无人享受"高龄津贴"。关于参

保者对各项社会保险的满意度，"新型农村合作医疗"的满意度最高，为88.8%，"新型农村养老保险"的满意度其次，为83.6%，再次为"农村低保"，满意度为73.1%。

表1-59　龙胜各族自治县农村受访者的参保情况与满意度　　　　（%）

	新型农村合作医疗	新型农村养老保险	农村五保	农村低保	高龄津贴
参保率	96.0	57.1	0.4	9.3	0
满意度	88.8	83.6	36.4	73.1	

在被问及"你所知道的低保户是否是周围或者身边生活最差的人"时，根据对400份有效问卷结果的统计，61.8%的受访者选择了"是"，5.5%的受访者选择了"不是"，32.8%的受访者选择了"不清楚"。其中，376名受访者对低保制度的作用发表了看法，41.8%的受访者认为其"能够满足最低需求"，27.1%的受访者认为其"不能够满足最低需求"，22.1%的受访者认为其"能够帮助解决家庭特殊困难"，9.0%的受访者认为其"能够帮助提高生活水平"。整体而言，大部分受访者对于低保制度的作用是持肯定态度的，认为其能帮助被保家庭解决困难，提高生活水平。同时，也有一部分受访者认为现在的低保水平还太低，不能满足最低生活需求。

表1-60　龙胜各族自治县受访者对最低生活保障制度作用的看法　（个、%）

	能够满足最低需求	能够帮助提高生活水平	能够帮助解决家庭特殊困难	不能够满足最低需求	合计
整体	157	34	83	102	376
	41.8	9.0	22.1	27.1	100.0
汉族	26	7	18	30	81
	32.1	8.6	22.2	37.1	100.0
苗族	42	7	20	19	88
	47.7	8.0	22.7	21.6	100.0
壮族	29	6	18	16	69
	42.0	8.7	26.1	23.2	100.0
侗族	48	11	18	25	102
	47.1	10.8	17.6	24.5	100.0

续表

	能够满足最低需求	能够帮助提高生活水平	能够帮助解决家庭特殊困难	不能够满足最低需求	合计
瑶族	12	3	9	12	36
	33.3	8.3	25.0	33.4	100.0
农业	97	19	52	50	218
	44.5	8.7	23.9	22.9	100.0
非农业	14	0	7	17	38
	36.8	0.0	18.4	44.8	100.0
农转居	18	5	5	19	47
	38.3	10.6	10.6	40.5	100.0
非农转居	28	10	19	16	73
	38.4	13.7	26.0	21.9	100.0

（三）政府管理水平

对于现住地地方政府（本县、县级市政府）应对各种突发事件的能力，401名受访者中，82.5%的受访者对政府应对"自然灾害事件"的能力表示满意，76.1%的受访者对政府应对"一般社会治安事件"的能力表示满意，73.6%的受访者对政府应对"生产安全事件"的能力表示满意。除此之外，"传染病及公共卫生事故"的应对能力满意度为72.3%，"群体性突发事件"的应对能力满意度为31.9%，"暴力恐怖事件"的应对能力满意度为26.9%。从民族维度来看，在"自然灾害事件""生产安全事件""群体性突发事件""暴力恐怖事件"方面壮族受访者满意度均高于其他民族受访者，分别为91.1%、83.5%、41.8%、35.4%。在"传染病及公共卫生事故"与"一般社会治安事件"方面，侗族受访者满意度高于其他民族受访者，分别为75.7%与80.2%。除"一般社会治安事件"外，瑶族受访者在各类事件方面的满意度均低于其他民族。从户口类型来看，非农转居受访者在"传染病及公共卫生事故"方面的满意度高于其他户口类型受访者，为83.8%，除此之外的各类事件中，农转居户口受访者的满意度均高于其他类型受访者。同时，农业户口受访者在所有事件方面，满意度均为最低。

表1-61 龙胜各族自治县受访者对地方政府应对突发事件的能力评价满意度

	自然灾害事件	生产安全事件	传染病及公共卫生事故	一般社会治安事件	群体性突发事件	暴力恐怖事件
整体	331	295	290	305	128	108
	82.5	73.6	72.3	76.1	31.9	26.9
汉族	73	65	62	63	28	24
	88.0	78.3	74.7	75.9	33.7	28.9
苗族	69	58	60	63	27	22
	76.7	64.4	66.7	70.0	30.0	24.4
壮族	72	66	59	60	33	28
	91.1	83.5	74.7	75.9	41.8	35.4
侗族	91	83	84	89	35	30
	82.0	74.8	75.7	80.2	31.5	27.0
瑶族	26	23	25	30	5	4
	68.4	60.5	65.8	78.9	13.2	10.5
农业	179	153	151	163	50	40
	79.2	67.7	66.8	72.1	22.1	17.7
非农业	37	36	29	35	12	9
	86.0	83.7	67.4	81.4	27.9	20.9
农转居	52	52	48	48	31	27
	89.7	89.7	82.8	82.8	53.4	46.6
非农转居	63	54	62	59	35	32
	85.1	73.0	83.8	79.7	47.3	43.2

七 简要总结

作为中国社会科学院创新工程重大专项"21世纪初中国少数民族地区经济社会发展综合调查"2014年18个调研点之一,广西龙胜各族自治县的调查在各民族家庭中采取随机抽样的方式,收回有效问卷402份。从调查样本的各项人口特征,特别是性别比例、年龄分布、户口类型、受教育程度、民族分布等方面来看,本次抽样的样本特征基本符合抽样设计的目标。

经济发展方面,首先关于就业,自主经营以及熟人、朋友、老乡、家人、亲戚介绍是龙胜县农业户口受访者非农就业的主要渠道，政府、社区安排介绍、国家分配、申请考试、商业职介是龙胜县非农业及居民户口受访者就业的主要渠道，就业意愿区域多为本县或者周边邻近地区。作为"广西优秀旅游县""中国文化旅游大县""中国生态旅游大县"，龙胜县旅游业的蓬勃发展为各族群众提供了一个良好的就业平台，除了鼓励城乡居民进行自主就业外，政府与社区的就业指导与扶持作用还有待进一步提升。在住房方面，绝大多数的受访者都拥有自有住房，住房满意度属于中等偏上，1/3的受访者表现出改善住房的意愿，从民族维度与户口类型来看，瑶族受访者与农业户口受访者的改善意愿较为强烈，汉族受访者与非农业户口受访者改善住房意愿的迫切度较低。对于当前的各种住房政策，受访者满意度不高，对住房政策不清楚与不了解的情况突出，未来有关部门还需要有针对性地加强此方面的政策宣传力度。对于过去五年以及未来五年的生活水平，80%左右的受访者都表示已有或者会有提升。同时，超过90%的受访者对于2020年龙胜县全面建成小康社会抱有信心。

生态建设方面，近些年龙胜县以"生态立县、绿色崛起"的发展理念统筹城乡发展，把生态优势作为龙胜经济转型升级的核心竞争力。绝大多数的受访者对退耕还林的环境保护效果持肯定认可态度，支持退耕还林的继续推行，但同时认为退耕还林的经济效果目前还不明显。关于生态环境和资源保护，作为国家级生态建设示范县，龙胜县的生态保护观念已经深入人心，各族受访者均表现出很强的环保意识。关于对地方政府生态环境保护工作的评价，受访者的满意度均介于一般到满意之间，倾向于一般，存有不少意见与期待，未来地方政府生态保护的工作水平还有待进一步提高。

民族文化与民族教育方面，首先，传统服饰、传统民居、传统节日被认为是最具民族特色与最需要保护的民族文化类。在广播、电视、互联网等传媒工具快速发展的今天，家庭、邻里和亲朋的耳濡目染仍是民族文化传承的最主要途径。关于民族文化传承，在语言文字与风俗习惯两个方面，受访者表现出较强的文化传承信心，同时，由于绝大多数的受访者不信仰宗教，因此对于子女的宗教信仰多表现出无所谓的态度。对于民族文化保护，近75%的受访者主张以保持原貌不动或者保留外形但内部可以改造的形式保留历史建筑。当开发旅游资源和保护本民族文化遗产发生冲突时，超过75%的受访者主张以保护本民族传统文化为主，不赞同过度商业化。非农业户口受访者对于民族文化的保护意识强于农业户口以及居民户口受访者。整体而言，龙胜县少数民族受访者对政府保护民族文化工作的评价较高，超过 80% 的人持满意态度。在民族语言的习得方面，少数民族受访者本民族语言最先习得率与使用率较高，均超过 80%。同时，近 90% 的各族受访者可以使用普通话，对于普通话在工作与生活中带来的便利较为认可。由于龙胜县目前还没有使用少数民族语言与汉语教学的双语教育学校，再加之家庭仍是学习使用本民族语言的主要场所，大部分受访者对于子女接受双语教育持无所谓的态度。

民族关系与民族政策方面，龙胜县作为"全国民族团结进步先进县"，无论是普通的族际交往还是更为亲密的族际交友与族际通婚，各族受访者都表现出极高的热情，呈现出"不分你我"与高度融合的民族交往状态，民族身份在人际交往因素中所占比重较小。各民族受访者对于民族意识和国家意识变化程度与顺序的认识有所不同，但是普遍认为民族意识和国家意识都处于增强趋势，国家认同高于民族认同或者国家认同与民族认同不分先后。龙胜县的民族身份平等性非常高，绝大多数的受访者表示没有因为民族身份在工作与生活中有所不便。从改革开放前到现在，龙胜县各族受访者对民族关系的认知逐渐清晰化，好评度持续上升，民族关系呈现高度和谐状态。超过 75% 的人对于针对少数民族地区及少数民族实行的计划生育政策持肯定态度，其中，农业户口受访者的认可度最高。超过 75% 的受访者支持对少数民族高考加分的政策，但对长期居住在城市的少数民族的子女高考加分的支持率有所下降。超过 90% 的龙胜县受访者对于民族地区的特殊优惠政策表示满意。

公共服务和政府管理方面，关于公共基础设施的建设与使用，初等教育（幼儿园和小学）公共基础设施均衡化程度高于中等教育（中学）阶段，医疗卫生公共基础设施已经较为普遍，但运动场所及器材与对活动中心等方面的健身文娱活动基础设施还相对缺乏，群众满意度不高。社会保障方面，城镇职工基本医疗保险与城镇居民基本医疗保险是城镇受访者中参与率最高的保险类型，新型农村合作医疗与新型农村养老保险是农村受访者参与率最高的保险类型，农村受访者对参保的满意度明显高于城镇受访者。大部分受访者对于最低生活保障制度的作用持肯定态度，但也有少部分受访者认为现有的低保水平还太低，无法满足最低生活需求。关于地方政府的管理能力，超过 70% 的受访者对于地方政府应对自然灾害事件、一般社会治安事件、生产安全事件、传染病及公共卫生事故的能力表示满意，但在政府应对群体性突发事件与暴力恐怖事件方面，受访者满意度较低。

第二章

广西隆林各族自治县经济社会发展综合调查报告

隆林各族自治县位于广西西北部东经105°，北纬24°，地处滇、黔、桂三省（区）交界处，属云贵高原东南边缘。辖16个乡（镇）179个行政村（社区），总面积3551平方千米，境内聚居着苗、彝、仡佬、壮、汉5个民族，2011年末全县总人口40万，其中少数民族人口占全县总人口的81.2%。1953年1月1日，隆林各族联合自治区人民政府（县级）成立，开始实行民族区域自治；1955年9月18日，隆林各族联合自治区人民政府改称隆林各族自治县人民委员会；1989年8月29日，自治县第八届人民代表大会第四次会议通过了《隆林各族自治县自治条例》；1997年被命名为"革命老区县"。目前，隆林是全国仅有的两个各族自治县之一，也是百色革命老区唯一的少数民族自治县。隆林区位优势明显，在中国—东盟"一轴两翼"经济发展战略中，起到连接云南、贵州的桥梁作用，是大西南出海通道的"桥头堡"。并且，隆林自然资源丰富，在南盘江上，现已建成的国家重点工程天生桥一、二级水电站；自然落差达484米的冷水河现已建成7个梯级电站，成为国家"西电东送"的重要能源基地。隆林矿产资源亦十分丰富，是广西小有名气的有色矿藏之乡。此外，隆林民族文化独特。自治县境内人文景观和民族风情多姿多彩。大量民族风情旅游景点及国家级自然保护区等旅游景点、景区正逐步规划开发，并且少数民族节庆文化活动在区内外都有较大的影响，曾被联合国教科文组织专家誉为"活的少数民族博物馆"。近年来，隆林各族自治县政府紧紧围绕"保增长、保民生、保稳定、保持良好发展势头"的工作目标，积极并稳定地推进当地经济社会的发展。本报告基于隆林各族自治县居民的主观反映，针对隆林经济生活、社会事业、生态保护移民、民族关系、民族文化、民族政策、廉政建设、社会安全与和谐发展八个方面进行了定量分析。

一 调查对象基本情况

本报告关于"广西隆林各族自治县经济社会发展综合调查"的分析数据来源于中国社会科学院民族学与人类学研究所于 2014 年开展实施的中国社会科学院创新工程重大专项"21 世纪初中国少数民族地区经济社会发展综合调查"在隆林县的家庭问卷抽样调查数据。隆林县的样本回收数为 401 份，调查对象包括隆林县各民族成员。问卷回收整理录入后，主要使用社会统计软件 SPSS 加以统计分析。调研对象的基本情况见表 2-1。

表 2-1 　　　　　隆林各族自治县人口基本特征　　　　　（%）

性别	男性	60.5	民族	汉族	16	户籍	农业	60.6
	女性	39.5		苗族	14.3		非农业	25.9
年龄	30 岁及以下	16.2		壮族	62.2		居民户口（之前是农业户口）	8.5
	31—45 岁	36.2		其他民族	7.5		居民户口（之前是非农业户口）	5
	46—60 岁	38.7	宗教信仰	佛教	0.7	职业	国家机关党群组织、事业单位负责人	2.2
	61 岁及以上	9		天主教	0.5		国家机关党群组织、事业单位工作人员	22.2
受教育程度	未上学	10.2		没有宗教信仰	94.8		专业技术人员	3.2
	小学	20.9					各类企业办事人员	0.5
	初中	27.9		民间信仰	1.5		商业、服务业人员	16
	高中、中专或职高技校	16.2		道教	1		农林牧渔水利生产人员	35.4
	大学专科	11					生产、运输设备操作人员及有关人员	0.5
	本科及以上	13.7		不知道（不清楚）	1.5		军人	0.2
							不便分类的其他从业人员	19.7

注：（1）总样本量：401。

（2）民族维度中"其他民族"是由样本量低于 30 的民族共同构成，隆林县的抽样数据中"其他民族"包含彝族、布依族、仡佬族。

（3）职业类型是按照人力资源和社会保障部职业能力建设司公布的国家职业分类目录编制而成，详情可参见网站：http://ms.nvq.net.cn/nvqdbApp/htm/fenlei/index.html。

从隆林县被访群体的人类学特征来看，在性别方面，男性比例为60.5%，女性比例为39.5%，男性明显多于女性。在年龄分布方面，31岁至60岁占74.9%，30岁及以下的年轻人和达到退休年龄的人分别占16.2%与9%。在民族成分上，汉族、苗族所占比例相当，分别为16%、14.3%，壮族所占比例最大，占62.2%，其他民族相对人口比例较小，占7.5%。在户籍类型方面，农业户口占60.6%，非农业户口占25.9%，农业户口转居民户口的占8.5%，非农业户口转居民户口的占5%。在受教育程度上，接受了本科及以上教育的占13.7%。受教育程度在初中及以下的占59%，在高中、中专或职高技校及大学专科的占27.2%。总体来看，受教育程度不高。在职业类型分布方面，从事农林牧渔水利生产人员比例最大，占35.4%，其次是国家机关党群组织、事业单位负责人和工作人员，占24.4%，不便分类的其他从业人员占19.7%，从事商业、服务业人员占16%。在宗教信仰方面，没有宗教信仰的占94.8%，信仰佛教的占0.7%，信仰道教、天主教、民间信仰的分别占1%、0.5%、1.5%，1.5%的受访者不知道（不清楚）自己的宗教信仰情况。

二 经济生活情况

广西隆林各族自治县是一个多民族聚居的自治县。自成立60年来，该县40万各族人民在党的民族政策指引下，在自治县县委、县政府的正确领导下，结成了平等、团结、互助、荣辱与共的社会主义民族关系。民族团结、社会和谐、经济发展是当今隆林县社会生活的主要内容。而"发展"和"和谐"正是民族团结的政治基础和经济基础，相对，各民族的经济生活各个方面的现状于"发展"和"和谐"具有重要意义。地区经济发展包括经济增长、经济结构、经济关系、经济制度、经济协调和可持续发展等宏观方面，也包括微观方面的人均GDP、居民收入水平和结构、居民生活质量等微观方面，民族地区经济发展归根结底是要落实到民族地区人民的物质生活需要的满足上，因此，该部分从居民就业、住房情况和生活质量三方面分析隆林县居民经济生活情况。

（一）就业情况

就业是国家宏观调控目标之一，是地区经济内生增长的核心动力，也是最大的民生。就业关系到地区经济社会全局，影响着居民生活质量。本报告从居民职业类型、就业性质、就业途径和影响劳动力流动的因素四方面分析隆林县居民的就业状况。

1. 受访居民职业分布相对集中，民族差异较大

总体来看，受访的401位隆林县居民的职业类型大多分布在几个主要行业。从事"农林牧渔水利生产人员"比例最高，占35.4%，其次为"国家机关党群组织事业单位负责人和工作人员"占24.4%，"不便分类的其他从业人员"占19.7%，"商业、服务业人员"占16%，其他职业则分布较少。从民族维度看，汉族以从事"国家机关党群组织、事业单位工作人员"为主，其他行业都有分布，其他少数民族则大多以从事农业为主。少数民族中，苗族"农林牧渔水利生产人员"过半，壮族"农林牧渔水利生产人员"约占1/3，人数最少的其他民族中33.3%的居民为"国家机关党群组织、事业单位工作人员"；隆林县人数最多的壮族虽"农林牧渔水利生产人员"占大多数，其他主要行业亦有涉及，职业分布也较为平均。这说明，不同民族参与市场及脱离土地的能力存在较大差异，而该地区仅就少数民族而言，民族人数的多少对从事的职业有一定程度的影响。

从城乡维度看，农业、农转居户口受访人员主要以"农林牧渔水利生产人员"为主，非农业、非农转居户口受访人员主要集中在"国家机关党群组织事业单位工作人员""商业、服务业人员""不便分类的其他从业人员"这三类中。说明城镇受访居民基本已经脱离农业生产，就业相对灵活，而农村受访居民的职业分布则单一。根据统计数据，隆林县农业户口占56.5%，说明农业及农村的发展依旧是当下工作的重点。

此外，根据《百色日报》等相关报道，隆林县强力推进城乡一体化进程，提升居民幸福指数。并且，不断加快城镇建设，吸引产业、人才等要素向城镇集中，打造一批经济强镇（村）和特色乡镇（村），整体提升小城镇和新农村建设水平。因此，暂将农业户口化为农村，非农、农转居和非农转居户口化为城镇，方便分析。

表 2-2　　　　隆林各族自治县城乡受访居民职业分布类型　　　　（个、%）

	国家机关党群组织、事业单位负责人	国家机关党群组织、事业单位工作人员	专业技术人员	各类企业办事人员	商业、服务业人员	农林牧渔水利生产人员	生产、运输设备操作人员及有关人员	军人	不便分类的其他从业人员	样本量
汉族	6.3	29.7	1.6	1.6	15.6	23.4	0.0	0.0	21.9	64
苗族	5.3	14.0	3.5	0.0	1.8	61.4	0.0	0.0	14.0	57
壮族	0.4	21.0	3.2	0.4	20.2	33.5	0.8	0.4	20.2	248
其他民族	3.3	33.3	6.7	0.0	10.0	26.7	0.0	0.0	20.0	30
总体	2.2	22.2	3.2	0.5	16.0	35.4	0.5	0.2	19.7	399
农业	0.8	6.6	1.2	0.0	18.5	50.6	0.0	0.0	21.4	243
非农业	6.7	55.8	7.7	1.0	8.7	3.8	0.0	0.0	16.3	104
农转居	0.0	17.6	5.9	0.0	20.6	38.2	0.0	0.0	17.6	34
非农转居	0.0	45.0	0.0	0.0	15.0	10.0	5.0	5.0	20.0	20
总体	2.2	22.2	3.2	0.5	16.0	35.4	0.5	0.2	19.7	401

2. 城镇劳动力市场化需进一步推进

在农村劳动力工作结构方面，总的来看，2013年隆林县受访农村居民238人中，21.1%的农村受访劳动人员仅在本县市内"从事务农"，12.7%"以务农为主，同时也从事非农工作"，11.3%"以非农工作为主，同时也务农"，42.0%"只从事非农工作"。从民族的维度来看，苗族受访者"从事务农"活动人员居多，占39.6%。汉族、壮族、其他民族受访者均已从事非农工作为主，"只从事非农工作"人员分别占52.8%、44.6%、40.0%。

表 2-3　　　　隆林各族自治县农业户口劳动力工作性质　　　　（个、%）

	从事务农	以务农为主，同时也从事非农工作	以非农工作为主，同时也务农	只从事非农工作	其他	合计	样本量
汉族	13.2	9.4	9.4	52.8	15.2	100	28
苗族	39.6	28.3	5.7	20.8	5.6	100	46
壮族	19.6	9.8	11.6	44.6	14.4	100	147
其他民族	12.0	12.0	24.0	40.0	12	100	17
总体	21.1	12.7	11.3	42.0	12.9	100	238

从城镇劳动力合同性质方面看，从总体上看，2013 年隆林县受访城镇居民 238 人中城镇劳动力合同以"固定职工（包括国家干部、公务员）"为主，比例为 60.8%，"长期合同工"占 14.2%，"从事私营或个体经营人员"占 10.0%，"短期或临时合同工"和"没有合同的员工"的情况分别占 8.3% 与 5.8%。从民族的维度来看，各民族均以"固定职工（包括国家干部、公务员）"为主，其他民族"固定职工（包括国家干部、公务员）"的比例最高，达 91.7，其次分别为苗族 77.8%、汉族 63.0%、壮族 52.8%。另外，汉族、苗族、壮族皆有一定比例的合同工。此外，各民族"从事私营或个体经营人员"比例皆较低，其中壮族最高，占 15.3%，其次为汉族 3.7%，苗族和其他民族皆为 0。说明隆林县城镇劳动力以工作稳定为主要就业导向，劳动力市场化程度较低。因此可以在劳动者的合法权益保障工作进一步完善的同时，鼓励并推进劳动力的市场化，并鼓励创业。

表 2 – 4　　隆林各族自治县受访非农业户口劳动力合同性质　　（个、%）

	固定职工（包括国家干部、公务员）	长期合同工	短期或临时合同工	没有合同的员工	从事私营或个体经营人员	其他（请注明）	样本量
汉族	63.0	14.8	14.8	3.7	3.7	0.0	27
苗族	77.8	0.0	22.2	0.0	0.0	0.0	9
壮族	52.8	18.1	5.6	8.3	15.3	0.0	69
其他民族	91.7	0.0	0.0	0.0	0.0	8.3	12
总体	60.8	14.2	8.3	5.8	10.0	0.8	117

3. 劳动力就业渠道：以传统社会网络为主

根据农村劳动力寻找非农工作的途径看，从总体上看，2013 年隆林县受访农村居民 135 人中通过"朋友/熟人介绍"的占 24.5%，其次为"招聘广告""家人/亲戚介绍"，分别占 11.7%。此外，"政府/社区安排介绍""商业职介（包括人才交流会）""直接申请（含考试）""通过本乡人介绍"等途径均有涉及，分别为 5.5%、2.5%、3.7%、9.2%。从民族维度看，各族劳动力大多通过熟人亲戚介绍找到工作，汉族、苗族、壮族、其他民族通过介绍找工作分别占 46.4%、60.8%、44%、50%，其次是通过"招聘广告"的方式，说明农村大部分居民通过传统社会关系网络的方式实现非农就业。

表 2-5　隆林各族自治县受访农村劳动力寻找非农工作的途径　（个、%）

	政府/社区安排介绍	商业职介（包括人才交流会）	招聘广告	直接申请（含考试）	家人/亲戚介绍	朋友/熟人介绍	通过本乡人介绍	同民族介绍	其他	样本量
汉族	0.0	7.1	17.9	7.1	10.7	28.6	7.1	0.0	21.4	20
苗族	0.0	4.3	17.4	8.7	21.7	17.4	17.4	4.3	8.7	22
壮族	9.0	1.0	9.0	2.0	9.0	26.0	8.0	1.0	35.0	81
其他民族	0.0	0.0	8.3	0.0	16.7	16.7	8.3	8.3	41.7	12
总体	5.5	2.5	11.7	3.7	11.7	24.5	9.2	1.8	29.4	135

从城镇劳动力就业途径来看，2013年隆林县受访城镇居民109人中，从总体上看，通过"直接申请（含考试）"的占41.4%，23.4%通过"政府/社区安排介绍"实现就业，13.5%则通过"招聘广告"找工作。通过"家人/亲戚介绍""朋友/熟人介绍""本乡人介绍"分别占6.3%、0.9%、0.9%。通过"商业职介（包括人才交流会）"占0.9%。就总体数据来看，"直接申请（含考试）"的方式远高于其他途径，占绝对的主导地位。从民族维度看，各民族皆为"直接申请（含考试）"的方式占优势，汉族、苗族、壮族、其他民族分别为52.0%、40.0%、35.9%、50.0%。其他民族、苗族中"政府/社区安排介绍"也为其寻找工作的主要途径之一，分别为33.3%、30%。以亲友介绍方式寻找工作的人员比例极低。可以看出，隆林县城镇劳动力就业途径市场化倾向明显，就业途径较为多元。

表 2-6　隆林各族自治县受访城镇劳动力寻求非农工作途径　（个、%）

	政府/社区安排介绍	商业职介（包括人才交流会）	招聘广告	直接申请（含考试）	家人/亲戚介绍	朋友/熟人介绍	本乡人介绍	其他（请注明）	样本量
汉族	16.0	0.0	12.0	52.0	4.0	0.0	0.0	16.0	25
苗族	30.0	0.0	30.0	40.0	0.0	0.0	0.0	0.0	10
壮族	23.4	1.6	14.1	35.9	7.8	1.6	1.6	14.1	62
其他民族	33.3	0.0	0.0	50.0	8.3	0.0	0.0	8.3	12
总体	23.4	0.9	13.5	41.4	6.3	0.9	0.9	12.6	109

根据表 2-7，2013年隆林县受访城镇居民64人中，限制农村劳动力

流动的主要原因是"其他",相关比例为35.9%,"其他"中所列出原因以"不想出去""家中有老人孩子"等为主。其次分别为"找不到工作(或担心找不到工作)""疾病或伤残",分别占15.6%、12.5%。从民族维度看,除"其他"原因之外,在限制农村劳动力流动因素中汉族主要为"不适应外地生活环境";苗族、壮族、其他民族主要为"找不到工作(或担心找不到工作)"和"疾病或伤残"。总的来看,各民族的差异并不明显,除主观因素外,"找不到工作(或担心找不到工作)"以及对"不适应外地生活环境"构成了主要因素。而语言等方面并不成为限制该地区农村劳动力流动的原因,从侧面也反映了当地通用语的普及程度。

表2-7　　　　隆林各族自治县限制农村劳动力流动的因素　　　　（个、%）

	找不到工作（或担心找不到工作）	不适应外地生活环境	疾病或伤残	家中农业缺乏劳动力	回家结婚、生育	当地能找到满意的工作	缺乏同乡或熟人带领	不适应工作纪律、管理约束等	其他	样本量
汉族	16.7	33.3	0.0	16.7	16.7	16.7	0.0	0.0	0.0	6
苗族	9.1	9.1	18.2	0.0	18.2	9.1	0.0	0.0	36.4	11
壮族	13.6	6.8	13.6	9.1	2.3	9.1	2.3	2.3	40.9	44
其他民族	66.7	0.0	0.0	0.0	0.0	0.0	0.0	0.0	33.3	3
总体	15.6	9.4	12.5	7.8	6.3	9.4	1.6	1.6	35.9	64

关于劳动力流动区域,农村方面劳动力流动率非常低,结合农业发展受季节性影响较大,可以推知农村劳动力流动区域较小。2013年隆林县受访城镇居民126人中,总体来看,城镇劳动力于"乡镇内"流动占41.3%,于"乡外县内"流动占57.9%,"县外省内"流动仅占0.8%。由此可知隆林县城镇劳动力流动范围相对较小,基本在隆林县内流动。从民族维度看,各民族劳动力均以"乡镇内"和"乡外县内"为主要流动范围。从总体上看,隆林县的受访居民多数不愿离开隆林县。

表2-8　　　　隆林各族自治县受访城镇劳动力流动区域　　　　（个、%）

	乡镇内	乡外县内	县外省内	样本量
汉族	50.0	50.0	0.0	28
苗族	50.0	50.0	0.0	12
壮族	37.8	60.8	1.4	74
其他民族	33.3	66.7	0.0	12

续表

	乡镇内	乡外县内	县外省内	样本量
总体	41.3	57.9	0.8	126

在城乡受访居民工作流动的主观愿望方面，2013年隆林县受访居民271人中，从总体上看，数据主要集中于以下两项，64.9%的城乡居民希望在"县城之内"工作，11.1%选择了"县外省区内，但必须是家附近的市/县"。可以看出，隆林县城乡居民大多不愿意离开其居住区域，有较浓厚的乡土观念。从民族维度看，各民族差距不大，但汉族、苗族选择省外工作的比例极少，表现出更浓厚的乡土观念。地区是否能基本满足居民的职业需求也是影响工作区域意向的重要因素。由此也体现出一定程度的民族间的不平衡。

表2-9　隆林各族自治县受访城乡居民劳动关于工作区域的主观愿望　（个、%）

	县城之内	县外省区内，但必须是家附近的市/县	县外省内无所谓远近	本省区相邻的外省区	本省区外非相邻省区	东部一线大城市	其他（请注明地区名称）	样本量
汉族	65.9	15.9	4.5	2.3	0.0	6.8	4.5	44
苗族	65.8	10.5	10.5	5.3	2.6	2.6	2.6	38
壮族	64.2	10.4	6.9	1.7	0.6	11.0	5.2	173
其他民族	68.8	6.3	0.0	0.0	0.0	12.5	12.5	16
总体	64.9	11.1	6.6	2.2	0.7	9.2	5.2	271

城乡受访居民关于阻碍劳动力流动的主观看法，2013年隆林县受访居民119人中，从总体上看，主要是"工作辛苦收入低"，占31.1%，其次是"得不到相关就业信息"和"家里需要照顾必须返乡"，分别占22.7%、12.6%。说明信息传递与沟通的不足成为隆林县阻碍城乡劳动力流动的主要因素，此外工作付出与回报的不平衡，留守儿童或老人也成为重要原因。从民族维度上来看，阻碍城乡劳动力流动的因素，各民族表现出情况和总体差距不大，除去以上三个主要因素，汉族中"想留在就业地但生活成本太高""气候自然环境不能适应"占有一定比例；苗族"想留在就业地但生活成本太高""生活习俗不能适应""当地政府的政策限制"占有一定比例；壮族除"生活习俗不能适应"外都占有一定比例；

其他民族则集中于"生活习俗不能适应"。

表2-10　隆林各族自治县受访城乡居民关于阻碍劳动力流动的主观看法　（个、%）

	得不到相关就业信息	被当地人看不起	工作辛苦收入低	想留在就业地但生活成本太高	生活习俗不能适应	气候自然环境不能适应	孩子就学困难	家里需要照顾必须返乡	当地政府的政策限制	其他	样本量
汉族	19.0	0.0	33.3	9.5	0.0	9.5	0.0	4.8	0.0	23.8	21
苗族	26.3	0.0	36.8	10.5	5.3	0.0	0.0	10.5	5.3	5.3	19
壮族	22.2	6.9	29.2	5.6	0.0	1.4	1.4	15.3	1.4	16.7	72
其他民族	28.6	0.0	28.6	0.0	14.3	0.0	0.0	14.3	0.0	14.3	7
总体	22.7	4.2	31.1	6.7	1.7	2.5	0.8	12.6	1.7	16.0	119

（二）住房情况

住房需求是人的基本需求之一，住房与人的幸福感和社会的安定息息相关。在自古以来以"安居乐业"作为民生终极目标的中国，住房更是"家"的物化，因此住房是社会稳定发展的重要载体。本报告将从家庭自有住房拥有情况、居民对现有住房及住房政策的满意度两方面讨论隆林县居民住房情况。

1. 家庭自有住房率较高，整体住房条件较好

家庭自有住房拥有情况，2013年隆林县受访居民401人中，从总体上看，全隆林县，86.5%的家庭拥有1套自有住房，6.2%的家庭拥有2套及以上自有住房，而没有自有住房家庭比例仅占7.3%，从这里来看，隆林县家庭自有住房率较高。从城乡的角度看，城乡居民拥有一套住房的皆占绝大多数，城镇无住房情况高于农村。

表2-11　隆林各族自治县受访家庭自有住房拥有情况

	0	1	2	3	样本量
农村	2.9	90.5	5.8	0.8	243
城镇	11.7	82.5	5.2	0.6	158
总体	7.3	86.5	5.5	0.7	401

本户住房权归属情况，2013年隆林县受访居民398人中，从总体上

看，隆林县89.6%为"自有住房"，2.5%为"租/住廉租房"，1.8%为"租/住亲友房"，1%为"租/住私人房"，1.5%为"集体宿舍"，"其他"和"不清楚"占3.5%。可以看出，自有住房在隆林县占绝大多数。从城乡角度看，农村住房几乎都为"自有住房"，比例高达96.7%，而城镇虽然大多数为"自有住房"，比例为79.1%，租住的人群也占有一定的比例，农村住房平均面积大于城镇。

表2-13 隆林各族自治县受访家庭住房产权归属情况 （个、%）

	自有住房	租/住廉租房	租/住亲友房	租/住私人房	集体宿舍	其他	不清楚	面积（平方米）	样本量
农村	96.7	0.8	0.8	0.8	0.0	0.4	0.4	154	240
城镇	79.1	5.1	3.2	1.3	3.8	7.0	0.6	139	158
总体	89.6	2.5	1.8	1.0	1.5	3.0	0.5	149	398

2. 受访居民的住房满意度中等偏上，住房条件有待提高

关于居民对当前住房的满意情况，2013年隆林县受访居民388人中，从总体上看，53.6%的居民持"满意"态度，28.5%的居民表示"一般"，"不满意"的占16.8%，"不清楚"的占1%。可以看出，对于不满当前住房条件的居民占有一定的比例，总体满意度仅仅为中上水平。和前文自有住房率的统计，隆林县居民对于当前住房的不满与其自有住房的条件具有较大的相关性，因此，改善隆林县自有住房的条件，也应成为当地政府的工作重点。

表2-13 隆林各族自治县受访居民对当前住房的满意情况 （个、%）

	满意	一般	不满意	不清楚	样本量
农村	60.5	23.2	15.0	1.3	233
城镇	43.2	36.8	19.4	0.6	155
总体	53.6	28.5	16.8	1.0	388

（三）生活质量

2013年隆林县受访居民399人中，从总体上看，对过去5年生活水平变化大都持肯定态度。84.8%的居民认为过去5年生活水平"上升很多"或"略有上升"，认为"上升很多"的占33.2%，认为"略有下降"

的仅占2.5%。从城乡的维度上看，农村居民普遍感觉比城镇生活水平上升更快，农村居民认为"上升很多"的比例占40.1%，远高于城镇；而城镇居民在"没有变化"选项的人数比例远高于农村。

表2-14 隆林各族自治县受访居民对过去5年生活水平变化的评价（个、%）

	上升很多	略有上升	没有变化	略有下降	不好说	样本量
农村	40.1	50.4	8.3	1.2	0.0	242
城镇	22.3	54.1	17.8	4.5	1.3	157
总体	33.2	51.6	12.1	2.5	0.5	399

三　移民与生态环境保护

隆林区位优势明显。隆林各族自治县东与田林县相连，南与西林县接壤，北与贵州省安龙县、册亨县毗邻，隆林至百色高速公路修通后，将成为桂西次中心城市。此外，隆林自然资源丰富，是国家"西电东送"的重要能源基地，并且是广西小有名气的有色金属矿藏之乡。自治县境内人文景观和民族风情多姿多彩。么窝、大树脚、张家寨、龙洞大寨等民族风情旅游景点已经开发；雪莲洞入选"百色十八景区"；"一日三省游"的天生桥旅游度假区、国家级金钟山原始森林自然保护区等旅游景点、金钟山黑颈长尾雉国家级自然保护区等旅游景点、景区正逐步规划开发。因此关注隆林县环境变化具有重要意义。本报告从生态环境保护和移民情况两方面分析隆林县生态环境现状。

（一）生态环境保护

关于所在地生态环境的评价，2013年隆林县受访居民398人中，从总体上看，呈积极态度，"好""一般""不好""说不清"的比例分别为56.7%、30.2%、3.5%、9.6%。从民族的维度上来看，苗族评价最高，壮族评价最低。

表2-15 隆林各族自治县受访居民对地区生态环境的评价 （个、%）

	好	一般	不好	说不清	样本量
汉族	57.8	35.9	1.6	4.7	64

续表

	好	一般	不好	说不清	样本量
苗族	68.4	24.6	0.0	7.0	57
壮族	53.7	29.7	4.5	12.2	247
其他民族	56.7	33.3	6.7	3.3	30
总体	56.7	30.2	3.5	9.6	398

关于生态环境和资源保护的态度，隆林县居民都有较强的环保意识。2013年隆林县受访居民395人中，98.7%的居民认为"大自然很容易被破坏，需要人类在开发使用中加强保护"，96.2%的居民认为"万物与人类一样都有生命"，99%的居民认为"为了子孙后代的生存和发展，必须大力保护环境"，95.1%的居民认为"为了继承先人和本民族传统，必须平衡好开发利用与保护资源环境的关系"，78%的居民认为"国家和发达地区需要加强生态补偿机制建设"。从民族维度看，苗族和其他民族综合环保意识相对较弱，其次是壮族，汉族的环境保护意识相对较强，但各民族都具有很强的环保意识。

表2-16　隆林各族自治县受访居民关于生态环境和资源保护方面的看法　（个、%）

	大自然很容易被破坏，需要人类在开发使用中加强保护	万物与人类一样都有生命	为了子孙后代的生存和发展，必须大力保护环境	为了继承先人和本民族传统，必须平衡好开发利用与保护资源环境的关系	为了加快致富发展，人类没必要考虑环境约束问题	为了当地经济发展和解决就业，需要大规模开发自然资源	国家和发达地区需要加强生态补偿机制建设	样本量
汉族	98.40	98.40	98.40	95.20	0.0	21.90	73.40	64
苗族	96.5	96.5	96.5	89.5	10.5	33.3	73.7	57
壮族	99.2	95.1	99.6	96.7	5.7	26.9	78.7	244
其他民族	100.0	100.0	100.0	93.3	3.3	40.0	90.0	30
总体	98.7	96.2	99.0	95.1	5.3	28.0	78.0	395

受访居民对地方政府保护生态环境效果的评价方面，2013年隆林县受访居民397人中，对地方政府保护生态环境效果的整体评价中等偏上。从总体上看，在环境保护投入力度、生态保护措施和法规、违法违规环境事件

的处罚、公众参与环境保护的宣传动员、对公众自发制止影响环境的资源开发各方面给出"好"的评价的比例分别为 41.1%、56.7%、32.1%、41.4%、36.5%。从民族的维度上来看,各民族受访者的差距不大。

表 2-17　　　　隆林各族自治县受访居民对地方政府
　　　　　　　保护生态环境效果的评价（好）　　　　　（个、%）

	环境保护投入力度	生态保护措施和法规	违法违规环境事件的处罚	公众参与环境保护的宣传动员	对公众自发制止影响环境的资源开发	样本量
汉族	35.9	57.8	29.7	42.2	42.2	64
苗族	56.1	68.4	43.9	42.1	47.4	57
壮族	39.0	53.7	29.8	40.8	32.5	246
其他民族	40.0	56.7	33.3	43.3	36.7	30
总体	41.1	56.7	32.1	41.4	36.5	397

（二）生态移民及退耕还林（退牧还草）的开展情况

考虑到植被覆盖率,该项仅对农村地区受访居民进行比较统计。2013 年隆林县受访农村居民 241 人中,居民所在地区实施退耕还林（退牧还草）项目的比例为 45.6%,54.4% 未参与退耕还林（退牧还草）项目。从民族维度看,其他民族居民所在地区开展退耕还林还草项目的比例较高,比例为 58.8%;苗族、壮族、汉族次之,分别为 47.8%、46%、32.1%。

表 2-18　　　　隆林各族自治县受访农村居民所在地区
　　　　　　　实施退耕还林（退牧还草）项目情况　　　（个、%）

	是	否	样本量
汉族	32.1	67.9	28
苗族	47.8	52.2	46
壮族	46.0	54.0	150
其他民族	58.8	41.2	17
总体	45.6	54.4	241

四 社会事业发展

在实现中华民族伟大复兴的"中国梦"的伟大理想和2020年全面建成小康社会的战略目标过程中,推动社会事业均衡化发展,对于当前经济发展水平仍然落后于内地的隆林而言,有利于改善民生、支持经济发展、体现社会主义制度优越性、维护社会稳定、实现长治久安。本报告从公共基础设施建设、社会保障、扶贫项目和居民社会预期四方面对当前隆林县社会事业发展状况加以讨论。

(一) 公共基础设施

城乡公共基础设施建设仍有一定差距,基础建设仍需完善。

城乡受访居民对公共设施的评价方面,2013年隆林县受访居民中,总体来看,城乡各项基础公共设施都有不同程度的缺失,其中缺失最多的为运动场所及器材,占24.3%。其次,活动中心(活动室、老年活动中心)的缺失也占有较高比例,为17.9%。满意度方面,运动场所及器材依旧为最低,其"满意"的比例占26.6%。其次,农贸市场、活动中心(活动室、老年活动中心)满意度也较低,"满意"比例分别占38.2%、38.1%,其中农贸市场"不满意"比例高达18.3%。相反,银行(信用社)、教育设施(小学)、教育设施(幼儿园)、教育设施(中学)、邮电所、车站(码头)、治安设施(派出所、警卫室等)、社区或乡卫生院或最近的医院的满意度则较高,"满意"比例分别占64.4%、60.7%、57.4%、54.0%、48.1%、48.0%、45.2%、41.1%。表达出"不满意"的比例分别占2.3%、3.3%、6.5%、5.8%、2.5%、7.8%、3.0%、8.6%,银行为满意度最高项。这体现出隆林县政策及发展上已经对经济、交通、通信方面有所重视,而对教育和文化生活方面仍旧重视不够。此外,社区或乡卫生院或最近的医院的缺失值和不满意度都较低,分别为0、8.6%,体现出隆林县的医疗设施已基本完善,但服务仍有待提高。

从城乡维度上看,农村各项设施的缺失度远远高于城镇,二者比例高达4:1。农村各项设施缺失度主要集中在运动场所及器材、活动中心

（活动室、老年活动中心）两项，分别占 32.2%、28.1%，其他各项中仅教育设施（小学）、社区或乡卫生院或最近的医院两项缺失值为 0。城镇各项设施缺失项主要集中在运动场所及器材，所占比例为 12.8%，城镇其他项缺失值皆不足 5%，其中教育设施（幼儿园）、教育设施（小学）、教育设施（中学）、社区或乡卫生院或最近的医院、治安设施（派出所、警卫室等）、银行（信用社）的缺失值皆为 0。满意度方面，城镇和农村地区居民，皆对银行（信用社）满意度最高，分别为 58.9%、68%。城镇和农村地区满意度最低的设施也都为运动场所及器材，分别为 24.4%、28.2%。从以上数据来看，在公共基础设施建设方面，农村和城镇呈现严重两极分化，而农村基础设施建设亟须加强。此外，农村地区运动场所及器材、活动中心（活动室、老年活动中心）缺失严重。

表 2-19　　隆林各族自治县城乡居民对公共基础设施的评价　　（个、%）

		满意	一般	不满意	不好说	没有该设施	样本量
教育设施（幼儿园）	农村	63.9	23.7	5.4	5.8	1.2	241
	城镇	47.5	34.8	8.2	9.5	0.0	158
	总体	57.4	28.1	6.5	7.3	0.8	399
教育设施（小学）	农村	65.1	28.2	2.5	4.1	0.0	241
	城镇	53.8	36.7	4.4	5.1	0.0	158
	总体	60.7	31.6	3.3	4.5	0.0	399
教育设施（中学）	农村	56.0	30.7	4.1	7.5	1.7	241
	城镇	51.0	36.9	8.3	3.8	0.0	157
	总体	54.0	33.2	5.8	6.0	1.0	398
社区或乡卫生院或最近的医院	农村	42.9	48.8	6.3	2.1	0.0	240
	城镇	38.2	47.8	12.1	1.9	0.0	157
	总体	41.1	48.4	8.6	2.0	0.0	397
治安设施（派出所、警卫室等）	农村	47.1	41.3	2.1	7.1	2.5	240
	城镇	42.4	44.3	4.4	8.9	0.0	158
	总体	45.2	42.5	3.0	7.8	1.5	398
活动中心（活动室、老年活动中心）	农村	38.7	24.9	2.3	6.0	28.1	217
	城镇	37.3	41.8	10.1	7.0	3.8	158
	总体	38.1	32.0	5.6	6.4	17.9	375

续表

		满意	一般	不满意	不好说	没有该设施	样本量
运动场所及器材	农村	28.2	29.1	3.5	7.0	32.2	227
	城镇	24.4	41.7	16.7	4.5	12.8	156
	总体	26.6	34.2	8.9	6.0	24.3	383
农贸市场	农村	42.1	34.2	19.2	1.3	3.3	240
	城镇	32.3	46.8	17.1	3.2	0.6	158
	总体	38.2	39.2	18.3	2.0	2.3	398
车站（码头）	农村	49.8	33.9	6.3	4.6	5.4	239
	城镇	45.2	42.0	10.2	1.9	0.6	157
	总体	48.0	37.1	7.8	3.5	3.5	396
邮电所	农村	51.5	32.8	2.1	8.3	5.4	241
	城镇	43.0	39.2	3.2	12.0	2.5	158
	总体	48.1	35.3	2.5	9.8	4.3	399
银行（信用社）	农村	68.0	25.7	2.1	2.1	2.1	241
	城镇	58.9	36.7	2.5	1.9	0.0	158
	总体	64.4	30.1	2.3	2.0	1.3	399

（二）社会保障

1. 城乡社会保险参保情况

在农村社会保险方面，2013 年隆林县受访农村居民中，从总体上看，隆林县农村受访居民参加社会保险主要以"新型农村合作医疗""新型农村养老保险""农村低保"这三项为主，分别为 94.5%、56.0%、37.9%。此外，4.7% 的农村受访居民参与了"农村五保"，2.6% 的农村受访居民参与了"高龄津贴"。从民族维度看，各民族差异不大，参与度最高的三项社会保险制度中，汉族和其他民族农村受访居民参与"新型农村合作医疗"比例最高，都为 100%；其他民族和壮族参与"新型农村养老保险"比例相对较高，分别为 62.5%、58.3%；苗族参与"农村低保"比例最高，为 56.5%。

表2-20　　　隆林各族自治县受访农民参与社会保险情况　　　（个、%）

	新型农村合作医疗	新型农村养老保险	农村五保	农村低保	高龄津贴	样本量
汉族	100.0	50.0	0.0	38.7	3.7	25
苗族	91.5	50.0	6.5	56.5	0.0	46
壮族	93.7	58.3	4.9	33.6	3.5	140
其他民族	100.0	62.5	6.3	25.0	0.0	17
总体	94.5	56.0	4.7	37.9	2.6	228

城镇受访居民参加社会保险情况，2013年隆林县受访城镇居民中，从总体上看，隆林县以参与"城镇职工基本医疗保险""城镇居民基本医疗保险""城镇居民养老保险"此三项比例居多。其中，69.3%的城镇居民参加了"城镇职工基本医疗保险"，参加"城镇居民基本医疗保险"的比例占49.3%，参加"城镇居民养老保险"的比例为58.2%。此外，"城镇低保""失业保险""工伤保险""生育保险"四项参与比例分别为18.8%、31.5%、29.7%、24.6%。从民族维度看，参与度相对较高的三项制度中，"城镇职工基本医疗保险"苗族和其他民族参与率最高，相关比例为83.3%、84.6%；壮族、汉族居民参与率相对较少，分别为66.7%、65.6%。而"城镇居民基本医疗保险"方面，汉族和苗族参与率较低，相关比例为37.5%、41.7%；壮族和其他民族居民参与率相对较高，分别为54.9%、46.2%。在"城镇居民养老保险"方面，壮族、苗族、汉族居民参与率相对较高，分别为60.7%、58.3%、56.3%，其他民族参与率相对较低，其相关比例为46.2%。

表2-21　　　隆林各族自治县受访城镇居民参加社会保险的情况　　　（个、%）

	城镇职工基本医疗保险	城镇居民基本医疗保险	城镇居民养老保险	城镇低保	失业保险	工伤保险	生育保险	样本量
汉族	65.6	37.5	56.3	18.8	31.3	31.3	21.9	29
苗族	83.3	41.7	58.3	9.1	25.0	25.0	16.7	11
壮族	66.7	54.9	60.7	22.2	32.2	29.2	26.7	81
其他民族	84.6	46.2	46.2	0.0	33.3	33.3	25.0	13
总体	69.3	49.3	58.2	18.8	31.5	29.7	24.6	134

2. 城乡受访居民对社会保障的评价

农村受访居民对社会保障的满意程度，2013年隆林县受访农村居民中，从总体上看，隆林县居民对当地社会保障整体评价较高，不满意度皆在3%以下。"新型农村养老保险""农村五保"及"高龄津贴"的不满意度皆为0。从民族的维度上看，少数民族对于各社会保障项目的评价皆较高，基本未出现不满意。而汉族对于"新型农村合作医疗"和"农村低保"有较多不满，其"不满意"比例分别为12.9%、18.2%。

表2-22　隆林各族自治县农村受访居民对社会保障的满意程度　（个、%）

		满意	一般	不满意	样本量
新型农村合作医疗	汉族	64.5	22.6	12.9	24
	苗族	90.2	9.8	0.0	41
	壮族	85.3	13.3	1.4	128
	其他民族	82.4	17.6	0.0	17
	总体	83.2	14.2	2.6	210
新型农村养老保险	汉族	68.8	31.3	0.0	14
	苗族	95.5	4.5	0.0	22
	壮族	83.3	16.7	0.0	81
	其他民族	90.0	10.0	0.0	10
	总体	84.1	15.9	0.0	127
农村五保	汉族	100.0	0.0	0.0	1
	苗族	100.0	0.0	0.0	3
	壮族	75.0	25.0	0.0	7
	其他民族	100.0	0.0	0.0	1
	总体	84.6	15.4	0.0	12
农村低保	汉族	72.7	9.1	18.2	9
	苗族	100.0	0.0	0.0	25
	壮族	81.3	18.8	0.0	46
	其他民族	100.0	0.0	0.0	4
	总体	86.4	11.4	2.3	84
高龄津贴	汉族	100.0	0.0	0.0	0
	苗族	0.0	100.0	0.0	1
	壮族	83.3	16.7	0.0	5
	其他民族	75.0	25.0	0.0	0
	总体	100.0	0.0	0.0	6

城镇受访居民对社会保障的满意程度，2013年隆林县受访城镇居民

中，从总体上看，隆林县居民对社会保障的满意程度较高，其中"城镇居民养老保险""城镇居民基本医疗保险""城镇职工基本医疗保险"三项满意度最高，分别为74.4%、69.3%、66.7%。"生育保险"则满意度最低，为43.2%。从民族的维度上看，"城镇居民养老保险"，汉族满意度最高，为88.9%，其他民族满意度最低，为40%；"城镇居民基本医疗保险"，汉族满意度最高，为83.3%，其他民族满意度最低，为40.0%；"城镇职工基本医疗保险"，汉族满意度最高，为71.4%，其他民族满意度最低，为63.6%；"城镇低保"，汉族满意度最高，为83.3%，苗族和其他民族满意度最低，皆为0；"工伤保险"，汉族满意度最高，为70%，苗族满意度最低，为25%；"生育保险"，汉族满意度最高，为57.1%，苗族满意度最低，为0；"失业保险"，汉族满意度最高，为80%，苗族满意度最低，为25%。由此可见，隆林县城镇居民中，汉族对各项社会保障制度满意度最高，而各少数民族对各项社会保障制度满意度则较低。

表2-23　　隆林各族自治县城镇受访居民对社会保障的满意程度　　（个、%）

		满意	一般	不满意	样本量
城镇职工基本医疗保险	汉族	71.4	23.8	4.8	21
	苗族	66.7	22.2	11.1	8
	壮族	65.6	31.1	3.3	58
	其他民族	63.6	36.4	0.0	11
	总体	66.7	29.4	3.9	98
城镇居民基本医疗保险	汉族	83.3	16.7	0.0	10
	苗族	57.1	14.3	28.6	7
	壮族	70.6	21.6	7.8	39
	其他民族	40.0	40.0	20.0	5
	总体	69.3	21.3	9.3	61
城镇居民养老保险	汉族	88.9	11.1	0.0	17
	苗族	66.7	0.0	33.3	6
	壮族	73.6	18.9	7.5	47
	其他民族	40.0	60.0	0.0	5
	总体	74.4	18.3	7.3	75

续表

		满意	一般	不满意	样本量
城镇低保	汉族	83.3	16.7	0.0	6
	苗族	0.0	0.0	100.0	2
	壮族	63.6	27.3	9.1	17
	其他民族	0.0	0.0	0.0	0
	总体	63.3	23.3	13.3	25
失业保险	汉族	80.0	20.0	0.0	10
	苗族	25.0	50.0	25.0	4
	壮族	48.3	34.5	17.2	27
	其他民族	50.0	50.0	0.0	4
	总体	53.2	34.0	12.8	45
工伤保险	汉族	70.0	30.0	0.0	10
	苗族	25.0	50.0	25.0	4
	壮族	57.1	32.1	10.7	26
	其他民族	50.0	50.0	0.0	4
	总体	56.5	34.8	8.7	44
生育保险	汉族	57.1	42.9	0.0	7
	苗族	0.0	66.7	33.3	3
	壮族	45.8	37.5	16.7	22
	其他民族	33.3	66.7	0.0	3
	总体	43.2	43.2	13.5	35

关于受访居民对低保作用的看法，2013年隆林县受访居民中，总体上看，隆林县受访居民对最低生活保障制度的积极作用是有所肯定的。认为低保"能够满足最低需求"的受访居民占36.8%，认为"能够帮助提高生活水平"的居民占12.8%，21.7%居民认为低保"能够帮助解决家庭特殊困难"。对低保作用持否定态度的居民也占有较大的比例，占28.7%。从民族维度看，汉族和其他民族居民主要集中认为"低保能够满足最低需求"，壮族和苗族看重满足最低需求的同时，也重视低保对"解决家庭特殊困难"的辅助作用，而其他民族居民则最多认为"低保不能够满足最低需求"。

表 2-24　　　隆林各族自治县受访居民对低保作用的看法　　　（个、%）

	能够满足最低需求	能够帮助提高生活水平	能够帮助解决家庭特殊困难	不能够满足最低需求	样本量
汉族	50.8	12.7	9.5	27.0	63
苗族	34.5	16.4	27.3	21.8	55
壮族	33.1	12.6	24.3	30.1	239
其他民族	42.3	7.7	15.4	34.6	26
总体	36.8	12.8	21.7	28.7	383

（三）扶贫项目

1. 扶贫项目展开情况

当地实施扶贫项目情况，2013年隆林县受访居民中，从总体上看，开展比例最高的三个项目为"两免一补政策""村村通工程""道路修建和改扩工程"，分别为94.2%、81.6%、72%。开展比例最低的三个项目为"种植业/林业/养殖业扶贫基金""扶贫培训工程""牧区扶贫工程"，分别为38%、36.3%、5%。教育培训等方面项目开展比例也相对较低，皆在半数以下，政府需要在此方面进行更多改善。从民族维度上看，各民族基本与总体保持一致，但也有所差别。"两免一补政策"，其他民族开展率最高，为96.7%；"移民搬迁工程"，汉族开展率最高，为64.1%；"扶贫工程生产项目"，苗族开展率最高，为66.7%；"退耕还林还草补助工程"，其他民族开展率最高，为76.7%；"道路修建和改扩工程"，苗族开展率最高，为73.7%；"基本农田建设工程"，其他民族开展率最高，为56.7%；"电力设施建设工程"，壮族开展率最高，为62.2%；"人畜饮水工程"，其他民族开展率最高，为70%；"技术推广及培训工程"，其他民族开展率最高，为60%；"资助儿童入学和扫盲教育项目"，汉族开展率最高，为45.3%；"卫生设施建设项目"，其他民族开展率最高，为70%；种"植业/林业/养殖业扶贫基金"，苗族开展率最高，为50.9%；"村村通工程"，苗族开展率最高，为87.7%；"教育扶贫工程"，苗族开展率最高，为57.9%；"牧区扶贫工程"，壮族开展率最高，为6.1%；"扶贫培训工程"，苗族开展率最高，为40.4%。从城乡的角度看，各项开展程度，因地域因素会有差别，但总体差距不大。

表 2 – 25　　　　　隆林各族自治县实施扶贫项目情况　　　　　（个、%）

	两免一补政策	移民搬迁工程	扶贫工程生产项目	退耕还林还草补助工程	道路修建和改扩工程	基本农田建设工程	电力设施建设工程	人畜饮水工程
汉族	93.8	64.1	54.7	70.3	68.8	40.6	57.8	43.8
苗族	89.5	21.1	66.7	70.2	73.7	52.6	56.1	56.1
壮族	95.1	61.8	60.2	69.1	72.8	45.9	62.2	55.3
其他民族	96.7	50.0	53.3	76.7	70.0	56.7	56.7	70.0
总体	94.2	55.4	59.7	70.0	72.0	46.9	60.2	54.7

	技术推广及培训工程	资助儿童入学和扫盲教育项目	卫生设施建设项目	种植业/林业/养殖业扶贫基金	村村通工程	教育扶贫工程	牧区扶贫工程	扶贫培训工程	样本量
汉族	29.7	45.3	62.5	23.4	85.9	42.2	3.1	28.1	64
苗族	52.6	43.9	59.6	50.9	87.7	57.9	3.5	40.4	57
壮族	42.7	38.6	58.1	37.4	79.7	40.2	6.1	37.0	246
其他民族	60.0	40.0	70.0	50.0	76.7	53.3	3.3	40.0	30
总体	43.3	40.6	59.9	38.0	81.6	44.1	5.0	36.3	397

2. 受访居民对扶贫项目的评价

2013 年隆林县受访居民中，居民对扶贫项目的评价，从总体上看，居民对"牧区扶贫工程""两免一补政策""村村通工程（广播电视/道路/通信网络）"这三项的满意度最高，分别为 95%、94%、93.2%。评价最低的三项为"种植业/林业/养殖业扶贫基金""退耕还林还草补助工程""移民搬迁工程"，为 66%、65.7%、56.9%。此外，移民搬迁工程大多为"不好说"。从民族的维度上看，各民族受访者基本与总体保持一致，也有所差别。汉族、苗族受访者评价最高的分别为"牧区扶贫工程""两免一补政策"；壮族、其他民族受访者评价最高的皆为"村村通工程（广播电视/道路/通信网络）"。

表 2 – 26　　　　隆林各族自治县受访居民对扶贫项目的评价　　　　（个、%）

		非常满意	满意	不满意	很不满意	不好说	样本量
移民搬迁工程	汉族	7.3	48.8	12.2	0.0	31.7	41
	苗族	8.3	41.7	0.0	0.0	50.0	12
	壮族	18.0	39.3	17.3	0.7	24.7	150
	其他民族	20.0	40.0	0.0	0.0	40.0	15
	总体	15.6	41.3	14.2	0.5	28.4	218

续表

		非常满意	满意	不满意	很不满意	不好说	样本量
两免一补政策	汉族	21.7	73.3	1.7	0.0	3.3	60
	苗族	23.5	76.5	0.0	0.0	0.0	51
	壮族	22.4	70.3	1.7	0.0	5.6	232
	其他民族	17.2	75.9	3.4	0.0	3.4	29
	总体	22.0	72.0	1.6	0.0	4.3	372
扶贫工程生产项目	汉族	5.7	71.4	8.6	0.0	14.3	35
	苗族	13.2	68.4	2.6	0.0	15.8	38
	壮族	10.3	62.3	9.6	0.7	17.1	146
	其他民族	13.3	73.3	6.7	0.0	6.7	15
	总体	10.3	65.4	8.1	0.4	15.8	234
退耕还林还草补助工程	汉族	2.2	51.1	6.7	0.0	40.0	45
	苗族	12.5	75.0	2.5	0.0	10.0	40
	壮族	13.6	49.1	13.6	0.0	23.7	169
	其他民族	17.4	56.5	13.0	0.0	13.0	23
	总体	11.9	53.8	10.8	0.0	23.5	277
道路修建和改扩工程	汉族	15.9	79.5	4.5	0.0	0.0	44
	苗族	14.3	83.3	2.4	0.0	0.0	42
	壮族	15.7	71.9	7.3	0.6	4.5	178
	其他民族	19.0	71.4	9.5	0.0	0.0	21
	总体	15.8	74.7	6.3	0.4	2.8	285
基本农田建设工程	汉族	3.8	57.7	7.7	0.0	30.8	26
	苗族	20.0	70.0	3.3	3.3	3.3	30
	壮族	13.4	68.8	4.5	0.9	12.5	112
	其他民族	17.6	52.9	17.6	0.0	11.8	17
	总体	13.5	65.9	5.9	1.1	13.5	185
电力设施建设工程	汉族	10.8	81.1	5.4	0.0	2.7	37
	苗族	12.5	71.9	3.1	3.1	9.4	32
	壮族	13.9	77.5	2.6	0.7	5.3	151
	其他民族	11.8	82.4	5.9	0.0	0.0	17
	总体	13.1	77.6	3.4	0.8	5.1	237

续表

		非常满意	满意	不满意	很不满意	不好说	样本量
人畜饮水工程	汉族	14.3	64.3	10.7	0.0	10.7	28
	苗族	25.0	50.0	15.6	3.1	6.3	32
	壮族	15.6	66.7	5.9	0.0	11.9	135
	其他民族	14.3	71.4	9.5	0.0	4.8	21
	总体	16.7	64.4	8.3	0.5	10.2	216
技术推广及培训工程	汉族	5.3	63.2	15.8	15.8	5.3	19
	苗族	20.0	63.3	10.0	6.7	20.0	30
	壮族	11.4	61.9	4.8	21.9	11.4	105
	其他民族	16.7	55.6	11.1	16.7	16.7	18
	总体	12.8	61.6	7.6	18.0	12.8	172
资助儿童入学和扫盲教育项目	汉族	10.7	64.3	3.6	0.0	21.4	28
	苗族	20.0	68.0	0.0	4.0	8.0	25
	壮族	24.5	57.4	4.3	1.1	12.8	94
	其他民族	16.7	50.0	8.3	0.0	25.0	12
	总体	20.8	59.7	3.8	1.3	14.5	159
卫生设施建设项目	汉族	5.1	79.5	10.3	0.0	5.1	39
	苗族	17.6	70.6	2.9	2.9	5.9	34
	壮族	7.7	69.0	14.1	0.7	8.5	142
	其他民族	9.5	81.0	4.8	0.0	4.8	21
	总体	8.9	72.0	11.0	0.8	7.2	236
种植业/林业/养殖业扶贫基金	汉族	13.3	40.0	6.7	0.0	40.0	15
	苗族	10.3	58.6	3.4	3.4	24.1	29
	壮族	23.1	45.1	3.3	0.0	28.6	91
	其他民族	6.7	53.3	20.0	0.0	20.0	15
	总体	18.0	48.0	5.3	0.7	28.0	150
村村通工程（广播电视/道路/通信网络）	汉族	11.1	75.9	9.3	0.0	3.7	54
	苗族	26.0	68.0	2.0	0.0	4.0	50
	壮族	20.5	73.3	3.6	0.5	2.1	195
	其他民族	21.7	78.3	0.0	0.0	0.0	23
	总体	19.9	73.3	4.0	0.3	2.5	322

续表

		非常满意	满意	不满意	很不满意	不好说	样本量
教育扶贫工程	汉族	7.4	74.1	3.7	0.0	14.8	27
	苗族	18.2	66.7	3.0	0.0	12.1	33
	壮族	21.4	64.3	5.1	1.0	8.2	98
	其他民族	12.5	81.3	0.0	0.0	6.3	16
	总体	17.8	67.8	4.0	0.6	9.8	174
牧区扶贫工程	汉族	0.0	100.0	0.0	0.0	0.0	2
	苗族	0.0	100.0	0.0	0.0	0.0	2
	壮族	20.0	73.3	0.0	0.0	6.7	15
	其他民族	0.0	100.0	0.0	0.0	0.0	1
	总体	15.0	80.0	0.0	0.0	5.0	20
扶贫培训工程	汉族	5.6	61.1	5.6	0.0	27.8	18
	苗族	21.7	60.9	0.0	4.3	13.0	23
	壮族	17.8	53.3	4.4	1.1	23.3	90
	其他民族	25.0	50.0	0.0	0.0	25.0	12
	总体	17.5	55.2	3.5	1.4	22.4	143

从城乡的角度看，城乡对于各项措施的满意度差距不大，城镇居民对于各项工程的满意度略低于农村居民，"扶贫工程生产项目""道路修建和改扩工程""种植业/林业/养殖业扶贫基金"等方面的不满意度所占比例皆高于农村居民5—10个百分点。

表2-27　隆林各族自治县受访农村居民对扶贫项目的评价　（个、%）

		非常满意	满意	不满意	很不满意	不好说	样本量
两免一补政策	农村	26.1	71.2	0.0	0.0	2.7	131
	城镇	16.4	73.0	3.9	0.0	6.6	88
移民搬迁工程	农村	22.1	38.2	12.2	0.8	26.7	222
	城镇	5.7	46.6	17.0	0.0	30.7	152
扶贫工程生产项目	农村	12.8	62.8	6.1	0.7	17.6	148
	城镇	5.7	70.1	11.5	0.0	12.6	87
退耕还林还草补助工程	农村	14.0	55.9	10.8	0.0	19.4	186
	城镇	8.6	49.5	10.8	0.0	31.2	93

续表

		非常满意	满意	不满意	很不满意	不好说	样本量
道路修建和改扩工程	农村	19.4	75.2	2.4	0.6	2.4	165
	城镇	10.7	74.4	11.6	0.0	3.3	121
基本农田建设工程	农村	15.8	69.2	5.8	1.7	7.5	120
	城镇	9.1	60.6	6.1	0.0	24.2	66
电力设施建设工程	农村	16.1	76.5	1.3	0.7	5.4	149
	城镇	8.9	78.9	6.7	1.1	4.4	90
人畜饮水工程	农村	19.6	68.2	6.1	0.0	6.1	148
	城镇	10.1	56.5	13.0	1.4	18.8	69
技术推广及培训工程	农村	14.4	61.3	4.5	0.0	19.8	111
	城镇	9.7	62.9	12.9	0.0	14.5	62
资助儿童入学和扫盲教育项目	农村	25.8	55.1	0.0	1.1	18.0	89
	城镇	14.1	66.2	8.5	1.4	9.9	71
卫生设施建设项目	农村	9.9	73.2	9.2	0.7	7.0	142
	城镇	8.3	69.8	13.5	1.0	7.3	96
种植业/林业/养殖业扶贫基金	农村	22.8	50.5	2.0	0.0	24.8	101
	城镇	8.0	44.0	12.0	2.0	34.0	50
村村通工程	农村	25.4	68.3	4.9	0.0	1.5	205
	城镇	10.9	81.5	2.5	0.8	4.2	119
教育扶贫工程	农村	20.2	67.7	2.0	0.0	10.1	99
	城镇	14.7	68.0	6.7	1.3	9.3	75
牧区扶贫工程	农村	25.0	75.0	0.0	0.0	0.0	8
	城镇	8.3	83.3	0.0	0.0	8.3	12
扶贫培训工程	农村	21.5	51.6	2.2	0.0	24.7	93
	城镇	10.0	62.0	6.0	4.0	18.0	50

（四）社会预期

受访居民对未来五年生活水平的预期，隆林县受访居民认为当地未来5年生活水平将会"上升很多"或"略有上升"的占82.7%，表示"没有变化"或"略有下降"的仅占5.5%，"不好说"的占10.6%，从总体上看，隆林县居民对未来生活较有信心。从城乡维度看，农村居民和城市居民表示未来生活水平"上升很多"或"略有上升"比例相当，分别为

90%、71.1%,农村居民对未来生活改善信心强于城镇居民。

城乡分开来看,2013 年隆林县受访农村居民中,苗族居民对未来生活改善最为乐观,95.7%认为未来 5 年生活水平"上升很多"或"略有上升"。其次分别为其他民族、壮族,相关比例分别为 94.1%、89.2%。汉族居民对未来生活改善信心相对较弱,相关比例为 82.2%。

表 2-28　隆林各族自治县受访农村居民对未来五年生活水平的预期(个、%)

	上升很多	略有上升	没有变化	略有下降	下降很多	不好说	样本量
汉族	28.6	53.6	10.7	0.0	0.0	7.1	28
苗族	37.0	58.7	2.1	0.0	0.0	2.2	46
壮族	38.9	50.3	2.0	0.7	0.0	8.1	149
其他民族	52.9	41.2	0.0	0.0	0.0	5.9	17
总体	38.3	51.7	2.9	0.4	0.0	6.7	240

调查显示隆林县受访城镇居民中,苗族居民对未来生活改善最为乐观,81.8%认为未来 5 年生活水平"上升很多"或"略有上升"。其次为壮族,相关比例为 71.2%。汉族和其他民族居民对未来生活改善信心相对较弱,相关比例为 69.4%、66.6%。

表 2-29　隆林各族自治县受访城镇居民对未来五年生活水平的预期(个、%)

	上升很多	略有上升	没有变化	略有下降	下降很多	不好说	样本量
汉族	22.2	47.2	16.7	2.8	0.0	11.1	36
苗族	0.0	81.8	9.1	0.0	0.0	9.1	11
壮族	28.9	42.3	8.2	3.1	2.1	15.5	97
其他民族	8.3	58.3	0.0	0.0	0.0	33.3	12
总体	23.7	47.4	9.6	2.6	1.3	15.4	156

受访居民对所在地区 2020 年建成小康社会的态度,从总体上看,隆林县居民对所在地区 2020 年建成小康社会的信心较强,共 89.2%的居民表示"很有信心"或"有信心"。仅 9.1%的居民表示"没什么信心"或"不可能"。另有 1.8%的居民表示"没听说过"。从城乡维度上看,农村和城镇居民对所在地区 2020 年建成小康社会表示"很有信心"或"有信心"的比例相当,农村略高于城镇,分别为 92.5%、83.9%,都表示出

较强的信心。关于对"2020年所在地区全面建成小康社会"这一说法表示"没听说过"的比例,农村高于城市,分别为2.1%、1.3%,说明农村地区有关政策的宣传和贯彻工作存在不足。

城乡分开来看,隆林县受访农村居民中,壮族居民对所在地区2020年建成小康社会信心最强,认为很有信心或有信心的比例为94.6%。其次为汉族、其他民族、苗族,表示很有信心或有信心的比例分别为92.9%、88.2%、87%。苗族对"2020年所在地区全面建成小康社会"这一说法表示没听说过的比例最高,占8.7%,说明苗族在地区宣传上力度相对不够。

表2-30　　　　隆林各族自治县受访农村居民对所在地区
2020年建成小康社会的态度　　　　（个、%）

	很有信心	有信心	没什么信心	不可能	没听说过	样本量
汉族	42.9	50.0	7.1	0.0	0.0	28
苗族	17.4	69.6	4.3	0.0	8.7	46
壮族	38.5	56.1	4.7	0.7	0.0	148
其他民族	23.5	64.7	5.9	0.0	5.9	17
总体	33.9	58.6	5.0	0.4	2.1	239

隆林县受访城镇居民中,其他民族和汉族居民对所在地区2020年建成小康社会信心较强,认为"很有信心"或"有信心"的比例分别为91.7%、91.2%。其次为苗族、壮族,表示"很有信心"或"有信心"的比例分别为81.8%、80.6%。仅壮族少数居民对"2020年所在地区全面建成小康社会"这一说法表示"没听说过"。

表2-31　　　　隆林各族自治县受访城镇居民对所在地区
2020年建成小康社会的态度　　　　（个、%）

	很有信心	有信心	没什么信心	不可能	没听说过	样本量
汉族	11.8	79.4	8.8	0.0	0.0	34
苗族	9.1	72.7	18.2	0.0	0.0	11
壮族	20.4	60.2	15.3	2.0	2.0	98
其他民族	25.0	66.7	8.3	0.0	0.0	12
总体	18.1	65.8	13.5	1.3	1.3	155

总体而言,隆林县受访居民对所在地区2020年建成小康社会无信心

的比例非常小。究其原因而言,53.8%信心不足者认为"经济收入提高慢"是主要障碍,次要原因则是认为"居住条件差",比例为23.1%。此外,"社会秩序混乱、人们不安定""文化、教育跟不上""社会保障不完善"比例均为7.7%;"自然条件差""基础设施不足"比例为0。由此看来,居民认为经济收入问题是小康社会建设过程中的主要障碍。此外,居住条件和自然条件也是该地区亟须改善的因素。从城乡维度看,农村居民和城镇居民皆认为"经济收入提高慢"是所在地区2020年全面建成小康社会的主要障碍。此外,农村居民更希望居住条件和基础设施得到改善。

城乡分开来看,隆林县受访农村居民中,各民族居民都认为"经济收入提高慢"是阻碍当地2020年建成小康社会的主要因素,但除此之外,汉族居民更重视"社会保障不完善";苗族、壮族更看重"居住条件差"。

表2-32　　隆林各族自治县受访农村居民对所在地区
2020年建成小康社会信心不足的原因　　（个、%）

	经济收入提高慢	居住条件差	自然条件差	社会秩序混乱、人们不安定	基础设施不足	文化、教育跟不上	社会保障不完善	样本量
汉族	50.0	0.0	0.0	0.0	0.0	0.0	50.0	2
苗族	50.0	50.0	0.0	0.0	0.0	0.0	0.0	2
壮族	50.0	25.0	0.0	12.5	0.0	12.5	0.0	8
其他民族	100.0	0.0	0.0	0.0	0.0	0.0	0.0	1
总体	53.8	23.1	0.0	7.7	0.0	7.7	7.7	13

表2-33　　隆林各族自治县受访城镇居民对所在地区
2020年建成小康社会信心不足的原因　　（个、%）

	经济收入提高慢	居住条件差	自然条件差	社会秩序混乱、人们不安定	基础设施不足	文化、教育跟不上	社会保障不完善	样本量
汉族	100.0	0.0	0.0	0.0	0.0	0.0	0.0	3
苗族	100.0	0.0	0.0	0.0	0.0	0.0	0.0	1
壮族	58.8	11.8	5.9	5.9	5.9	5.9	5.9	17
其他民族	100.0	0.0	0.0	0.0	0.0	0.0	0.0	2
总体	69.6	8.7	4.3	4.3	4.3	4.3	4.3	23

五 民族关系

本部分从语言使用、宗教差异、族际交往、族际通婚、族群意识、当地受访居民对外来人员的评价、民族身份平等、民族关系主观评价和民族冲突状况 9 个方面,对隆林县民族关系现状加以论述。

(一) 语言使用

国家通用语言文字在隆林县受访居民中普及率较高。日常生活交谈中,74.2% 的隆林县居民使用"本民族语言",使用"普通话"的居民占 76.4%,使用"汉语方言"的居民占 69.7%。从城乡维度看,农村居民使用"普通话"作为日常交谈媒介的比例低于城镇,使用"本民族语言"的比例高于城镇居民。

城乡分开来看,2013 年隆林县受访农村居民中,汉族居民日常交谈中习惯使用"普通话"和"汉语方言",相关比例皆为 85.7%;苗族、壮族、其他民族居民日常交谈使用"本民族语言"居多,分别为 91.3%、93.3%、88.2%。

表 2-34　隆林各族自治县受访农村居民与人交谈时语言使用情况　(个、%)

	普通话	汉语方言	本民族语言	其他少数民族语言	其他	样本量
汉族	85.7	85.7	7.1	10.7	0.0	28
苗族	67.4	45.7	91.3	6.5	2.2	46
壮族	67.8	69.1	93.3	2.7	2.7	149
其他民族	58.8	52.9	88.2	47.1	5.9	17
总体	69.2	65.4	82.5	7.5	2.5	240

隆林县受访城镇居民中,汉族居民日常交谈中习惯使用"普通话"和"汉语方言",相关比例皆为 88.6%;壮族、其他民族亦以"普通话"交谈居多,相关比例分别为 88.8%、84.6%。苗族居民日常交谈使用"本民族语言"居多,为 90.9%。

表 2-35　　隆林各族自治县受访城镇居民与人交谈时语言使用情况　（个、%）

	普通话	汉语方言	本民族语言	其他民族语言	其他	样本量
汉族	88.6	88.6	2.9	14.3	0.0	35
苗族	81.8	72.7	90.9	18.2	18.2	11
壮族	88.8	72.4	76.5	2.0	1.0	98
其他民族	84.6	76.9	76.9	30.8	0.0	13
总体	87.9	76.4	61.1	8.3	1.9	157

（二）宗教信仰

受访居民宗教信仰比例低，从总体上看，虽有信仰"佛教""道教""天主教"及"民间信仰"，但94.8%的居民"没有宗教信仰"。从城乡维度看，城镇居民"没有宗教信仰"的比例为91.1%，农村居民为97.1%，说明城镇信教居民比例高于农村居民。

城乡分开来看，2013年隆林县受访农村居民中，汉族、其他民族"没有宗教信仰"比例最高，为100%。4.3%受访苗族居民有"民间信仰"。

表 2-36　　隆林各族自治县受访农村居民宗教信仰情况　（个、%）

	佛教	道教	天主教	民间信仰	没有宗教信仰	不知道（不清楚）	样本量
汉族	0.0	0.0	0.0	0.0	100.0	0.0	28
苗族	0.0	0.0	0.0	4.3	93.5	2.2	46
壮族	0.0	0.7	0.7	0.0	97.3	1.3	150
其他民族	0.0	0.0	0.0	0.0	100.0	0.0	17
总体	0.0	0.4	0.4	0.8	97.1	1.2	241

隆林县受访城镇居民中，汉族"没有宗教信仰"比例最高，为97.2%。9.1%受访苗族居民信仰"道教"，受访壮族居民中信仰"佛教"占3.1%、"道教"占2%、"天主教"占1%、"民间信仰"占3.1%，7.7%受访其他民族居民有"民间信仰"。

表 2-37　　　　隆林各族自治县受访城镇居民宗教信仰情况　　　　（个、%）

	佛教	道教	天主教	民间信仰	没有宗教信仰	不知道（不清楚）	样本量
汉族	0.0	0.0	0.0	0.0	97.2	2.8	36
苗族	0.0	9.1	0.0	0.0	90.9	0.0	11
壮族	3.1	2.0	1.0	3.1	88.8	2.0	98
其他民族	0.0	0.0	0.0	7.7	92.3	0.0	13
总体	1.9	1.9	0.6	2.5	91.1	1.9	158

休闲时间参与活动情况，从总体上看，居民主要的休闲活动为"看电视或电影""朋友聚会"和"文体活动"，相关比例分为 79.9%、49.1%、33.9%，此外，还有"上网""读书学习"等活动，相关比例分别为 23.9%、11.5%，参加"宗教活动"比例为 0。从城乡维度看，城镇居民休闲时间参与"上网""文体活动""读书学习"的比例远高于农村。

城乡分开来看，隆林县受访农村居民中，各民族休闲活动参与情况基本相同，"看电视或电影"壮族参与比例最高，"上网"壮族参与比例最高，"朋友聚会"汉族参与比例最高，"文体活动"壮族参与比例最高，"读书学习"苗族参与比例最高，各民族皆无人参加宗教活动。

表 2-38　　　隆林各族自治县受访农村居民休闲时间参与活动情况　　（个、%）

	看电视或电影	上网	朋友聚会	文体活动	读书学习	宗教活动	其他	样本量
汉族	66.7	16.7	66.7	16.7	0.0	0.0	33.3	6
苗族	80.4	15.2	45.7	19.6	6.5	0.0	4.3	46
壮族	87.8	18.2	47.3	25.7	4.7	0.0	13.5	148
其他民族	82.4	5.9	52.9	23.5	5.9	0.0	17.6	17
总体	85.3	16.6	47.9	24.0	5.1	0.0	12.4	217

隆林县受访城镇居民中，各民族休闲活动参与情况基本相同，"看电视或电影"苗族参与比例最高，"上网"汉族参与比例最高，"朋友聚会"汉族参与比例最高，"文体活动"其他民族参与比例最高，"读书学习"

苗族参与比例最高,各民族皆无人参加"宗教活动"。

表2–39　　隆林各族自治县受访城镇居民休闲时间参与活动情况　　(个、%)

	看电视或电影	上网	朋友聚会	文体活动	读书学习	宗教活动	其他	样本量
汉族	85.7	42.9	71.4	57.1	28.6	0.0	0.0	7
苗族	90.9	36.4	36.4	45.5	54.5	0.0	18.2	11
壮族	68.4	35.7	50.0	45.9	18.4	0.0	5.1	98
其他民族	61.5	30.8	69.2	92.3	23.1	0.0	7.7	13
总体	70.5	35.7	51.9	51.2	22.5	0.0	6.2	129

(三) 族际交往

隆林县受访各族居民的族际交往意愿相对较强。隆林县受访居民中,各民族与本民族之外的民族成员交往表示"很愿意"或"比较愿意"的比例均在90%以上。具体来看,汉族与少数民族交往的意愿相对最弱,在聊天、成为邻居、一起工作等方面表示"很愿意"或"比较愿意"的比例均在90%至95%之间。少数民族与汉族交往的意愿相对较强,相关比例皆超过95%。少数民族与本民族之外的民族成员交往意愿处于相对中间的状况,在聊天、成为邻居、一起工作方面表达"不好说"的比例最多。从具体民族维度看,壮族居民与本民族外成员交往的意愿最强,苗族和其他民族居民与其余各民族交往的意愿相对较弱。但总体来看,民族之间的交往情况较为乐观。

表2–40　　　　隆林各族自治县受访者民族交往情况
　　　　　　　1) 汉族受访者对少数民族　　　　　(个、%)

	很愿意	比较愿意	不太愿意	不愿意	不好说	样本量
聊天	80.3	11.5	6.6	0.0	1.6	61
成为邻居	82.0	11.5	6.6	0.0	0.0	61
一起工作	83.6	8.2	8.2	0.0	0.0	61

2) 少数民族受访者对汉族　　　　　　　　　　　（个、%）

		很愿意	比较愿意	不太愿意	不愿意	不好说	样本量
聊天	苗族	80.7	15.8	1.8	1.8	0.0	57
	壮族	82.0	16.0	1.2	0.0	0.8	244
	其他民族	89.7	3.4	3.4	0.0	3.4	29
	总体	82.4	14.8	1.5	0.3	0.9	330
成为邻居	苗族	82.5	14.0	1.8	1.8	0.0	57
	壮族	82.4	15.6	1.6	0.0	0.4	244
	其他民族	93.1	3.4	3.4	0.0	0.0	29
	总体	83.3	14.2	1.8	0.3	0.3	330
一起工作	苗族	82.5	14.0	1.8	1.8	0.0	57
	壮族	81.1	17.3	1.2	0.0	0.4	244
	其他民族	89.7	6.9	3.4	0.0	0.0	29
	总体	82.1	15.8	1.5	0.3	0.3	330

3) 少数民族受访者对少数民族　　　　　　　　　（个、%）

		很愿意	比较愿意	不太愿意	不愿意	不好说	样本量
聊天	苗族	82.5	15.8	0.0	1.8	0.0	57
	壮族	79.8	17.6	1.3	0.0	1.3	244
	其他民族	82.8	6.9	3.4	0.0	6.9	29
	总体	80.6	16.4	1.2	0.3	1.5	330
成为邻居	苗族	82.5	15.8	0.0	1.8	0.0	57
	壮族	80.3	17.2	1.3	0.0	1.3	244
	其他民族	86.2	6.9	3.4	0.0	3.4	29
	总体	81.2	16.0	1.2	0.3	1.2	330
一起工作	苗族	80.7	17.5	0.0	1.8	0.0	57
	壮族	79.7	18.1	0.8	0.0	1.3	244
	其他民族	82.8	6.9	3.4	0.0	6.9	29
	总体	80.2	17.0	0.9	0.3	1.5	330

（四）族际交友与族际通婚

在成为亲密朋友方面，各族意愿都较高。隆林县受访居民中，具体来看,汉族与其他各民族交往意愿相对最低,表示"很愿意"或"比较愿意"的占91.8%。少数民族方面,对汉族的交往中,壮族意愿最强,相关比例为97.9%。对其他少数民族交往中,苗族的意愿最强,相关比例为98.3%。在族际通婚方面,各民族的意愿都较高。具体来看,依旧汉族与其他各民族通婚的意愿相对最低,表示"很愿意"或"比较愿意"的比例为90.2%。少数民族对汉族的通婚方面,其他民族表现了相对较强的意愿,相关比例为96.5%。少数民族对少数民族的通婚方面,苗族表现的意愿最强,相关比例为94.7%。

表 2-41　　　　　隆林各族自治县受访者交友与通婚情况

1) 汉族受访者对少数民族　　　　　　　　　　　　（个、%）

	很愿意	比较愿意	不太愿意	不愿意	不好说	样本量
成为亲密朋友	80.3	11.5	8.2	0.0	0.0	61
结为亲家	73.8	16.4	6.6	0.0	3.3	61

2) 少数民族受访者对汉族　　　　　　　　　　　　（个、%）

		很愿意	比较愿意	不太愿意	不愿意	不好说	样本量
成为亲密朋友	苗族	82.5	14.0	1.8	1.8	0.0	57
	壮族	78.6	19.3	1.2	0.4	0.4	244
	其他民族	89.7	6.9	3.4	0.0	0.0	29
	总体	80.2	17.3	1.5	0.6	0.3	330
结为亲家	苗族	75.4	15.8	5.3	3.5	0.0	57
	壮族	75.6	18.6	0.8	0.8	4.1	244
	其他民族	86.2	10.3	3.4	0.0	0.0	29
	总体	76.5	17.4	1.8	1.2	3.0	330

3) 少数民族受访者对少数民族　　　　　　　　　　（个、%）

		很愿意	比较愿意	不太愿意	不愿意	不好说	样本量
成为亲密朋友	苗族	82.5	15.8	0.0	1.8	0.0	57
	壮族	78.4	18.6	1.3	0.4	1.3	244
	其他民族	82.8	10.3	3.4	0.0	3.4	29
	总体	79.5	17.4	1.2	0.6	1.2	330

		很愿意	比较愿意	不太愿意	不愿意	不好说	样本量
结为亲家	苗族	75.4	19.3	3.5	1.8	0.0	57
	壮族	74.2	19.9	1.3	0.8	3.8	244
	其他民族	79.3	10.3	3.4	0.0	6.9	29
	总体	74.8	18.9	1.9	0.9	3.4	330

（五）民族意识与国家意识

隆林县居民民族意识和国家意识处于协调发展过程中。2013年隆林县受访居民中，21.3%居民认为未来"国家意识将增强，民族意识也随之逐步增强"；14.4%居民认为未来"民族意识增强，国家意识也随之逐步增强"；26.9%居民认为未来主要是"国家意识增强"，认为未来主要是"民族自我意识增强"的居民占9.6%。值得注意的是，27.7%居民对于未来民族意识和国家意识变化情况表示"不清楚"。从民族维度看，苗族居民认为"国家意识增强，民族意识也随之逐步增强"的比例最高，为26.0%。21.4%的其他民族居民认为未来主要是"民族自我意识增强"。汉族、苗族、壮族居民都认为未来主要是"国家意识增强"，相关比例分别为31.1%、28.0%、27.8%。从城乡维度看，城乡居民都认为未来是"国家意识增强，民族意识也随之逐步增强"，城乡相关比例为23.7%、19.7%。尽管各民族对民族意识和国家意识变化顺序和侧重有所不同，但民族意识和国家意识都处于增强趋势，且逐渐趋于平衡。

表2-42 隆林各族自治县受访者的民族意识与国家意识未来变化趋势 （个、%）

	民族自我意识增强	国家意识增强	民族意识增强，国家意识也随之逐步增强	国家意识增强，民族意识也随之逐步增强	不清楚	样本量
汉族	8.2	31.1	18.0	21.3	21.3	61
苗族	4.0	28.0	20.0	26.0	22.0	50
壮族	9.4	27.8	12.8	20.5	29.5	234
其他民族	21.4	10.7	10.7	21.4	35.7	28
农村	8.1	27.4	13.9	19.7	30.9	222
城镇	11.8	26.3	15.1	23.7	23.0	151
总体	9.6	26.9	14.4	21.3	27.7	373

（六）当地居民对外来人口态度

当地居民对外来人口的态度，总的来看，隆林县对外来人口的开放程度较高。2013年隆林县受访居民中，当地居民对"县外省内外来流入人员"持"欢迎"态度的比例为95.5%，对"省外国内外来流入人员"持"欢迎"态度的比例为94.5%，对"外国人"持"欢迎"态度的比例为90.8%。从民族维度看，其他民族对外来流入人员的欢迎程度最高，对于"县外省内外来流入人员"及"省外国内外来流入人员"持"欢迎"态度的比例均为100%，对"外国人"的相关比例为93.3%，亦为最高。壮族居民对"县外省内外来流入人员""省外国内外来流入人员"和"外国人"持"欢迎"态度的比例分别为94.7%、93.1%、90.3%。苗族居民相关比例分别为98.2%、98.2%、91.2%。汉族相关比例分别为93.8%、93.8%、90.6%。从城乡维度看，农村居民对各类外来流入人员的欢迎程度均高于城镇居民。

表2-43　　　隆林各族自治县受访居民对外来人口的态度　　　（个、%）

	县外省内外来流入人员				省外国内外来流入人员				外国人				样本量
	欢迎	不欢迎	视情况而定	不清楚	欢迎	不欢迎	视情况而定	不清楚	欢迎	不欢迎	视情况而定	不清楚	
汉族	93.8	1.6	4.7	0.0	93.8	1.6	4.7	0.0	90.6	1.6	7.8	0.0	64
苗族	98.2	0.0	1.8	0.0	98.2	1.8	0.0	0.0	91.2	7.0	1.8	0.0	57
壮族	94.7	0.4	4.5	0.4	93.1	0.8	6.1	0.0	90.3	0.4	7.7	1.6	247
其他民族	100.0	0.0	0.0	0.0	100.0	0.0	0.0	0.0	93.3	0.0	3.3	3.3	30
农村	97.5	0.4	2.1	0.0	96.3	0.8	2.9	0.0	91.3	2.1	5.0	1.7	241
城镇	92.4	0.6	6.3	0.6	91.8	1.3	7.0	0.0	89.9	0.6	8.9	0.6	157
总体	95.5	0.5	3.8	0.3	94.5	1.0	4.5	0.0	90.7	1.5	6.5	1.3	398

隆林县受访居民对外来流动人口的欢迎缘于多个原因。2013年隆林县受访居民中，85.9%居民认为"有利于弘扬民族文化"，85%居民认为外来人口"增加了当地的投资"，82%居民认为外来人口"扩大了当地的就业机会"，认为外来人口"开阔了当地人的视野""提高了当地的社会服务水平""带来了先进技术和管理方式""有利于缩小区域间的差距""增强了民族间的交往""增加了当地劳动力市场中的劳动力"的比例分

别为 80.4%、74.4%、74.2%、72.7%、85.3%、82.6%。从民族维度看，各民族对于大多数外来人口流入持肯定态度的比例均超过70%，其中，其他民族对外来人口的欢迎态度最为积极，相关比例皆为90%以上。但值得注意的是，壮族居民认为外来人口能够"提高了当地的社会服务水平""带来了先进技术和管理方式"的比例均低于70%。从城乡维度看，数据差距不大，农村居民欢迎外来人口的各原因赞同比例基本略小于城镇，说明外来人口对城镇居民的影响相对深刻。

表 2-44　　　　隆林各族自治县受访者欢迎外来人口的原因　　　　（个、%）

	增加了当地的投资	扩大了当地的就业机会	开阔了当地人的视野	提高了当地的社会服务水平	带来了先进技术和管理方式	有利于缩小区域间的差距	增强了民族间的交往	增加了当地劳动力市场中的劳动力	有利于弘扬民族文化	样本量
汉族	82.5	81.0	82.3	76.2	77.4	74.2	84.1	83.6	82.5	63
苗族	87.7	86.0	82.5	82.5	80.7	71.9	87.7	78.9	87.5	57
壮族	83.4	79.8	77.3	69.9	69.4	70.1	83.5	81.3	84.6	247
其他民族	96.7	93.3	96.7	90.0	93.3	90.0	96.7	96.7	100.0	30
农村	84.7	83.5	79.2	72.1	73.2	69.5	84.3	80.3	86.2	241
城镇	85.4	79.7	82.3	77.8	75.8	77.6	86.7	86.1	85.4	158
总体	85.0	82.0	80.4	74.4	74.2	72.7	85.3	82.6	85.9	397

（七）民族身份对生活的影响评价

隆林县受访居民中，当问及"在工作、学习和日常生活中，您的民族身份有无不便利的地方"时，85.7%居民回答是"没有""经常有""偶尔有"和"很少有"的比例非常低。另外有6.1%的居民表示"不清楚"，说明在日常生活中，这部分居民对于自己的民族身份并未形成有意识的关注，一方面可能与本民族外的成员接触较少，另一方面可能是民族身份平等更高程度的重要体现。从民族维度看，汉族和其他民族居民表示在日常生活中，"没有"因民族身份出现不便利的地方的相关比例较高，分别为90.9%、93.3%。壮族和苗族居民的身份平等感相对较弱，相关比例分别为85.3%、82.5%。在外出旅行或出国过程中，60.6%居民认为"没有"因民族身份产生不便利，31.8%居民对此表示"不清楚"。从民族维度看,汉族、苗族、其他民族居民在外出旅行或出国时,"经常有"或"偶尔有"身份不便利的比例均为0;壮族相关比例则为2%。但总体来看,各民族接触外国人的频率不高,因此一部分人未对在与外国人接触中是否产生不便利形成看法。

表2-45　　　　　　　隆林各族自治县受访者工作中
　　　　　　　　　　民族身份有无不便利的地方　　　　　　　(个、%)

	经常有	偶尔有	很少	没有	不清楚	样本量
汉族	0.0	0.0	0.0	90.9	9.1	11
苗族	1.8	1.8	5.3	82.5	8.8	57
壮族	0.4	1.6	7.3	85.3	5.3	245
其他民族	0.0	0.0	0.0	93.3	6.7	30
总体	0.6	1.5	6.1	85.7	6.1	343

表2-46　　　　　　隆林各族自治县受访者民族身份在外出旅行
　　　　　　　　　或出国时有无不便利的地方　　　　　　　(个、%)

	经常有	偶尔有	很少	没有	不清楚	样本量
汉族	0.0	0.0	0.0	54.5	45.5	11
苗族	0.0	0.0	7.0	73.7	19.3	57
壮族	0.4	1.6	6.5	57.6	33.9	245
其他民族	0.0	0.0	3.3	63.3	33.3	30
总体	0.3	1.2	6.1	60.6	31.8	343

(八) 民族关系评价

从改革开放前至今,隆林县民族关系不断改善并趋于平稳。2013年隆林县受访居民中,居民对民族关系持好评的比例,由改革开放前的50.5%,上升到如今的70.4%。改革开放至2000年期间,好评提升17.3个百分点,2000年至今提升2.6个百分点。同时居民对民族关系的认知也逐渐清晰化,对民族关系"说不清"的比例由改革开放前的21.1%下降到如今的4.5%。从民族维度看,各民族对于不同时期民族关系的好评均有较大幅度提升,其中其他民族居民提升幅度最大,汉族提升幅度相对最小。总体来看,隆林县民族关系良好,和谐程度不断提升并趋于稳定。

表 2-47　　　　　　隆林各族自治县民族关系变化情况　　　　　（个、%）

	改革开放前				改革开放到2000年				2000年至今				样本量
	好	一般	不好	说不清	好	一般	不好	说不清	好	一般	不好	说不清	
汉族	57.8	21.9	4.7	15.6	69.8	20.6	1.6	7.9	74.6	20.6	1.6	3.2	63
苗族	59.6	26.3	5.3	8.8	82.5	15.8	0.0	1.8	86.0	12.3	0.0	1.8	57
壮族	53.3	25.2	2.4	19.1	73.6	19.5	0.4	6.5	76.0	21.5	0.0	2.4	246
其他民族	36.7	46.7	0.0	16.7	66.7	30.0	0.0	3.3	76.7	23.3	0.0	0.0	30
总体	50.5	24.4	4.0	21.1	67.8	21.6	0.5	10.1	70.4	24.1	1.0	4.5	396

（九）民族冲突

隆林县居民民族冲突不严重。2013年隆林县受访居民中，44.1%居民认为当前民族冲突"不算严重"，30.6%认为"完全不严重"，认为"有点严重"或"非常严重"的仅占16.3%。从民族维度看，壮族、汉族观念上民族间状态相对最为和谐，壮族认为民族冲突"不算严重"或"完全不严重"的比例占76.8%，"不清楚"民族冲突情况的占9.8%，汉族居民相关比例分别为78.1%、6.3%。苗族居民相关比例为65%、10.5%，其他民族居民相关比例分别为66.7%、6.7%。总体来看，各民族主观认为民族冲突不严重。从城乡维度看，城乡居民中大都认为民族冲突不严重，且差异不明显。

在宗教信仰冲突方面，因隆林县宗教信仰者所占比例极低，隆林县45.7%的居民认为"不算严重"或"完全不严重"，"不清楚"是否严重的比例为40.9%，隆林县居民整体观念认为宗教信仰冲突不严重或不了解。从民族维度看，汉族、苗族和壮族对宗教信仰冲突均认为"不算严重""完全不严重"或"不清楚"。其他民族居民中有34.4%认为"有点严重"或"非常严重"。从城乡维度看，农村和城镇居民基本认为宗教冲突"不严重"或"不清楚"，城乡差距不大。

表 2-48　　隆林各族自治县受访者对民族冲突与不同宗教信仰者之间的冲突的评价　　（个、%）

	民族间冲突					不同宗教信仰者间冲突					样本量
	非常严重	有点严重	不算严重	完全不严重	不清楚	非常严重	有点严重	不算严重	完全不严重	不清楚	
汉族	3.1	12.5	45.3	32.8	6.3	3.2	12.9	12.9	25.8	45.2	64
苗族	3.5	21.1	40.4	24.6	10.5	0.0	10.5	29.8	24.6	35.1	57

续表

	民族间冲突					不同宗教信仰者间冲突					样本量
	非常严重	有点严重	不算严重	完全不严重	不清楚	非常严重	有点严重	不算严重	完全不严重	不清楚	
壮族	1.2	12.2	43.9	32.9	9.8	0.8	10.2	23.8	23.0	42.2	246
其他民族	6.7	20.0	50.0	16.7	6.7	3.4	31.0	20.7	10.3	34.5	30
总体	2.3	14.0	44.1	30.6	9.0	1.3	12.2	23.1	22.6	40.9	397

六 民族政策

我国民族地区主要分布在中西部，资源环境、区位交通和历史发展条件等方面的差异，使得民族地区经济社会发展程度参差不齐，且落后于东部发达地区。民族政策是应对特殊民族问题、优化多民族生态、实现民族团结的重要途径。民族政策是指在一个由不同民族和族群构成的国家中，政府针对少数民族在政治、经济、文化、宗教、教育等方面所制定的制度性安排。这里仅从计划生育、高考加分、民族特殊优惠政策三个方面分析评估民族政策在隆林县的执行效果。

（一）计划生育政策

受访居民对计划生育政策的认可度较高。在对民族地区计划生育政策的评价方面，2013年隆林县受访居民中，66.8%居民认为"好"，认为"不好"的占7.5%，认为"不清楚"的占10.3%。各民族数据差异不大，故未列表进行比较。从城乡维度看，城镇居民对计划生育政策给予好评的比例为55.7%，农村相关比例为74%。城镇居民对计划生育政策"不清楚"的占10.8%，农村居民为9.9%。说明城镇居民对计划生育政策的熟悉程度和支持程度均低于农村居民。

表2-49　隆林各族自治县受访居民对计划生育政策的评价　　（个、%）

	好	一般	不好	不清楚	样本量
农村	74.0	11.6	4.5	9.9	242
城镇	55.7	21.5	12.0	10.8	158
总体	66.8	15.5	7.5	10.3	400

(二) 高考加分政策

受访居民对高考加分政策满意度较高。2013 年隆林县受访居民中，隆林县居民中 75.8% 对少数民族高考加分政策持"满意"态度，"不满意"的占 6.8%，"不清楚"的居民占 17.5%。说明知晓高考加分政策的居民相关满意度非常高，但也有一部分居民没能直接或间接地享受或熟悉高考加分政策。从民族维度看，其他民族居民对高考加分政策满意度最高，相关比例为 86.7%。汉族、苗族和壮族相关比例分别为 64.1%、84.2%、75.3%，汉族的满意度最低，且不满意的比例最高。可能是由于在少数民族地区，汉族居民没享受到高考加分政策，由此产生一定被忽视感。从城乡维度看，城镇居民对少数民族高考加分政策持"满意"态度的比例为 74.5%，农村居民为 76.5%。城镇居民对高考加分政策"不清楚"的比例占 15.9%，农村居民为 18.5%。

当问及"长期居住在城市的少数民族，子女是否应该加分？"时，51.6% 居民认为"应该"，认为"不应该"的占 22.9%，"不清楚"的占 25.5%。从民族维度看，相比于实际政策（实然）基础上的评价，在具体应然看法方面，汉族和少数民族呈截然相反的方向延展。汉族居民支持长期居住在城市的少数民族子女高考加分占 32.3%，远低于其对少数民族整体高考加分政策的满意比例。而少数民族中，苗族和其他民族居民支持长期居住在城市的少数民族子女高考加分的比例最高，分别为 69.8%、79.3%。

表 2–50　　隆林各族自治县受访居民对高考加分政策的态度　　（个、%）

	少数民族的高考加分政策			长期居住在城市的少数民族，子女是否应该加分？			样本量
	满意	不满意	不清楚	应该	不应该	不清楚	
汉族	64.1	17.2	18.8	32.3	32.3	35.5	62
苗族	84.2	5.3	10.5	69.8	11.3	18.9	53
壮族	75.3	5.3	19.4	48.7	24.8	26.5	238
其他民族	86.7	0.0	13.3	79.3	10.3	10.3	29
农村	76.5	4.9	18.5	51.5	20.3	28.1	230
城镇	74.5	9.6	15.9	51.6	26.8	21.6	152
总体	75.8	6.8	17.5	51.6	22.9	25.5	282

(三) 民族地区特殊优惠政策

关于民族地区特殊优惠政策的评价，2013年隆林县受访居民中，75.3%居民持"满意"态度，"不满意"的仅占9.9%，14.8%表示"不清楚"。从民族维度看，苗族居民对特殊优惠政策满意度最高，相关比例为86%；汉族居民对特殊优惠政策的满意度最低，相关比例为65.1%；壮族和其他民族相关比例为74.2%、83.3%。此外，壮族表示"不清楚"的比例最高，为17.5%。从城乡维度看，农村居民对民族地区特殊优惠政策持满意态度的比例为79.1%，城镇居民为69.3%，低于农村居民。

表 2-51　隆林各族自治县受访居民对民族地区特殊优惠政策的评价（个、%）

	满意	不满意	不清楚	样本量
汉族	65.1	20.6	14.3	63
苗族	86.0	8.8	5.3	57
壮族	74.2	8.3	17.5	240
其他民族	83.3	3.3	13.3	30
农村	79.1	7.1	13.8	238
城镇	69.3	14.4	16.3	152
总体	75.3	9.9	14.8	390

(四) 民族教育与语言

在第一语言习得方面，2013年隆林县受访居民中，隆林县居民中68.3%最先习得"本民族语言"，最先习得"汉语方言"的比例为27%，最先习得"普通话"的比例为15.8%。从城乡维度看，农村居民以"本民族语言"为最先习得语言，相关比例为78.9%。城市居民以习得"汉语方言"和"本民族语言"为主，相关比例分别为43%、51.9%。

表 2-52　隆林各族自治县受访居民最先习得语言情况　（个、%）

	普通话	汉语方言	本民族语言	其他少数民族语言	样本量
农村	14.5	16.5	78.9	1.2	242
城镇	17.7	43.0	51.9	1.9	158
总体	15.8	27.0	68.3	1.5	400

在普通话掌握能力方面，2013年隆林县受访居民中，隆林县居民中56.3%能"流利准确地使用""能熟练使用但有些音不准"的占20.7%，"能熟练使用但口音较重"的比例占13.2%，"基本能交谈但不太熟练"的占4.9%。总体来看，隆林县居民普通话掌握能力较强。从城乡维度看，城镇居民掌握普通话的能力强于农村居民。

表2-53　　　　隆林各族自治县受访者普通话掌握程度　　　　（个、%）

	能流利准确地使用	能熟练使用但有些音不准	能熟练使用但口音较重	基本能交谈但不太熟练	能听懂但不太熟练	能听懂一些但不会说	样本量
农村	45.9	23.5	15.8	7.7	5.1	1.5	242
城镇	69.7	17.1	9.9	1.3	2.0	0.0	158
总体	56.3	20.7	13.2	4.9	3.7	0.9	400

关于普通话的功能效用，2013年隆林县受访居民中，隆林县60.4%的受访居民认为普通话"对工作生活各方面都有好处"，13.5%认为普通话"有好处，方便做买卖"，22.6%居民认为普通话"有好处，方便与其他民族交往"。从城乡维度看，城镇居民认为普通话有好处的比例为98.1%，农村居民为95.4%，因此城镇居民更能看到普通话的多功能效益，这可能是由于普通话在城镇的使用空间更大，用途更多样化。

表2-54　　　隆林各族自治县受访者关于普通话的效用评价　　（个、%）

	有好处，方便与其他民族交往	有好处，方便做买卖	对工作生活各方面都有好处	不好说	没太大好处	样本量
农村	18.0	15.9	61.5	3.3	1.3	242
城镇	29.7	9.7	58.7	0.6	1.3	158
总体	22.6	13.5	60.4	2.3	1.3	400

关于少数民族地区干部学习当地民族语言的态度方面，2013年隆林县受访居民中，隆林县居民中86.4%认为"有必要"，认为"没必要"的仅占6.1%。从民族维度看，认为少数民族地区干部学习当地民族语言"有必要"比例最高的民族是苗族，为94.7%。汉族、壮族、其他民族相关比例分别为82.8%、85.6%、86.7%。从城乡维度看，城镇居民认为少数民族地

区干部"有必要"学习当地民族语言的比例为85.4%，农村为87%。

表2-55　　　　隆林各族自治县受访居民对到少数民族地区
　　　　　　　　工作的干部学习掌握当地民族语言的态度　　　（个、%）

	有必要	一般	没必要	不清楚	样本量
汉族	82.8	10.9	6.3	0.0	64
苗族	94.7	1.8	1.8	1.8	57
壮族	85.6	5.8	7.4	1.2	243
其他民族	86.7	3.3	3.3	6.7	30
农村	87.0	5.0	5.9	2.1	238
城镇	85.4	7.6	6.4	0.6	156
总体	86.4	6.1	6.1	1.5	394

七　民族文化传承与保护

（一）民族文化认知

总体来看，2013年隆林县受访居民中，隆林县居民认为本民族最具特色的文化类型是"传统服饰"，相关比例为43.8%。其次是"传统节日"，比例为31.7%。再次是"传统民居"，比例为10.1%。从民族维度看，各民族的看法基本一致。此外，苗族和壮族居民的民族文化特色相对更为多元。

表2-56　　隆林各族自治县受访者评价本民族最具特色的文化类型　（个、%）

	传统民居	传统服饰	传统节日	传统文娱活动	传统饮食	道德规范	人际交往习俗	传统生产方式	宗教活动习俗	其他（请注明）
汉族	16.7	41.7	33.3	8.3	0.0	0.0	0.0	0.0	0.0	0.0
苗族	7.0	45.6	31.6	1.8	1.8	0.0	3.5	3.5	3.5	1.8
壮族	10.9	41.5	33.5	9.7	1.6	1.2	0.4	1.2	0.0	0.0
其他民族	6.7	60.0	16.7	10.0	0.0	0.0	0.0	0.0	0.0	6.7
总体	10.1	43.8	31.7	8.4	1.4	0.9	0.9	1.4	0.6	0.9

关于最需要保护的民族文化类型，2013年隆林县受访居民中，28.2%居民认为是"传统节日"，36.6%居民认为是"传统服饰"，

19.6%居民认为是"传统民居"。从民族维度来看，汉族居民认为最需要保护的民族文化是"传统节日"，相关比例为41.7%，苗族、壮族、其他民族认为最需要保护的民族文化是"传统服饰"，相关比例分别为40.4%、35.1%、46.7%。

表2-57 隆林各族自治县受访者评价本民族最需要保护的文化类型（个、%）

	传统民居	传统服饰	传统节日	人生礼仪	传统文娱活动	传统饮食	道德规范	人际交往习俗	传统生产方式	宗教活动习俗	其他（请注明）	样本量
汉族	25.0	25.0	41.7	0.0	0.0	0.0	0.0	0.0	0.0	8.3	0.0	12
苗族	8.8	40.4	31.6	1.8	3.5	1.8	0.0	0.0	7.0	3.5	1.8	57
壮族	21.8	35.1	27.4	1.2	10.1	0.0	1.6	0.4	0.8	0.8	0.8	248
其他民族	20.0	46.7	23.3	0.0	3.3	0.0	0.0	0.0	0.0	0.0	6.7	30
总体	19.6	36.6	28.2	1.2	8.1	0.3	1.2	0.3	1.7	1.4	1.4	347

（二）民族文化传承

2013年隆林县受访居民中，84.5%的居民认为本民族文化传承的主要途径是"家庭、邻里、亲朋耳濡目染"，其他途径皆低于10%。从民族维度看，各民族均认为传承本民族文化的主要途径是"家庭、邻里、亲朋耳濡目染"。苗族、汉族、其他民族、壮族的相关比例依次为94.7%、91.7%、90%、81.1%。在传承民族文化上，"学校教育""图书报刊"等传播媒介的使用率最低。由此可见，以家庭为主的社会网络依然是隆林县地区各民族传播本民族文化的主要途径，而现代化传播媒介未占主要地位。

表2-58 隆林各族自治县受访者对民族文化传承途径的选择 （个、%）

	家庭、邻里、亲朋耳濡目染	学校教育	村庄或社区的公共文化等活动	广播、电视、互联网等	图书报刊	样本量
汉族	91.7	0.0	8.3	0.0	0.0	12
苗族	94.7	0.0	0.0	5.3	0.0	57
壮族	81.1	2.9	7.8	7.8	0.4	244
其他民族	90.0	0.0	6.7	3.3	0.0	30
总体	84.5	2.0	6.4	6.7	0.3	343

隆林县受访居民对本民族文化传承的信心较强。2013年隆林县受访居民中，民族"语言文字"方面，84.6%居民认为子女和上辈相比有更强烈的接受意愿，各民族中皆有少部分比例表示不愿意或无所谓。在民族"风俗"传承方面，79.7%居民对子女传承本民族风俗很有信心。其中苗族的信心最强。在"宗教"传承信心方面，52%居民很有信心，6.9%缺乏信心，41.1%表示无所谓。从民族维度看，汉族对本民族的宗教信仰传承信心最弱。在本民族"特色手艺"传承方面，66.9%居民很有信心，其中苗族居民信心最强，相关比例为80%，汉族信心最弱，相关比例为33.3%。

表2-59 隆林各族自治县受访者对子代和上辈相比接受本民族
语言、文化和风俗习惯的意愿评价 （个、%）

	愿意	不愿意	无所谓	样本量
语言文字			
汉族	91.7	8.3	0.0	12
苗族	82.5	7.0	10.5	57
壮族	84.9	3.3	11.8	245
其他民族	82.8	0.0	17.2	29
农村	88.0	3.2	8.8	216
城镇	78.9	4.7	16.4	127
总体	84.6	3.8	11.6	343
风俗			
汉族	75.0	16.7	8.3	12
苗族	80.7	7.0	12.3	57
壮族	79.6	3.3	17.1	245
其他民族	79.3	0.0	20.7	29
农村	84.3	3.2	12.4	216
城镇	71.9	5.5	22.7	127
总体	79.7	4.1	16.2	343
宗教			
汉族	25.0	25.0	50.0	12
苗族	60.0	9.1	30.9	57
壮族	51.1	5.5	43.4	245
其他民族	55.2	6.9	37.9	29
农村	55.7	6.7	37.6	216

续表

	愿意	不愿意	无所谓	样本量
宗教			
城镇	45.5	7.3	47.2	127
总体	52.0	6.9	41.1	343
特色手艺			
汉族	33.3	33.3	33.3	12
苗族	80.0	5.5	14.5	57
壮族	65.0	9.3	25.7	245
其他民族	69.0	0.0	31.0	29
农村	72.0	8.1	19.9	216
城镇	58.1	9.7	32.3	127
总体	66.9	8.7	24.5	343

（三）民族文化保护

在对待历史建筑拆迁改造的看法上，2013年隆林县受访居民中，49.4%居民主张"保持原貌不动"，19.1%居民主张"保留外形但内部可改造"，主张"异地重建"和"直接拆迁"的比例较小，"不清楚"的居民占17.9%。总体来看，居民保护历史建筑的意识相对较强。从民族维度看，其他民族文化保护意识最强，认为历史建筑应该"保持原貌不动"的占60%。其他各族居民文化保护意识差异不大，汉族、苗族、壮族认为应该"保持原貌不动"的比例分别占50.0%、50.9%、47.3%。从城乡维度看，城镇居民对历史建筑的保护意识略强于农村居民，城乡居民中认为历史建筑应"保持原貌不动"的比例分别为51.9%、47.9%。

表2-60　隆林各族自治县受访居民对历史建筑（以旧的传统民居和祖屋为主）改造拆迁的看法　（个、%）

	保持原貌不动	保留外形但内部可改造	直接拆迁	异地重建	不清楚	样本量
汉族	50.0	8.3	16.7	8.3	16.7	12
苗族	50.9	15.8	5.3	3.5	24.6	57
壮族	47.3	20.4	8.2	6.9	17.1	245
其他民族	60.0	20.0	6.7	0.0	13.3	30

续表

	保持原貌不动	保留外形但内部可改造	直接拆迁	异地重建	不清楚	样本量
农村	47.9	17.1	8.3	5.5	21.2	216
城镇	51.9	22.5	7.0	6.2	12.4	128
总体	49.4	19.1	7.8	5.8	17.9	344

关于在城建过程中自家房屋被拆迁的看法，2013年隆林县受访居民中，52.6%居民认为应该"服从国家需要"，28.3%居民认为"只要价钱合理就行"。从民族维度看，汉族、壮族、其他民族居民对自家房屋被拆迁的看法主要有两种，即"服从国家需要"和"只要价钱合理就行"。苗族居民主要看法除了"服从国家需要""只要价钱合理就行"，17.5%"看拆迁工作的方式方法"而定。从城乡维度看，城乡居民在城建过程中自家房屋被拆迁的态度上大都"服从国家需要"及"只要价钱合理就行"，差异不明显，城市相对更重视价钱对于拆迁的影响。

表2-61　隆林各族自治县受访者关于城建过程中自家房屋被拆迁的态度　（个、%）

	只要价钱合理就行	价钱再高也不愿意拆迁	服从国家需要	看周围邻居态度	看拆迁工作的方式方法	样本量
汉族	25.0	8.3	66.7	0.0	0.0	12
苗族	21.1	5.3	52.6	3.5	17.5	57
壮族	31.8	2.9	49.8	6.9	8.6	245
其他民族	13.3	3.3	73.3	3.3	6.7	30
农村	24.9	3.7	55.3	6.5	9.7	218
城镇	34.1	3.1	48.1	5.4	9.3	128
总体	28.3	3.5	52.6	6.1	9.5	346

当开发旅游资源和保护本民族文化遗产发生冲突时，2013年隆林县受访居民中，55.7%居民主张"以保护本民族传统文化为主，不赞同过度商业化"，主张"以发展经济和提高现代生活水平为主"的居民占19.8%。从民族维度看，各民族在经济发展的文化保护的天平上，均倾向于文化保护一端，且各民族差异不明显。从城乡维度看，城镇居民主张"以保护本民族传统文化为主，不赞同过度商业化"的比例占60.9%，农村相关比例为52.6%，可以说城镇居民的本民族文化保护意识强于农村居民。

表 2-62　当开发旅游资源和保护本民族文化遗产发生冲突时
隆林各族自治县受访者的态度　　　　　　（个、%）

	以发展经济和提高现代生活水平为主	以保护本民族传统文化为主,不赞同过度商业化	不好说	样本量
汉族	16.7	66.7	16.7	12
苗族	10.5	61.4	28.1	57
壮族	21.5	52.5	26.0	242
其他民族	23.3	70.0	6.7	30
农村	18.6	52.6	28.8	214
城镇	21.9	60.9	17.2	127
总体	19.8	55.7	24.5	341

隆林县受访居民对政府保护民族文化工作的评价较高,2013年隆林县受访居民中,77.3%居民对政府的民族文化保护工作持"满意"态度。从民族维度看,汉族、苗族居民相关"满意"比例最高,均为81.8%。其他民族持"不满意"态度的比例最高,为10.7%。壮族居民态度中,"不好说"的比例最高,达到19.9%。

表 2-63　隆林各族自治县受访者对政府保护民族文化工作的评价　（个、%）

	满意	不满意	不好说	样本量
汉族	81.8	9.1	9.1	11
苗族	81.8	9.1	9.1	55
壮族	76.3	3.8	19.9	236
其他民族	75.0	10.7	14.3	28
总体	77.3	5.5	17.3	330

八　社会和谐与安定

社会安定与和谐是民族地区经济社会发展的归宿,本报告将从社会压力感、社会安全感、社会公平感、社会冲突感、政府处理突发事件的能力5个方面对隆林县社会和谐与安定程度进行测量分析。

（一）社会压力

隆林县受访居民的整体压力感较大，总的社会压力表示"压力很大"或"有压力"的比例为70.3%。具体来看，2013年隆林县受访居民中，居民最大的压力是"经济压力"，有关比例为88.5%；其次是"人情往来压力"，相关比例为62.8%；"个人发展""孩子教育压力""医疗/健康压力""住房压力""赡养父母的压力"相关比例分别为55.1%、52.5%、50.8%、42.4%、41.9%。居民"婚姻生活压力"最小，相关比例为18.5%。从民族维度看各民族差异不大，苗族社会压力相对最大，其次为壮族、其他民族，汉族相对最小。从城乡维度看，城镇居民压力大于农村居民。

表2-64　　　　　隆林各族自治县社会压力情况　　　　（个、%）

		压力很大	有压力	压力很小	没这方面压力	样本量
经济压力	汉族	57.1	34.9	6.3	1.6	63
	苗族	52.6	33.3	7.0	7.0	57
	壮族	58.1	29.8	9.3	2.8	248
	其他民族	56.7	33.3	6.7	3.3	30
	农村	59.5	24.8	10.7	5.0	241
	城镇	53.2	41.8	4.4	0.6	157
	总体	57.0	31.5	8.3	3.3	398
个人发展	汉族	21.3	27.9	18.0	32.8	63
	苗族	8.8	38.6	28.1	24.6	57
	壮族	22.8	34.1	18.7	24.4	248
	其他民族	26.7	40.0	13.3	20.0	30
	农村	17.6	29.7	23.8	28.9	241
	城镇	26.1	40.8	12.7	20.4	157
	总体	21.0	34.1	19.4	25.5	398
人情往来压力	汉族	12.7	46.0	31.7	9.5	63
	苗族	17.5	45.6	12.3	24.6	57
	壮族	21.8	41.6	18.9	17.7	248
	其他民族	23.3	43.3	10.0	23.3	30
	农村	21.1	35.4	24.1	19.4	241
	城镇	18.4	53.8	12.7	15.2	157
	总体	20.0	42.8	19.5	17.7	398

续表

		压力很大	有压力	压力很小	没这方面压力	样本量
孩子教育压力	汉族	27.0	22.2	6.3	44.4	63
	苗族	21.8	52.7	10.9	14.5	57
	壮族	22.8	25.6	22.4	29.3	248
	其他民族	20.0	30.0	13.3	36.7	30
	农村	24.3	24.7	19.7	31.4	241
	城镇	21.7	36.3	14.0	28.0	157
	总体	23.2	29.3	17.4	30.1	398
医疗/健康压力	汉族	9.5	39.7	30.2	20.6	63
	苗族	7.0	38.6	19.3	35.1	57
	壮族	16.7	33.7	23.6	26.0	248
	其他民族	33.3	30.0	6.7	30.0	30
	农村	15.0	28.8	25.8	30.4	241
	城镇	16.5	44.9	17.7	20.9	157
	总体	15.6	35.2	22.6	26.6	398
赡养父母的压力	汉族	9.5	28.6	19.0	42.9	63
	苗族	5.3	43.9	19.3	31.6	57
	壮族	10.7	29.1	16.4	43.9	248
	其他民族	10.0	40.0	16.7	33.3	30
	农村	7.1	30.5	18.8	43.5	241
	城镇	14.0	34.4	14.6	36.9	157
	总体	9.8	32.1	17.2	40.9	398
住房压力	汉族	17.5	31.7	23.8	27.0	63
	苗族	12.3	26.3	17.5	43.9	57
	壮族	13.9	28.3	22.5	35.2	248
	其他民族	13.3	23.3	26.7	36.7	30
	农村	11.7	25.9	23.8	38.5	241
	城镇	18.5	31.2	19.7	30.6	157
	总体	14.4	28.0	22.2	35.4	398

续表

		压力很大	有压力	压力很小	没这方面压力	样本量
婚姻生活压力	汉族	6.3	19.0	23.8	50.8	63
	苗族	0.0	17.5	14.0	68.4	57
	壮族	1.6	14.4	14.4	69.5	248
	其他民族	6.7	16.7	13.3	63.3	30
	农村	1.7	11.3	14.2	72.8	241
	城镇	4.5	22.4	17.9	55.1	157
	总体	2.8	15.7	15.7	65.8	398
总体的社会生活压力	汉族	11.1	57.1	22.2	9.5	63
	苗族	16.1	58.9	23.2	1.8	57
	壮族	15.8	54.2	20.4	9.6	248
	其他民族	13.3	56.7	23.3	6.7	30
	农村	12.3	52.3	26.8	8.5	241
	城镇	19.2	59.6	13.5	7.7	157
	总体	15.1	55.2	21.5	8.2	398

注：样本量为398。

（二）社会安全

隆林县受访居民的整体社会安全感较强，"总体上的社会安全状况"表示"比较安全"或"很安全"的比例为79.3%。具体来看，2013年隆林县受访居民中安全感最高的是"人身安全"，有关比例为92.2%。其次是"个人和家庭财产安全""人身自由""劳动安全""生态环境安全""个人信息、隐私安全""交通安全""医疗安全"，相关比例分别为89.6%、87.7%、80.2%、79.1%、68.2%、60.7%、58.8%。最后是"食品安全"，相关比例为47.2%。从民族维度看各民族差异不大，苗族受访者社会安全感最强，其次为壮族、汉族，其他民族受访者相对最弱。从城乡维度看，农村受访居民安全感大于城镇受访居民。

表 2-65　　隆林各族自治县受访者的社会安全感状况　　（个、%）

		很不安全	不太安全	比较安全	很安全	不确定	样本量
个人和家庭财产安全	汉族	0.0	10.9	68.8	18.8	1.6	64
	苗族	0.0	3.5	75.4	15.8	5.3	57
	壮族	1.6	6.5	72.4	18.3	1.2	246
	其他民族	0.0	17.2	79.3	3.4	0.0	29
	总体	1.0	7.6	72.7	16.9	1.8	396
人身安全	汉族	0.0	7.8	73.4	18.8	0.0	64
	苗族	0.0	1.8	78.9	12.3	7.0	57
	壮族	0.4	5.3	75.6	17.9	0.8	246
	其他民族	3.4	13.8	79.3	3.4	0.0	29
	总体	0.5	5.8	76.0	16.2	1.5	396
交通安全	汉族	1.6	45.3	45.3	4.7	3.1	64
	苗族	5.3	14.0	64.9	8.8	7.0	57
	壮族	6.9	29.8	52.7	8.6	2.0	246
	其他民族	3.4	37.9	55.2	0.0	3.4	29
	总体	5.6	30.6	53.4	7.3	3.0	396
医疗安全	汉族	3.1	31.3	50.0	7.8	7.8	64
	苗族	3.5	17.5	63.2	3.5	12.3	57
	壮族	6.5	32.5	48.8	8.9	3.3	246
	其他民族	3.4	37.9	55.2	0.0	3.4	29
	总体	5.3	30.6	51.5	7.3	5.3	396
食品安全	汉族	12.5	35.9	43.8	3.1	4.7	64
	苗族	7.0	24.6	56.1	7.0	5.3	57
	壮族	14.3	38.5	37.7	5.3	4.1	246
	其他民族	13.8	34.5	48.3	3.4	0.0	29
	总体	12.9	35.8	42.1	5.1	4.1	396
劳动安全	汉族	3.2	15.9	60.3	11.1	9.5	64
	苗族	0.0	8.8	71.9	10.5	8.8	57
	壮族	1.6	9.8	69.4	13.9	5.3	246
	其他民族	3.4	17.2	69.0	0.0	10.3	29
	总体	1.8	11.2	68.3	11.9	6.9	396

续表

		很不安全	不太安全	比较安全	很安全	不确定	样本量
个人信息、隐私安全	汉族	3.2	21.0	59.7	11.3	4.8	64
	苗族	7.0	8.8	68.4	5.3	10.5	57
	壮族	4.5	21.2	58.4	9.8	6.1	246
	其他民族	0.0	31.0	51.7	0.0	17.2	29
	总体	4.3	20.1	59.5	8.7	7.4	396
生态环境安全	汉族	0.0	16.4	68.9	9.8	4.9	64
	苗族	1.8	10.5	71.9	12.3	3.5	57
	壮族	2.8	15.9	69.1	8.9	3.3	246
	其他民族	0.0	13.8	79.3	0.0	6.9	29
	总体	2.0	15.0	70.2	8.9	3.8	396
人身自由	汉族	0.0	8.2	68.9	18.0	4.9	64
	苗族	0.0	7.0	71.9	17.5	3.5	57
	壮族	0.4	7.4	74.2	14.8	3.3	246
	其他民族	0.0	13.8	75.9	0.0	10.3	29
	总体	0.3	7.9	73.1	14.6	4.1	396
总体上的社会安全状况	汉族	0.0	19.7	73.8	3.3	3.3	64
	苗族	1.8	5.5	81.8	7.3	3.6	57
	壮族	0.8	19.1	69.5	8.5	2.0	246
	其他民族	0.0	20.7	75.9	0.0	3.4	29
	总体	0.8	17.4	72.4	6.9	2.6	396
个人和家庭财产安全	农村	1.3	6.3	74.6	16.7	1.3	239
	城镇	0.6	9.5	69.6	17.7	2.5	157
人身安全	农村	0.0	4.6	77.5	17.1	0.8	239
	城镇	1.3	7.6	73.4	15.2	2.5	157
交通安全	农村	5.0	29.2	54.2	7.9	3.8	239
	城镇	6.4	32.5	52.2	7.0	1.9	157
医疗安全	农村	2.9	29.6	52.9	8.8	5.8	239
	城镇	8.9	31.6	49.4	5.7	4.4	157
食品安全	农村	11.8	31.9	46.2	6.7	3.4	239
	城镇	14.6	41.1	36.1	3.2	5.1	157
劳动安全	农村	0.8	8.8	71.5	10.0	8.8	239
	城镇	3.2	14.6	63.1	15.3	3.8	157

续表

		很不安全	不太安全	比较安全	很安全	不确定	样本量
个人信息、隐私安全	农村	2.1	14.7	62.6	10.9	9.7	239
	城镇	7.6	28.0	54.8	5.7	3.8	157
生态环境安全	农村	1.7	10.5	71.8	11.3	4.6	239
	城镇	2.5	21.7	67.5	5.7	2.5	157
人身自由	农村	0.0	7.2	72.9	15.7	4.2	239
	城镇	0.6	8.9	73.2	13.4	3.8	157
总体上的社会安全状况	农村	0.0	16.5	73.4	7.2	3.0	239
	城镇	1.9	18.6	70.5	7.1	1.9	157

注：样本量为398（修改同上）。

（三）社会公平

隆林县受访居民的整体社会公平感较强，"总体上的社会公平状况"表示"比较公平"或"很公平"的比例为79.2%。具体来看，2013年隆林县受访居民中，居民公平感最高的是"语言文字"，有关比例为85.4%。其次是"教育""医疗卫生""住房""政府办事""社会保障""就业""司法""信息""投资经营"，相关比例分别为81.1%、69.5%、68.1%、66.6%、65.8%、65.7%、62.1%、61.8%、60.7%。最后是"干部选拔任用"，相关比例为57.4%。从民族维度看各民族差异不大，苗族社会公平感最强，其次为其他民族、壮族，汉族相对最弱。从城乡维度看，农村受访居民社会公平感略高于城镇受访居民。

表2-66　　　　　隆林各族自治县受访者社会公平状况　　　　（个、%）

		很不公平	不太公平	比较公平	很公平	不确定	样本量
教育	汉族	4.7	17.2	67.2	7.8	3.1	64
	苗族	3.5	8.8	75.4	10.5	1.8	57
	壮族	2.4	12.6	69.9	11.8	3.3	246
	其他民族	0.0	20.0	73.3	6.7	0.0	30
	总体	2.8	13.4	70.5	10.6	2.8	397

续表

		很不公平	不太公平	比较公平	很公平	不确定	样本量
语言文字	汉族	1.6	4.8	74.2	12.9	6.5	64
	苗族	0.0	5.3	73.7	14.0	7.0	57
	壮族	1.7	6.3	67.1	17.5	7.5	246
	其他民族	3.3	10.0	80.0	3.3	3.3	30
	总体	1.5	6.2	70.2	15.2	6.9	397
医疗卫生	汉族	4.7	26.6	62.5	4.7	1.6	64
	苗族	3.6	16.1	69.6	7.1	3.6	57
	壮族	2.4	26.0	59.3	7.7	4.5	246
	其他民族	0.0	20.0	80.0	0.0	0.0	30
	总体	2.8	24.2	62.9	6.6	3.5	397
住房	汉族	9.4	25.0	54.7	6.3	4.7	64
	苗族	1.8	14.3	62.5	19.6	1.8	57
	壮族	2.4	27.3	53.5	12.7	4.1	246
	其他民族	0.0	26.7	70.0	3.3	0.0	30
	总体	3.3	25.1	56.2	11.9	3.5	397
社会保障	汉族	14.1	18.8	60.9	1.6	4.7	64
	苗族	3.6	14.5	67.3	10.9	3.6	57
	壮族	3.3	27.2	53.3	9.3	6.9	246
	其他民族	6.7	13.3	73.3	3.3	3.3	30
	总体	5.3	23.0	58.0	7.8	5.8	397
司法	汉族	6.3	7.8	46.9	7.8	31.3	64
	苗族	3.5	8.8	49.1	10.5	28.1	57
	壮族	2.9	10.7	55.7	9.0	21.7	246
	其他民族	3.3	20.0	53.3	6.7	16.7	30
	总体	3.5	10.6	53.2	8.9	23.8	397
干部选拔任用	汉族	12.5	15.6	60.9	1.6	9.4	64
	苗族	7.0	22.8	49.1	3.5	17.5	57
	壮族	7.8	18.4	49.4	7.3	17.1	246
	其他民族	13.3	16.7	56.7	3.3	10.0	30
	总体	8.8	18.4	51.8	5.6	15.4	397

续表

		很不公平	不太公平	比较公平	很公平	不确定	样本量
就业	汉族	3.1	17.2	65.6	7.8	6.3	64
	苗族	7.0	15.8	63.2	3.5	10.5	57
	壮族	4.5	20.3	54.9	8.5	11.8	246
	其他民族	3.3	30.0	63.3	3.3	0.0	30
	总体	4.5	19.9	58.4	7.3	9.8	397
信息	汉族	0.0	15.6	62.5	4.7	17.2	64
	苗族	3.6	12.5	55.4	3.6	25.0	57
	壮族	5.8	14.5	50.2	10.4	19.1	246
	其他民族	3.4	17.2	58.6	6.9	13.8	30
	总体	4.4	14.6	53.6	8.2	19.2	397
政府办事	汉族	6.3	17.2	68.8	0.0	7.8	64
	苗族	7.1	8.9	71.4	7.1	5.4	57
	壮族	9.4	19.2	55.5	6.9	9.0	246
	其他民族	10.0	6.7	73.3	0.0	10.0	30
	总体	8.6	16.5	61.3	5.3	8.4	397
投资经营	汉族	3.2	9.5	54.0	9.5	23.8	64
	苗族	1.8	12.7	49.1	7.3	29.1	57
	壮族	4.9	10.6	52.2	8.6	23.7	246
	其他民族	3.4	10.3	62.1	0.0	24.1	30
	总体	4.1	10.7	52.8	7.9	24.5	397
总体上的社会公平状况	汉族	0.0	21.4	73.2	0.0	5.4	64
	苗族	0.0	12.2	77.6	8.2	2.0	57
	壮族	0.4	17.4	74.3	4.6	3.3	246
	其他民族	0.0	17.9	78.6	3.6	0.0	30
	总体	0.3	17.4	74.9	4.3	3.2	397
教育	农村	0.4	9.1	75.5	12.4	2.5	240
	城镇	6.3	19.6	62.7	8.2	3.2	157
语言文字	农村	0.4	5.9	73.0	14.8	5.9	240
	城镇	3.2	6.5	65.6	16.2	8.4	157
医疗卫生	农村	0.0	23.8	64.2	7.9	4.2	240
	城镇	7.0	24.7	60.8	5.1	2.5	157

续表

		很不公平	不太公平	比较公平	很公平	不确定	样本量
住房	农村	2.5	21.3	59.4	12.6	4.2	240
	城镇	4.4	30.4	51.3	11.4	2.5	157
社会保障	农村	5.4	18.3	61.3	7.5	7.5	240
	城镇	5.1	29.9	52.9	8.9	3.2	157
司法	农村	3.8	5.4	51.7	8.8	30.4	240
	城镇	3.2	18.5	55.4	9.6	13.4	157
干部选拔任用	农村	10.0	13.3	52.5	7.9	16.3	240
	城镇	7.0	25.9	50.6	2.5	13.9	157
就业	农村	4.6	19.5	55.6	9.5	10.8	240
	城镇	4.4	20.3	62.7	4.4	8.2	157
信息	农村	3.8	14.3	49.4	9.7	22.8	240
	城镇	5.2	14.8	60.0	6.5	13.5	157
政府办事	农村	10.8	13.8	60.8	6.7	7.9	240
	城镇	5.1	20.4	61.8	3.8	8.9	157
投资经营	农村	5.1	8.9	50.6	9.7	25.7	240
	城镇	2.5	13.4	56.1	5.7	22.3	157
总体上的社会公平状况	农村	0.0	17.0	74.6	4.9	3.6	240
	城镇	0.7	17.8	75.0	3.9	2.6	157

(四) 社会冲突

隆林县受访居民的整体社会状态基本和谐，各类冲突表示"不算严重"和"完全不严重"的比例基本大于50%。具体来看，2013年隆林县受访居民中，各类冲突相对最严重的是"医患冲突"，表示"非常严重"或"有点严重"的比例为34%。其次是"城乡居民间冲突""不同收入水平者间冲突""干群矛盾""民族间冲突"，相关比例分别为33.3%、30.9%、16.9%、16.4%。最后是"不同宗教信仰者间冲突"，相关比例为13.5%。从民族维度看，汉族、其他民族"城乡居民间冲突"最为严重，相关比例分别为39.1%、43.3%；苗族"不同收入水平者间冲突"最为严重，相关比例为33.3%；壮族"医患冲突"最为严重，相关比例为34.6%。从城乡维度看，城镇受访者认为"城乡居民间冲突"最为严重，相关比例为38.7%；城镇受访者认为"医患冲突"和"不同收入水平者间冲突"最为严重，相关比例分别为42.4%、42.3%。

表 2-67　　　　　隆林各族自治县受访者社会冲突状况　　　（个、%）

		非常严重	有点严重	不算严重	完全不严重	不清楚	样本量
干群矛盾	汉族	0.0	15.6	48.4	25.0	10.9	64
	苗族	0.0	14.8	46.3	24.1	14.8	54
	壮族	0.8	14.8	52.7	22.6	9.1	243
	其他民族	3.3	30.0	46.7	13.3	6.7	30
	总体	0.8	16.1	50.6	22.5	10.0	391
民族间冲突	汉族	3.1	12.5	45.3	32.8	6.3	64
	苗族	3.5	21.1	40.4	24.6	10.5	54
	壮族	1.2	12.2	43.9	32.9	9.8	243
	其他民族	6.7	20.0	50.0	16.7	6.7	30
	总体	2.3	14.1	44.1	30.5	9.1	391
城乡居民间冲突	汉族	9.4	29.7	29.7	21.9	9.4	64
	苗族	1.8	21.1	35.1	26.3	15.8	54
	壮族	4.5	28.5	37.0	22.0	8.1	243
	其他民族	3.3	40.0	23.3	26.7	6.7	30
	总体	4.8	28.5	34.5	22.9	9.3	391
医患冲突	汉族	6.3	28.1	31.3	28.1	6.3	64
	苗族	0.0	29.8	40.4	19.3	10.5	54
	壮族	4.1	30.5	36.6	16.3	12.6	243
	其他民族	6.7	30.0	33.3	16.7	13.3	30
	总体	4.0	30.0	36.0	18.6	11.3	391
不同收入水平者间冲突	汉族	1.6	27.0	38.1	19.0	14.3	64
	苗族	0.0	33.3	42.1	12.3	12.3	54
	壮族	6.5	24.4	36.6	14.2	18.3	243
	其他民族	6.9	24.1	27.6	13.8	27.6	30
	总体	4.8	26.1	37.0	14.7	17.5	391
不同宗教信仰者间冲突	汉族	3.2	12.9	12.9	25.8	45.2	64
	苗族	0.0	10.5	29.8	24.6	35.1	54
	壮族	0.8	10.2	23.8	23.0	42.2	243
	其他民族	3.4	31.0	20.7	10.3	34.5	30
	总体	1.3	12.2	22.7	22.7	41.1	391

续表

		非常严重	有点严重	不算严重	完全不严重	不清楚	样本量
干群矛盾	农村	0.8	15.3	48.7	24.6	10.6	235
	城镇	0.6	17.2	54.1	19.1	8.9	156
民族间冲突	农村	2.9	15.8	38.2	32.8	10.4	235
	城镇	1.3	11.4	53.2	27.2	7.0	156
城乡居民间冲突	农村	5.8	31.5	31.5	24.9	12.0	235
	城镇	3.2	35.5	39.2	20.3	5.1	156
医患冲突	农村	2.5	26.1	38.2	20.3	12.9	235
	城镇	6.4	36.1	32.9	15.8	8.9	156
不同收入水平者间冲突	农村	3.7	19.5	37.3	17.0	22.4	235
	城镇	6.4	35.9	37.2	10.9	9.6	156
不同宗教信仰者间冲突	农村	1.3	10.4	25.0	21.7	41.7	235
	城镇	1.3	14.9	20.1	24.0	39.6	156

注：样本量为393。

（五）政府应对突发事件的能力

在对政府应对突发事件能力评价方面，隆林县受访居民的整体满意度较高。2013年隆林县受访居民中，居民对政府应对"自然灾害事件""传染病及公共卫生事故"持满意态度的比例较高，分别为82.1%、71.4%；对"一般社会治安事件"持满意态度的比例为67.3%；对"生产安全事件"持满意态度的比例为63.4%，对政府应对"群体性事件"的能力满意的比例为53%；对政府应对"暴力恐怖事件"能力评价为满意的居民最低，占43.4%。从民族维度看，各民族差异不大。从城乡维度看，除"生产安全事件"外，农村居民对政府应对各项突发事件能力的评价，均高于城镇居民。

表2-68　隆林各族自治县受访者关于政府应对突发事件能力的评价（个、%）

	满意	不清楚	样本量
自然灾害事件			
汉族	77.8	9.5	63
苗族	89.3	3.6	56
壮族	80.5	8.1	246

续表

	满意	不清楚	样本量
自然灾害事件			
其他民族	90.0	3.3	30
农村	86.7	7.1	239
城镇	75.2	7.6	156
总体	82.1	7.3	395
生产安全事件			
汉族	58.7	31.7	63
苗族	72.7	20.0	56
壮族	61.8	26.8	246
其他民族	66.7	23.3	30
农村	63.2	31.0	239
城镇	63.7	19.1	156
总体	63.4	26.3	395
传染病及公共卫生事故			
汉族	69.8	20.6	63
苗族	81.8	14.5	56
壮族	67.8	21.6	246
其他民族	83.3	13.3	30
农村	75.3	19.7	239
城镇	65.4	19.9	156
总体	71.4	19.7	395
一般社会治安事件			
汉族	63.5	14.3	63
苗族	80.0	12.7	56
壮族	64.1	17.6	246
其他民族	76.7	10.0	30
农村	70.2	16.8	239
城镇	63.1	14.0	156
总体	67.3	15.7	395
群体性事件			
汉族	54.0	39.7	63
苗族	69.1	30.9	56

续表

	满意	不清楚	样本量
群体性事件			
壮族	48.8	40.7	246
其他民族	53.3	40.0	30
农村	53.1	42.7	239
城镇	52.9	33.1	156
总体	53.0	38.9	395
暴力恐怖事件			
汉族	39.7	57.1	63
苗族	61.8	36.4	56
壮族	38.6	56.1	246
其他民族	53.3	43.3	30
农村	43.9	54.0	239
城镇	42.7	49.7	156
总体	43.4	52.3	395

九 简要结论

近年来，隆林各族自治县在市委、市政府的正确领导下，全面贯彻落实科学发展观，紧紧围绕"保增长、保民生、保稳定、保持良好发展势头"的工作目标，团结进取，加油鼓劲，不断加快工业化、城镇化、农业产业化步伐，全县呈现政治稳定、经济发展、民族团结、社会进步的良好局面。2006—2007年连续两年荣获自治区县域经济发展进步奖；2007年分别荣获全国科普示范县、全区双拥模范县、全区民族团结进步奖；2008年荣获全区计生工作进步单位奖，金钟山黑颈长尾雉自然保护区晋升为国家级自然保护区；2009年分别荣获全国计划生育优质服务先进单位、第五次全国民族团结模范集体；2010年荣获全区计生工作先进单位奖，县计生服务站被评为全国计划生育优质服务示范站。

具体到本报告，调查数据显示，经济生活方面，劳动力配置模式不断趋向多样化及市场化，城乡居民生活质量逐渐提高，休闲活动内容较丰富。社会事业均衡化程度不断提升，城乡公共基础设施正处于大力普及中，社会保障水平和覆盖面不断提升，扶贫工作获得居民一致好评，居民社会预期增强。民族关系不断改善，族际交往意愿较强，民族意识和国家意识增强，当地居民对外来人口欢迎程度较高，民族身份平等状况良好，民族冲突和宗教冲突不严重。民族政策得到有效贯彻执行，其中计划生育政策、高考加分政策、民族特殊优惠政策获得居民的较高认可。受访居民文化保护意识突出，文化传承信心较强，政府保护民族文化工作开展顺利，取得较满意效果。近年来隆林县反腐效果良好，反腐工作已减轻民众办事障碍和负担，增强了居民的反腐信心。社会和谐和安定程度高，安全感较高，公平感较强，社会冲突感弱化，对政府应对突发事件的能力评价较高。

民族地区居住模式反映各民族在日常生活工作中基本互动格局和交往空间。不同的居住模式直接影响着各民族的交往方式、社会地位、经济关系。调查点中城市人口主要以汉族和壮族为主，农村以少数民族为主。其次，民族成员房屋产权所有情况差异显著，壮族自有住房率较高，汉族的租住房屋比例最高。

隆林县人口迁移率低。根据调查数据，隆林县移民（包括迁出、迁入）比例小，劳动力流动的时间和空间非常有限。即人口流动对居住模式差异形成的空间边界的柔化作用不大，空间边界有固化趋势。

劳动力配置模式健全与否对劳动力流动具有直接导向作用。隆林县农村劳动力配置主要以通过传统社会关系网络得以实现。因本地人口流动十分有限，农村劳动力更难向外流动，需要加强政府和市场的作用，普及更多的就业途径。

隆林县受访居民的整体压力感较大，总的社会压力表示"压力很大"或"有压力"的比例为70.3%。具体来看，受访居民最大的压力是"经济压力"，有关比例为88.5%；其次是"人情往来压力"，相关比例为62.8%；"个人发展""孩子教育压力""医疗/健康压力""住房压力""赡养父母的压力"相关比例分别为55.1%、52.5%、50.8%、42.4%、41.9%。居民"婚姻生活压力"最小，相关比例为18.5%。从民族维度看各民族差异不大，苗族社会压力相对最大，其次为壮族、其他民族，汉族相对最小。从城乡维度看，城镇居民压力大于农村居民。

第三章

广西金秀瑶族自治县经济社会发展综合调查报告

金秀瑶族自治县地处广西壮族自治区中部偏东的大瑶山区，隶属来宾市管辖，成立于1952年5月28日，是全国最早成立的瑶族自治县。全县辖3镇7乡81个村（居）委会，2012年年末总人口15.41万人，其中瑶族约占39%。瑶族中有盘瑶、茶山瑶、花篮瑶、山子瑶、坳瑶5个支系，号称"世界瑶都"。全县总面积2518平方千米，耕地面积21.57万亩，森林面积329.35万亩，森林覆盖率达87.34%，其中水源林面积158.59万亩，年产水量达25.7亿立方米，是广西最大、最重要的水源林区。"生态立县、旅游强县、农业稳县、工业富县、科教兴县、依法治县"是目前全县确立的总体工作思路。在金秀瑶族自治县的国民经济与社会发展规划纲要里，金秀的目标是建设成为世界瑶都、中国休闲旅游养生度假之都、广西最重要的会议中心之一以及广西生态文明示范县和民族团结和谐示范县。2012年11月，金秀获得了中国长寿之乡的称号。2015年5月，入选了全国生态保护与建设示范区。

本报告结合金秀的县域情况，基于对本地受访居民的问卷调查，针对金秀的民族经济与就业、公共服务和管理、民族语言和民族文化、民族政策和民族关系、生态扶贫移民、居民经济社会生活主观评价等方面进行统计描述分析，以展示现阶段金秀瑶族自治县经济社会发展的实际状况，尤其是民众的需求和政策评价，总结金秀经济社会发展的成就和存在的不足，并为实现金秀的经济和社会的同步发展，尽快建成小康社会提出政策建议。

一 调查对象基本情况

本报告关于"金秀瑶族自治县经济社会发展综合调查"的分析数据来源于中国社会科学院民族学与人类学研究所于 2014 年开展实施的中国社会科学院创新工程重大专项"21 世纪初中国少数民族地区经济社会发展综合调查"在金秀的家庭问卷抽样调查数据。金秀的样本回收数为 392 份,调查对象包括金秀各民族成员。问卷回收整理录入后,主要使用社会统计软件 SPSS 加以统计分析。调研对象的基本情况见表 3-1。

表 3-1 金秀瑶族自治县调查对象基本特征 (%)

性别	男性	40.3	民族	瑶族	76	户籍	农业	51.5
	女性	59.7		汉族	14.5		非农业	20.2
年龄	30 岁及以下	15.0		壮族	8.7		居民户口(之前是农业户口)	14.5
	31—45 岁	31.4		其他民族	0.8		居民户口(之前是非农业户口)	13.8
	46—60 岁	38.0	宗教信仰	没有宗教信仰	89.4	职业	国家机关事业单位负责人、工作人员	15.4
	61 岁及以上	15.6		民间信仰	4.7		专业技术人员	0.5
受教育程度	未上学	2.8		道教	1.5		各类企业办事人员	4.4
	小学	25.6		佛教	1.0		商业服务业人员	21.1
	初中	30.9		天主教	0.3		农林牧渔水利生产人员	39.7
	高中	26.3		基督教	0.3		生产、运输设备操作人员及有关人员	1.8
	大专及以上	14.3		不知道	2.9		军人	1.0
							不便分类的其他从业人员	15.9

注:(1)民族维度中"其他民族"是由样本量低于 30 的民族共同构成,金秀的抽样数据中"其他民族"包含黎族、仫佬族、毛南族。(2)职业类型是按照人力资源和社会保障部职业能力建设司公布的国家职业分类目录编制而成,详情可参见网站 http://ms.nvq.net.cn/nvqdbApp/htm/fenlei/index.html。

从金秀被访者的人口特征来看,在性别方面,男性比例为 40.3%,女性比例为 59.7%,明显高于男性。在年龄分布方面,31 岁至 60 岁占 69.4%,30 岁及以下的人比例为 15%,60 岁及以上的人占比 15.6%。在民族成分上，瑶族最多，占76%，其次是汉族，占14.5%，壮族人口占比为8.7%。其他民族（黎族、仫佬族、毛南族）人口比例较小，占0.8%。在户籍类型方面，农业户口占51.5%，非农业户口占20.2%，农业户口转居民户口的占14.5%，非农业户口转居民户口的占13.8%。户籍制度逐步改革，城镇户口和农村户口基本上一样多。在受教育程度上，接受了大专及以上教育的占14.3%。受教育程度在初中及以下的占59.3%。总体受教育程度不高。在职业类型分布方面，"农林牧渔水利生产人员"比例最大，占39.7%，其次是商业服务业人员占21.1%，再次是不便分类的其他从业人员和国家机关事业单位负责人、工作人员分别占15.9%和15.4%。在宗教信仰方面，民间宗教信仰比例是4.7%，表示不知道宗教信仰的占2.9%，信仰道教和佛教的分别占1.5%和1.0%，信仰天主教和基督教的均为0.3%，可见，金秀城乡居民的宗教信仰现象并不明显。

二 经济生活情况

21世纪以来，金秀瑶族自治县经济发展速度较快，但是相对于广西其他11个民族自治县，县域经济仍不容乐观。在经济规模总量指标上，金秀在广西12个民族自治县中排名靠后。2012年地区生产总值23.3亿元，排名倒数第一，地方财政一般预算收入为12642万元，排名倒数第三，社会消费品零售总额约5.9亿元，排名倒数第一。在经济规模人均指标方面，金秀在广西12个民族自治县中排名靠前。如城镇居民人均可支配收入为21336元/人，排名第一，人均地区生产总值18589元/人，排名第三。这可能与金秀本身行政总面积不是很大（2469平方千米，排名第八），总人口较少有关（2012年金秀年末总人口为15.41万人）。

金秀工业化进程缓慢，产业结构亟须转型，是国家和广西的重点扶贫县之一。金秀"十二五"规划中指出，全县三大产业比例从2005年的40.8∶24.2∶35优化为2010年的30.3∶29.5∶40.2，到"十二五"末期的三大产业结构将调整为23.5∶31.8∶44.7。产业结构逐步得到调整，由一个以林业农业为主的县向以生态旅游为特色的第三产业转型。同时，在"旅游强县"战略的带动下，大力发展旅游产业，完善景区景点建设，利用瑶族文化，推动旅游产业的发展。

表 3-2　金秀瑶族自治县主要经济社会发展指标及其在广西民族自治县中的排名

	地区生产总值（万元）	人均地区生产总值（元/人）	地方财政一般预算收入（万元）	工业增加值（万元）	社会消费品零售总额（万元）	城镇居民人均可支配收入（元/人）	行政总面积（平方千米）	年末总人口（万人）
数值	233105	18589	12642	47273	58850	21336	2469	15.41
排名	12	3	10	10	12	2	8	12

资料来源：《广西统计年鉴 2013》。

金秀县域经济类型决定了城乡居民就业的类型和结构。就业是民生之本，也是地区经济内生增长的核心动力。就业关系到地区经济社会全局，影响着居民生活质量。在金秀经济水平和产业结构转型的影响下，金秀居民职业分布、劳动力流动、就业途径等表现出了不同的特点。

（一）受访者劳动就业情况

1. 受访者职业分化大

金秀过去的产业结构是以农业为主，居民的职业类型主要集中在农业，其次是商业和服务业。从受访者的就业类型分析结果看，从事"农林牧渔水利生产人员"比例最大，占 39.7%，其次是"商业、服务业人员"占 21.1%，再次是"不便分类的其他从业人员"和"国家机关党群组织、事业单位负责人、工作人员"比例相当，分别占 15.9% 和 15.4%。从民族维度看，汉族居民主要从事商业和服务业，比例为 41.8%，农村汉族相对城市汉族更多从事商业和服务业；瑶族主要职业类型为农林牧渔水利生产者，比例为 47.1%，农村的瑶族从事农林牧渔的比例高达 71.3%；壮族中国家机关党群组织、事业单位负责人和工作人员较多，占 37.6%，壮族的职业类型在城乡间表现出较大的差异，农村壮族更多从事农林牧渔，城市壮族则更多从事国家机关党群组织、事业单位工作。说明各民族融入市场、参与政治的能力存在较大差异。从城乡维度看，农民以从事农林牧渔生产为主，占 67.3%，仅有 19.1% 的农村居民从事商业、服务业，10.6% 的居民为不便分类的其他从业人员。城镇居民中国家机关党群组织、事业单位负责人、工作人员占 29.3%，其次，城镇居民从事商业服务业的占到 23.4%，不便分类的其他从业人员也占到 21.7%。总体上，城市的就业类型呈现多样化的态势，市场化程度较高，农村的就业类型以农林牧渔为主，比较单一，市场化程度低。

表 3-3　　　　金秀瑶族自治县城乡居民职业分布类型比例　　（%、个）

户口	民族	国家机关党群组织、事业单位负责人	国家机关党群组织、事业单位工作人员	专业技术人员	各类企业办事人员	商业、服务业人员	农林牧渔水利生产人员	生产、运输设备操作人员及有关人员	军人	不便分类的其他从业人员	合计	样本量
农业	汉族					66.7	25.0			8.3	100	12
	瑶族		2.4		0.6	15.8	71.3			9.9	100	171
	壮族		6.7			20.0	53.3			20.0	100	15
	总计		2.5		0.5	19.1	67.3			10.6	100	199
非农业	汉族		16.4		10.9	41.8	9.1	7.3		14.5	100	43
	瑶族	2.0	10.9	0.7	3.8	17.7	47.1	0.7	1.4	15.7	100	122
	壮族	6.3	31.3			15.6	25.0	3.1		18.8	100	17
	总计	4.3	25.0	1.1	8.7	23.4	9.8	3.8	2.2	21.7	100	184
总计	汉族		16.4		10.9	41.8	9.1	7.3		14.5	100	55
	瑶族	2.0	10.9	0.7	3.8	17.7	47.1	0.7	1.4	15.7	100	293
	壮族	6.3	31.3			15.6	25.0	3.1		18.8	100	32
	总计	2.10	13.30	0.5	4.4	21.1	39.7	1.8	1	15.9	100	383

注：将"农转居"和"非农转居"均归入城镇户籍。

2. 受访城乡劳动力的就业情况

在农村劳动力职业结构方面，农村受访劳动力从事"农业生产"的比例为44.7%，金秀农村受访劳动力中35.9%从事"非农务工"工作，26.1%的受访者为失业人员、待业人员、退休者、家务劳动者、学生等。从民族维度看，只有瑶族和人口比例较少民族的农村受访劳动力从事"农业生产"，瑶族农村受访劳动力从事"农业生产"的比例为51.9%，30.0%从事"非农务工"。汉族有受访者以"非农务工"为主，占69.2%，12.8%的受访者从事"农业生产"，总体来看，在农村，是以务农为主，以商业服务业等第三产业的非农务工为辅的就业模式，劳动力就业结构开始向市场化转型。

表 3-4　　　金秀瑶族自治县农业户口受访劳动力工作性质　　（%、个）

	非农务工	农业生产	其他	合计	样本量
汉族	69.2	12.8	18	100	39
瑶族	30.0	51.9	18.1	100	243
总计	35.9	44.7	26.1	100	306

从城镇劳动力合同性质方面看，金秀城镇受访劳动力合同以"固定职工（包括国家干部、公务员）"为主，比例为 51.5%，"私营或个体经营人员"占 33.3%，就业市场化程度不高。从民族维度上看，各民族均以"固定职工（包括国家干部、公务员）"为主，其次是"私营或个体经营人员"，其他职业签订劳动合同的并不多，而且已经签订的劳动合同以短期和临时劳动合同为主。如瑶族中"固定职工（包括国家干部、公务员）"和"私营或个体经营人员"分别为 48.9% 和 33.3%，"短期或临时合同工"的比例为 8.9%，"长期合同工"和"没有合同的员工"比例均为 4.4%。说明金秀城镇劳动力就业意愿上倾向以工作稳定为主，劳动力市场化程度不高。同时，劳动力市场还很不完善，"短期或临时合同工"仍占据一定比例，甚至部分劳动力没有劳动合同，劳动者的合法权益保障工作需要进一步提升。

表 3–5　　　　金秀瑶族自治县非农业户口劳动力合同性质　　　（%、个）

	固定职工（包括国家干部、公务员）	长期合同工	短期或临时合同工	没有合同的员工	私营或个体经营人员	合计	样本量
瑶族	48.9	4.4	8.9	4.4	33.3	100.0	45
总计	51.5	3.0	6.1	6.1	33.3	100.0	66

注：因汉族样本量少于 30，故未计算。

3. 劳动力流动以县内为主

从城镇受访劳动力流动的区域看，68.2% 的人选择"乡镇内"，累计 96.2% 的人会选择县内就业。各个民族的县内就业现象突出，如瑶族、汉族的县内就业的比例分别为 97.7%、96.9%。可见，金秀劳动力流动区域范围较小，劳动力市场化流动不强。

表 3–6　　　　金秀瑶族自治县城镇劳动力流动区域　　　（%、个）

	乡镇内	乡外县内	县外省内	省外国内	合计	样本量
汉族	68.8	28.1	3.1	0.0	100.0	32
瑶族	67.1	30.6	1.2	1.2	100.0	85
总计	68.2	28.0	2.3	1.5	100.0	132

注：因壮族样本量少于 30，故未计算。

在城乡受访居民工作区域的主观愿望方面，72.7% 希望在"县城之内"工作，12.1% 希望在"县外省内，但必须是家附近的市/县"。从民族维度看，汉族、瑶族"县城之内"就业的比例分别占到 78.0% 和

72.1%，占了较大比例，如果县外就业，他们也倾向于省内邻近县市就业。从民族间城乡差异的维度看，瑶族和壮族城乡差异不明显，城市汉族更倾向于在"县城之内"工作。和实际就业的流动区域范围相比，就业流动的工作区域倾向稍微扩大了点，但是就业流动的区域范围仍有局限，反映了少数民族地区劳动力市场化流动不高以及安土重迁的文化特征。

表3-7 金秀瑶族自治县城乡居民劳动关于工作区域的主观愿望（%、个）

		县城之内	县外省区内，但必须是家附近的市/县	县外省区内无所谓远近	本省区相邻的外省区	本省区外非相邻省区	东部一线大城市	其他	合计	样本量
农业	汉族	70.00	20.00				10.00		100.00	10
	瑶族	72.00	15.20	0.80	1.60		3.20	7.20	100.00	125
	壮族	66.70	8.30		8.30		8.30	8.30	100.00	12
	总计	71.60	14.90	0.70	2.00		4.10	6.80	100.00	148
非农业	汉族	80.60	12.90		3.20		3.20		100.00	31
	瑶族	72.20	5.60	4.40	3.30	2.20	4.40	4.40	100.00	90
	壮族	66.70	25.00				8.30		100.00	12
	总计	73.90	9.00	3.00	2.20	2.20	3.70	6.00	100.00	134
总计	汉族	78.00	14.60		2.40		2.40	2.40	100.00	41
	瑶族	72.10	11.20	2.30	2.30	0.90	3.70	7.40	100.00	215
	壮族	66.70	16.70		4.20		8.30	4.20	100.00	24
	总计	72.70	12.10	1.80	2.10	1.10	3.90	6.40	100.00	282

（二）受访家庭收入消费情况

从金秀城乡受访居民的收入和消费情况来看，"城镇居民可支配收入"是21336元/人，高于广西县域和广西全区的平均水平19472元/人和21243元/人，"农村居民可支配收入"是4399元/人，又远远低于广西县域和广西全区的平均水平6170元/人和6008元/人，因此城乡收入结构不平等，"城乡居民收入统筹系数"为0.206，低于广西县域和广西全区的平均水平0.313和0.283。"人均社会消费品零售额"为3818元/人，低于广西县域和广西全区平均水平4960元/人和8619元/人，反映了当地消费需求不旺，零售商品市场景气程度不高。

表 3-8　金秀瑶族自治县城乡居民收入和零售品消费情况

	人均社会消费品零售额（元/人）	城镇居民可支配收入（元/人）	农村居民可支配收入（元/人）	城乡居民收入统筹系数
金秀	3818	21336	4399	0.206
广西县域	4960	19742	6170	0.313
广西全区	8619	21243	6008	0.283

资料来源：《广西统计年鉴2013》。

从受访居民家里目前最想买的消费品情况来看，"家用汽车"是城乡家庭最想拥有的消费品，占比37.6%。"生产性机动车"是占比最低的，为1.3%。就城乡差异而言，城镇居民对"家用汽车"的消费需求明显高于农村，而农村对于"空调机""洗衣机""微波炉""电脑"等多个项目的日常耐用消费品方面的消费需求是高于城镇居民的。在民族维度上，汉族和壮族在"洗衣机"方面的需求较弱，尤其是城镇汉族和壮族，汉族在"电视机""家用汽车""摩托车"方面的需求较强，城镇汉族表现较为明显。城乡壮族在"电冰箱""家用汽车"方面的需求较强。家里目前最想买的消费品情况差异体现的不仅是民族内部的差异，更多的是地区之间的差异。因为即使同一民族，城乡环境不同，消费品的需求便有很大不同。

表 3-9　金秀瑶族自治县受访家庭目前最想买的消费品情况　（%、个）

户口		洗衣机	电冰箱或冰柜	微波炉	数字电视机	空调机	生产性机动车	家用汽车	电脑	摩托车	其他	合计	样本量
农业	汉族	8.30	8.30	8.30	8.30			33.30		8.30	25.00	100.00	12
	瑶族	10.20	5.40	5.40	10.80	13.80	2.40	27.50	5.40	1.80	17.40	100.00	167
	壮族	7.10	14.30			7.10		42.90	7.10		21.40	100.00	14
	总计	9.80	6.20	5.20	10.30	12.40	2.10	28.90	5.20	2.10	18.00		194
非农业	汉族	2.20	6.70		13.30	8.90		44.40		6.70	17.80		45
	瑶族	8.40	6.70	0.80	4.20	4.20	0.80	47.10	3.40	5.00	19.30	100.00	119
	壮族		11.10		11.10	5.60		55.60			16.70		18
	总计	6.50	7.10	0.50	7.10	5.40	0.50	46.70	2.20	4.90	19.00		184
总计	汉族	3.50	7.00	1.80	12.30	7.00		42.10		7.00	19.30		57
	瑶族	9.40	5.90	3.50	8.00	9.80	1.70	35.70	4.50	3.10	18.20	100.00	286
	壮族	3.10	12.50		6.30	6.30		50.00	3.10		18.80		32
	总计	8.20	6.60	2.90	8.70	9.00	1.30	37.60	3.70	3.40	18.50	100.00	378

(三) 住房情况

住房需求属于人类基本需求之一，关系到人的安全感和社会稳定，1931年美国总统胡佛谈道：没有什么东西比住房对人们的幸福和社会的安定更加重要。[①] 在自古以来以"安居乐业"作为民生终极目标的中国，住房更是"家"的物化，因此住房是社会稳定发展的重要载体。本报告将从家庭自有住房基本情况、居民对现有住房及住房政策的满意度两个方面讨论居民住房情况。

1. 受访家庭自有住房城乡和民族间差异较大

从城乡家庭住房情况来看，城镇均值1.11套高于农村均值1.07套。壮族城乡家庭拥有的"自有住房"平均值为1.2套，超过其他民族。汉族、瑶族的城乡家庭"自有住房"的均值均为1.1套。但是农村汉族被访者"自有住房"平均值仅为0.9套，意味着农村贫困家庭存在没有自有住房的情况。整体上存在着农村汉族状况最差，为0.9套，城镇壮族状况最好的现象，为1.2套。从自有住房的建筑面积来看，城镇均值171.6平方米高于农村均值165.7平方米。汉族、瑶族的情况比较类似，城乡居民"自有住房建筑面积"差异不大，且城镇建筑面积高于农村，农村除了瑶族的平均"自有住房建筑面积"为164.6平方米外，都高于城乡平均水平168.6平方米，然而，样本量较少的壮族和其他民族城乡间差异较大，且农村建筑面积高于城镇建筑面积。壮族和其他民族的城乡"自有住房建筑面积"均值分别为148.7平方米和126.3平方米，远低于城乡平均水平168.6平方米，总体上城镇瑶族状况最好，为178.3平方米，城镇其他民族状况最差，为107平方米。从"自有住房的拥有比例"上来看，农村居民94.5%的比例要高于城镇86.2%。农村汉族的"自有住房的拥有比例"最低为75%，最高为比例较少的其他民族100%。城乡"自有住房的拥有比例"较高，为90.5%。总而言之，虽然城镇居民自有住房比例低于农村，城镇居民家庭的自有住房套数和建筑面积均高于农村家庭，各民族间住房状况差异较大。

[①] 周长城等：《中国生活质量：现状与评价》，社会科学文献出版社2003年版，第33页。

表 3-10　　金秀瑶族自治县城乡居民家庭住房基本情况

	户口	汉族	瑶族	壮族	其他民族	总计	样本量
自有住房（套）	农业	0.9	1.1	1.1	1	1.07	200
	非农业	1.1	1.1	1.2	1	1.11	190
	总体均值	1.1	1.1	1.2	1	1.1	390
自有住房建筑面积（平方米）	农业	171.9	164.6	175.1	165	165.7	183
	非农业	173.5	178.3	129.7	107	171.6	183
	总体均值	173.2	170.4	148.7	126.3	168.6	366
自有住房的拥有比例（%）	农业	75	96.5	86.7	100	94.5	189
	非农业	90.9	85.4	78.9	100	86.2	162
	总体均值	87.5	91.9	82.4	100	90.5	351

2. 受访居民对住房政策认知程度不足

关于对当前住房的评价，60.1%居民持"满意"态度，"不满意"的仅占12.9%，总体满意度较高。从民族维度看，壮族对目前住房的评价最高，61.8%表示"满意"；瑶族、汉族对当前住房持"满意"态度的比例分别为59.9%、59.6%，民族间城乡差别不明显，城镇的汉族、瑶族的住房满意度稍高于农村。从城乡维度看，农村居民对当前住房持"满意"态度的比例为57.9%，城镇居民为62.4%，高于农村居民。整体上看各民族居民对住房的拥有情况并不代表住房的满意度，瑶族的自有住房拥有率最高，但是满意度并不是最高，壮族的自有住房拥有率低，但是其满意度较高。农村居民的自有住房拥有率较城镇高，但是其满意度要低于城镇居民。究其原因，一个可能的原因是，城乡的住房情况和就业结构密切相关，从上述分析可知，壮族更多从事机关事业单位工作，虽然自有住房拥有比例较低，建筑面积均值不大，但是满意度较高。瑶族更多从事农业等相关工作，多居住在农村，虽然自有住房拥有比例高，但是交通不便等因素导致住房满意度并不高。

表 3-11　　金秀瑶族自治县受访居民对当前住房的满意情况　　（%、个）

户口	民族	满意	一般	不满意	合计	样本量
农业	汉族	58.30	16.70	25.00	100.00	12
	瑶族	57.50	29.30	13.20	100.00	167
	壮族	66.70	26.70	6.70	100.00	15
	总计	57.90	28.20	13.80	100.00	195
非农业	汉族	60.00	25.00	15.00	100.00	40
	瑶族	63.20	26.50	10.30	100.00	117
	壮族	57.90	26.30	15.80	100.00	19
	总计	62.40	25.80	11.80	100.00	178
总计	汉族	59.60	23.10	17.30	100.00	52
	瑶族	59.90	28.20	12.00	100.00	284
	壮族	61.80	26.50	11.80	100.00	34
	总计	60.10	27.10	12.90	100.00	373

整体来看，金秀有较大比例居民对各项住房政策不了解，不清楚"农村住房改造政策""城镇棚户区改造政策""政府保障性住房政策""商品房政策""小产权房政策"的比例分别为40.2%、70.6%、55.5%、50.1%、83.2%。熟悉住房政策的居民对当前住房政策的评分在0.48—1.59分，评价介于"一般"到"满意"之间。具体来看，居民对"农村住房改造政策"和"政府保障性住房政策"的评分分别为1.59分和1.55分，满意度相对较高；对"城镇棚户区改造政策""小产权房政策"以及"商品房政策"的评分相对较低，分别为1.02分、0.58分、0.48分。居民对住房政策的知晓程度越高，对政策的满意度也越高。从民族维度看，除了其他民族外，瑶族对政策不清楚比例偏高，对政策满意度的评分偏低。因此，金秀的住房政策要加强对居民的宣传力度。

表 3-12　　金秀瑶族自治县受访居民对当前住房政策的满意度　　（分、%）

	商品房政策		政府保障性住房政策		小产权房政策		城镇棚户区改造政策		农村住房改造政策	
	评分	不清楚	评分	不清楚	评分	不清楚	评分	不清楚	评分	不清楚
汉族	0.27	37.7	1.29	43.4	0	81.1	1.10	50.9	1.14	45.3
瑶族	0.52	53.4	1.75	59.9	0.58	84.3	0.90	75.2	1.63	39.4
壮族	0.32	44.1	0.60	44.1	1.0	81.8	1.67	66.7	1.89	42.4

续表

	商品房政策		政府保障性住房政策		小产权房政策		城镇棚户区改造政策		农村住房改造政策	
	评分	不清楚	评分	不清楚	评分	不清楚	评分	不清楚	评分	不清楚
其他民族	3	33.3	1.50	33.3	1.5	33.3	1.50	33.3	2.00	0.0
总计	0.48	50.1	1.55	55.5	0.58	83.2	1.02	70.6	1.59	40.2

注：本报告对"居民关于当前住房政策满意度"的评价标准进行量化的方法是：很满意3分、一般0分、不满意-3分，分值越高，满意程度越高。样本量为371人。

三　公共服务与管理

在实现中华民族伟大复兴的"中国梦"的伟大理想和2020年全面建成小康社会的战略目标过程中，推动社会事业均衡化发展，对于金秀而言，有利于改善民生、支持经济发展、体现社会主义制度优越性、维护社会稳定、实现长治久安。本报告从公共基础设施建设、社会保险、政府应急管理三个方面对当前金秀社会事业发展状况加以讨论。

（一）公共基础设施建设城乡不均衡

从公共基础设施的未配置情况来看，11个公共基础设施中未配置情况差距较大，农村未配置的比例远远高于城镇。从项目内容上看，配置到位情况较好的是"卫生院或医院""小学""治安设施""幼儿园""邮电所"，反映未配置的比例都在10%以下。配置情况较差的是"运动场所及器材""活动中心（老年）"，反映未配置的比例均在20%以上。从城乡维度来看，农村此类项目短缺现象尤为明显，被访者反映未配置的比例，农村"运动场所及器材"为41%，"活动中心（老年）"为37.3%。此外，还有"中学""车站"都是被访者反映未配置的比例高于20%。说明城乡对于一些公共事务性基础设施配置较好，但是对一些"运动场所及器材""活动中心（老年）"等公共活动空间明显配置滞后，不适应城镇化、现代化和老龄化的经济社会环境变化的需要。

表 3-13　金秀瑶族自治县城乡公共基础设施未配置的情况　　（%、个）

	幼儿园	小学	中学	卫生院或医院	治安设施	活动中心（老年）	运动场所及器材	农贸市场	车站	邮电所	银行	样本量
农业	16	6.5	23.5	1	7.5	37.3	41	18.9	22	16	19.5	200
非农业	1.6	0	1.1	0.5	1.6	4.3	10.3	2.1	3.2	1.6	2.1	188
总计	9	3.3	12.6	0.8	4.6	21.3	26.3	10.8	12.8	9	11.1	388

从金秀被访居民对公共基础设施的满意度评价总体得分来看，居民对"卫生院或医院""银行""治安设施""小学""邮电所""幼儿园"的评分都在 2 分以上，表示比较满意，但是对"运动场所及器材""活动中心（老年）"的评分偏低，分别是 1.03 分和 1.51 分，表示不满意。从城乡维度来看，城镇的满意度评分普遍高于农村，基本都在 2 分以上，农村的满意度较差，大部分项目在 2 分以下，"运动场所及器材""活动中心（老年）"的满意度得分都在 1 分以下，即不满意。从民族的维度来看，汉族的满意度最高，均值为 2.35 分，瑶族的满意度为 1.88 分，最低的是壮族满意度为 1.82 分，和瑶族满意度相近。从民族间城乡维度看，农村汉族对基础设施满意度高，城镇瑶族和壮族对公共基础设施满意度较高，总体上，汉族对公共基础设施满意度较高的原因可能与其多流入城市从事非农的市场性就业有关，公共服务的参与利用率较高也可能反映了民族间居住地域的差别，从城乡基础设施的满意度评分的差距较大，印证了这个特点。

表 3-14　金秀瑶族自治县受访各族居民对公共基础设施的评价

户口	民族	幼儿园	小学	中学	卫生院或医院	治安设施	活动中心（老年）	运动场所及器材	农贸市场	车站	邮电所	银行	均值
农业	汉族	3.00	2.75	2.57	3.00	3.00	2.00	1.00	3.00	2.50	3.00	2.57	2.58
	瑶族	1.70	2.23	1.47	2.48	2.19	0.92	0.63	1.60	1.35	1.88	1.87	1.67
	壮族	1.36	1.30	0.60	3.00	2.00	0.86	0.27	1.36	1.18	1.13	1.88	1.36
	总计	1.74	2.18	1.46	2.54	2.20	0.95	0.61	1.61	1.37	1.87	1.89	1.67
非农业	汉族	2.43	2.32	2.17	2.21	2.14	2.38	1.75	2.11	2.43	2.67	2.67	2.30
	瑶族	2.32	2.21	1.78	2.51	2.35	2.30	1.48	2.05	2.29	2.61	2.80	2.25
	壮族	2.31	2.27	1.82	2.45	2.10	2.00	1.92	2.00	2.42	2.25	3.00	2.23
	总计	2.35	2.25	1.88	2.43	2.28	2.27	1.59	2.07	2.35	2.58	2.79	2.26

续表

户口	民族	幼儿园	小学	中学	卫生院或医院	治安设施	活动中心(老年)	运动场所及器材	农贸市场	车站	邮电所	银行	均值
总计	汉族	2.55	2.42	2.26	2.34	2.29	2.31	1.67	2.22	2.44	2.73	2.65	2.35
	瑶族	1.96	2.23	1.59	2.49	2.25	1.40	0.94	1.76	1.73	2.15	2.21	1.88
	壮族	1.88	1.81	1.24	2.60	2.05	1.43	1.13	1.72	1.83	1.80	2.55	1.82
	总计	2.02	2.21	1.64	2.48	2.24	1.51	1.03	1.82	1.82	2.19	2.29	1.93
	样本量(个)	286	247	257	192	229	261	242	229	216	238	248	240

注：本报告对"公共基础设施"的评价标准进行量化的方法是：满意3分、一般2分、不满意1分，"不好说"或者没有该设施为0分，分值越高满意度也越高。

（二）社会保险

1. 城乡社会保险参保不均等

在农村社会保险方面，被访者参加新农合的情况优于新农保。农村居民参加"新农合"的比例为95.9%，参加"新农保"的比例为42.7%。瑶族居民参与"新农合"和"新农保"的比例最高，分别为97.6%、42.5%，可见，新农合的参保比例较高，新农保的参保比例较低。除了和新农合推行的时间较长相关外，还与新农合是短期保险项目，补偿较快；新农保是一个长期项目，退休后才能感知到养老金的数量有关。

表3-15　金秀瑶族自治县受访瑶族农民参与社会保险情况　　（%、个）

	新农合	新农保	样本量
瑶族	97.6	42.5	168
总计	95.9	42.7	194

注：总计指包括瑶族及瑶族之外少数民族、汉族总体。

在城镇社会保险参与率不高，47.8%城镇居民参加了"城镇职工基本医疗保险"，参加"城镇居民基本医疗保险"的比例占40.1%，参加"城镇居民养老保险"的比例为37.5%。从民族维度看，"城镇职工基本医疗保险"参与情况中，汉族居民参与率为46.5%，瑶族居民为46.4%；而"城镇居民基本医疗保险"方面，汉族、瑶族参与率分别为41.9%、39.8%。在"城镇居民养老保险"方面，汉族和瑶族分别为41.9%、35.4%。可见，一方面各民族参保水平整体不高，另一方面瑶族的参保率稍低于汉族,民族间参保差异的原因是民族间的就业结构与教育结构不同,如上所述,瑶族被访者中52.9%的人从事非农行业,汉族被访者中从事非农行业的比例达到了90.9%,瑶族被访者中高中以上教育程度的比例是35.4%,但是汉族中高中以上教育程度的达到了54.3%。另外,也可能和政策本身的分割和复杂,以及宣传不足等有关。

表3-16　　　　金秀瑶族自治县城镇居民参加社会保险的情况　　（%、个）

	城镇职工基本医疗保险	城镇居民基本医疗保险	城镇居民养老保险	样本量
汉族	46.5	41.9	41.9	43
瑶族	46.4	39.8	35.4	97
总计	47.8	40.1	37.5	161

注:总计中包括了汉族、瑶族以及其他的少数民族。

2. 受访居民对社会保险的评价

金秀居民对当地社会保障整体评价是满意,对各社会保障项目评分均在2.51—2.83分。具体来看,居民对"新型农村合作医疗"和"新型农村养老保险"的评分最高,分别为2.83分和2.78分;对"城镇职工基本医疗保险"和"城镇居民基本医疗保险"评分相对较低,评分分别为2.52分和2.51分。从民族维度看,各民族对各项目的评分均值在2.6分左右,满意度较高,民族之间差异不大,各民族对农村社会保障项目评价比城镇相应项目偏高。从城乡差异的角度,农村居民对城镇各类社会保险评价较高,城镇居民对农村社会保险评价偏高,说明各群体对不同社会保险制度认知受到了身份的影响。农村社会保障项目评价较高也说明近几年新农合和新农保等项目有很大的普惠性,其推行得到了城乡居民的普遍支持。而城镇社会保障项目虽然推行时间较长,主要针对职工,有一定的门槛,覆盖有限,人们的满意度相对不高。

表3-17　　　　金秀瑶族自治县受访居民对社会保险的满意度

户口	民族	城镇职工基本医疗保险	城镇居民基本医疗保险	城镇居民养老保险	新型农村合作医疗	新型农村养老保险
农业	汉族	0	0	0	2.89	2.67
	瑶族	3.00	3.00	3.00	2.86	2.83
	壮族	3.00	3.00	3.00	2.85	2.57
	总计	3.00	3.00	3.00	2.86	2.80

续表

户口	民族	城镇职工基本医疗保险	城镇居民基本医疗保险	城镇居民养老保险	新型农村合作医疗	新型农村养老保险
非农业	汉族	2.53	2.32	2.18	3.00	
	瑶族	2.53	2.51	2.74	2.64	2.57
	壮族	2.33	2.71	2.43		
	总计	2.50	2.48	2.54	2.66	2.57
总计	汉族	2.53	2.32	2.18	2.90	2.67
	瑶族	2.54	2.54	2.75	2.83	2.81
	壮族	2.43	2.75	2.50	2.85	2.57
	总计	2.52	2.51	2.56	2.83	2.78
	样本量（个）	79	69	62	215	88

注：本报告对"社会保障满意度"的评价标准进行量化的方法是：满意 3 分、一般 2 分、不满意 1 分，分值越高，满意度越高。

（三）政府突发事件应急管理能力

在对政府的突发事件应急管理能力评价方面，金秀居民对"一般社会治安事件""自然灾害事件""传染病及公共卫生"是满意的，得分在 2.48 分以上，而对"暴力恐怖事件""群体性突发事件"项目的评分分别为 1.58 分和 1.75 分，表示居民对这两项不够满意。从城乡来看，农村和城市对政府应急管理能力的评价的得分分别是 2.24 分和 2.23 分，基本没有差异。从民族差异来看，农村的汉族对政府"群体性突发事件"和"暴力恐怖事件"的处理能力最为不满，打分均为 1.36 分，城镇汉族和瑶族也对这两类事件表示不满的程度较高。可见，政府在应对群体性突发事件和暴力恐怖事件方面的应急能力亟须加强。

表 3-18　金秀瑶族自治县受访者对政府突发事件应急管理能力评价

户口	民族	自然灾害事件	生产安全事故	传染病及公共卫生	一般社会治安事件	群体性突发事件	暴力恐怖事件	均值	样本量（个）
农业	汉族	2.20	1.73	2.09	2.45	1.36	1.36	1.87	11
	瑶族	2.75	2.34	2.64	2.71	1.70	1.45	2.27	165
	壮族	2.73	2.20	2.33	2.73	1.93	1.93	2.31	15
	总计	2.72	2.28	2.57	2.70	1.70	1.48	2.24	192

续表

户口	民族	自然灾害事件	生产安全事故	传染病及公共卫生	一般社会治安事件	群体性突发事件	暴力恐怖事件	均值	样本量（个）
非农业	汉族	2.49	2.10	2.21	2.64	1.70	1.67	2.14	43
	瑶族	2.63	2.25	2.49	2.71	1.89	1.72	2.28	116
	壮族	2.53	2.00	2.11	2.68	1.71	1.67	2.12	18
	总计	2.58	2.20	2.39	2.69	1.82	1.69	2.23	179
总计	汉族	2.43	2.02	2.19	2.60	1.63	1.61	2.08	54
	瑶族	2.70	2.30	2.57	2.71	1.78	1.56	2.27	281
	壮族	2.62	2.09	2.21	2.71	1.81	1.79	2.21	33
	总计	2.65	2.24	2.48	2.70	1.75	1.58	2.23	371

注：本报告对"满意度"的评价标准进行量化的方法是：满意3分、一般2分、不满意1分，分值越高，满意度越高。

四 民族语言与民族文化

民族语言和民族文化是金秀瑶族自治县经济和社会本身所具有的重要特征，下文着重了解金秀的民族语言和民族文化特色与保护传承的现状和发展问题。

（一）民族语言

在最先习得语言方面，金秀县居民中73.1%最先习得"本民族语言"，最先习得"汉语方言"的比例占29.4%，最先习得"普通话"的占1.3%。从民族维度看，汉族最先习得的语言是"汉语方言"，比例为91.2%。瑶族和壮族最先习得的语言是"本民族语言"，相关比例为86.2%、79.4%。从城乡维度看，城乡居民均以"本民族语言"为最先习得语言，相关比例为88.1%、57.1%，其次是"汉语方言"。从民族城乡间差异来看，城镇汉族最先习得"汉语方言"比例较高，农村瑶族和壮族最先习得"本民族语言"比例较高，而本次调查瑶族被访者主要集中在农村，因此城乡最先习得语言差异实质是民族分布差异。

表 3 – 19　　金秀瑶族自治县受访居民最先习得语言情况　　（%、个）

户口	民族	普通话	汉语方言	本民族语言	其他少数民族语言	其他	样本量
农业	汉族	8.30	83.30		8.30		12
	瑶族	0.60	8.60	94.30	1.70	1.10	174
	壮族		6.70	86.70	6.70		15
	总计	1.00	12.90	88.10	2.50	1.00	202
非农业	汉族		93.30	4.40	4.40		45
	瑶族	2.40	32.50	74.80	2.40	0.80	123
	壮族		26.30	73.70			19
	总计	1.60	47.10	57.10	2.60	0.50	189
总计	汉族	1.80	91.20	3.50	5.30		57
	瑶族	1.30	18.50	86.20	2.00	1.00	297
	壮族		17.60	79.40	2.90		34
	总计	1.30	29.40	73.10	2.60	0.80	391

普通话在金秀居民中普及率不及汉语方言。日常生活交谈中，95.7%的居民使用"汉语方言"，84.2%的居民使用"普通话"，75.5%的人使用"本民族语言"。从民族维度看，各民族居民日常交谈中习惯使用"汉语方言"，相关比例均达到90%以上，汉族以"汉语方言"和"普通话"为主，瑶族以"汉语方言"和"本民族语言"为主，其次使用"普通话"的频率较高。壮族综合使用"汉语方言""普通话""本民族语言"的频率较高，其他民族使用"汉语方言"和"普通话"；从城乡维度看，农村主要使用"汉语方言"，其次是"本民族语言"，最后是"普通话"。城镇优先使用"汉语方言"，其次是"普通话"，最后是"本民族语言"，这一特征在城镇各民族身上尤为明显。总体上，城乡都以汉语方言为主，普通话在城镇的使用频率比农村高。

表 3 – 20　　金秀瑶族自治县受访居民与人交谈时语言使用情况　　（%、个）

户口	民族	普通话	汉语方言	本民族语言	其他少数民族语言	其他	样本量
农业	汉族	75.00	91.70	8.30	16.70		12
	瑶族	82.20	95.40	93.10	5.20	3.40	174
	壮族	86.70	86.70	86.70	13.30		15
	总计	82.20	94.60	87.10	6.40	3.00	202

续表

户口	民族	普通话	汉语方言	本民族语言	其他少数民族语言	其他	样本量
非农业	汉族	82.20	97.80	11.10	11.10		45
	瑶族	88.70	96.00	81.50	7.30	5.60	124
	壮族	84.20	100.00	73.70	10.50		19
	总计	86.30	96.80	63.20	8.90	3.70	190
总计	汉族	80.70	96.50	10.50	12.30		57
	瑶族	84.90	95.60	88.30	6.00	4.40	298
	壮族	85.30	94.10	79.40	11.80		34
	总计	84.30	95.70	75.50	7.70	3.30	392

（二）民族文化

1. 民族文化现状

"传统服饰""传统节日"和"传统民居"是受访者认为本民族最具特色的文化类型，相应比例分别为 64.6%、51.7% 和 27.4%。从民族维度看，汉族认为除了上述三项外，还体现在"人生礼仪""传统文娱活动"两方面，其他方面没有体现。瑶族比较重视的是"传统服饰"，而壮族对"传统节日"的重视程度超过了瑶族和汉族。由此可见，金秀各民族对于本民族最具特色的文化认知一致性较高，共同认同三种类型，但是关注程度又有差异。

表 3–21　金秀瑶族自治县受访者认为本民族最具特色的文化类型　（个、%）

	传统民居	传统服饰	传统节日	人生礼仪	传统文娱活动	传统饮食	道德规范	人际交往习俗	传统生产方式	宗教活动习俗	其他	样本量
汉族	50.0	83.3	33.3	16.7	16.7							6
瑶族	29.2	85.2	46.3	7.7	9.1	3.4	2.3	5.4	2.3	4.0	1.7	298
壮族	30.3	69.7	60.6	6.1	9.1	3.0	3.0	9.1	3.0		3.0	33
总计	27.4	64.6	51.7	7.6	17	1.6	1.3	3.6	1.3	1	1.5	340

关于最需要保护的民族文化类型，83.5% 居民认为是"传统服饰"，60.9% 居民认为是"传统节日"，43.8% 认为是"传统民居"，30.6% 的居民认为是"传统文娱活动"。从民族维度看，瑶族与壮族相比，更加重视

"传统服饰""传统文娱活动""传统饮食"。而壮族则更加重视"传统节日",较少重视"传统服饰"和"传统文娱活动"。这和实际情况是一致的,"三月三""七月十四"等都是壮族的重要节日。壮族的"三月三民歌节"本来是壮族的重要民俗节日,在2014年被政府制定为广西的地方性法定假日,体现了政府对民族文化保护的认可和回应。瑶族的多种多样的服饰也是区分瑶族分支的一个重要标志,因此格外受到瑶族的关注。

表3-22　　金秀瑶族自治县受访者认为本民族最需要保护的文化类型　　(%、个)

	传统民居	传统服饰	传统节日	人生礼仪	传统文娱活动	传统饮食	道德规范	人际交往习俗	传统生产方式	宗教活动习俗	其他	样本量
瑶族	43.6	83.9	59.7	14.8	31.9	10.1	4.7	8.7	5.4	11.1	5.4	298
壮族	45.5	75.8	72.7	18.2	21.2	3.0	6.1	6.1	9.1	12.1	3.0	33
总计	43.8	83.5	60.9	15.3	30.6	9.1	5	8.5	5.5	11.5	5.3	340

2. 农村地区民族文化保护工作满意度高

受访者对本县/市政府本地文化保护工作普遍比较满意,有80.7%的受访者表示"满意",只有5%的受访者表示"不满意"。从民族维度看,瑶族和壮族的满意度较高,汉族满意度较低,尤其是城镇汉族的满意度较低,为50%。从城乡维度看,农村居民对政府的本地文化保护工作满意度较高。因此,农村地区壮族、瑶族等少数民族对政府的本地文化保护工作满意度较高,不仅反映了对政府少数民族和本地文化保护工作的认同,也反映了农村地区少数民族对本地文化的依恋和传承的需求较高。

表3-23　　金秀瑶族自治县受访者对本县/市政府
保护本地文化和少数民族文化的评价　　(%、个)

户口		满意	不满意	不好说	合计	样本量
农业	汉族	100.00			100.00	2
	瑶族	86.40	4.30	9.30	100.00	162
	壮族	86.70		13.30	100.00	15
	总计	86.70	3.90	9.40	100.00	180
非农业	汉族	50.00	25.00	25.00	100.00	4
	瑶族	73.50	5.10	21.40	100.00	117
	壮族	73.70	10.50	15.80	100.00	19
	总计	73.20	6.30	20.40	100.00	142

续表

户口		满意	不满意	不好说	合计	样本量
总计	汉族	66.70	16.70	16.70	100.00	6
	瑶族	81.00	4.70	14.30	100.00	279
	壮族	79.40	5.90	14.70	100.00	34
	总计	80.70	5.00	14.30	100.00	322

3. 民族文化传承途径现代化程度不高

"家庭、邻里、亲朋耳濡目染"是被访者认为本民族文化传承的主要途径，占比为93.4%，55.3%认为是"广播、电视、互联网等"，41.7%认为"村庄或社区的公共文化等活动"。从民族维度看，瑶族与壮族相比，更多地使用"家庭、邻里、亲朋耳濡目染""村庄或社区的公共文化等活动"，壮族则更多地使用"学校教育""广播、电视、互联网等"以及"旅游展示"等形式。体现了瑶族仍然是以人际、家庭、社区等传统媒介为文化传播的主要渠道，影响力有限。而壮族则更多地通过"广播、电视、互联网等"现代化媒介为主要途径，文化传播速度更快，传播范围更广。

表3-24　　　　金秀瑶族自治县民族文化传承途径　　　　（%、个）

	家庭、邻里、亲朋耳濡目染	学校教育	村庄或社区的公共文化等活动	旅游展示	广播、电视、互联网等	图书报刊	样本量
瑶族	94.2	9.5	43.1	14.9	53.9	7.1	295
壮族	88.2	17.6	32.4	20.6	64.7	11.8	34
总计	93.4	10.7	41.7	15.4	55.3	7.7	338

受访者对本民族文化代际传承的信心较强。"语言文字"和"风俗"上有81.7%的受访者都认为子女比上辈更有接受传统习惯的意愿，其次是"特色手艺"，所占比例为55%，而"宗教"只有27.4%的居民认为子女与上辈相比有接受本民族习惯的意愿。在民族维度上，壮族在四个项目上的比例均比瑶族低。在城乡维度上看，城镇在四个项目上的比例普遍比农村低。因此，农村和瑶族是代际文化传播意愿最强的。而瑶族在农村的比例偏高，反映了代际文化传承意愿既有民族的影响因素，又有地域的影响因素。

表 3-25　金秀瑶族自治县受访者子代和上辈相比接受本民族语言、
文化和风俗习惯的意愿　　　　　　　　　　　（%、个）

	语言文字			风俗			宗教			特色手艺			样本量
	愿意	不愿意	无所谓	愿意	不愿意	无所谓	愿意	不愿意	无所谓	愿意	不愿意	无所谓	
瑶族	82.5	3.1	14.3	83.3	3.8%	12.9	28.5	8.7	62.8	57.0	4.8	38.1	270
壮族	68.8	9.4	21.9	68.8	6.3	25.0	14.8	11.1	74.1	34.5	3.4	62.1	29
农村	84.2	1.1	14.7	85.3	2.6	12.0	31.3	5.4	63.3	60.5	4.5	35.0	177
城镇	78.1	7.3	14.6	76.6	5.8	17.5	22.1	13.1	64.8	47.7	4.6	47.7	130
总计	81.7	3.7	14.7	81.7	4.0	14.3	27.4	8.7	63.9	55.0	4.6%	40.4	307

五　民族政策与民族关系

民族政策和民族关系是金秀瑶族自治县经济和社会发展中不可或缺的重要部分，金秀的民族团结也给其他民族自治地方提供了参考和典范。本报告从居民的参与体验视角对金秀的民族政策和民族关系展开论述。

（一）民族政策

1. 计划生育政策

受访居民对计划生育政策的认可度较高。

多数人比较认同当前实施的针对少数民族地区及少数民族实行计划生育政策，具体为 89.5% 的被访者认为该项政策实施效果"好"或"一般"，而仅有 4.3% 的人认为该项政策实施的效果"不好"。就民族差异而言，汉族和壮族对上述两个政策的好评度不高。作为政策外群体，壮族对于目前针对少数民族地区及少数民族实行计划生育政策的评价并不高。从城乡差异来看，农村居民对针对少数民族地区及少数民族实行计划生育政策的评价明显要高于城镇居民。

表 3-26　金秀瑶族自治县受访居民对计划生育政策的评价　　（%、个）

	好	一般	不好	不清楚	样本量
汉族	59.6	28.1	12.3	0	57
瑶族	70.4	19.9	9.8	0	297
壮族	52.9	32.4	14.7	0	34

续表

	好	一般	不好	不清楚	样本量
农村	73.3	20.3	1.0	5.4	202
城镇	60.3	24.9	7.9	6.9	189
合计	67.0	22.5	4.3	6.2	391

认为效果不好的被访者中有 34.7% 建议应当废除计划生育子女数量限制政策，由家庭自主决定，32.7% 的受访者建议计划生育政策要实现全国各地区各民族一样，14.3% 的受访者则建议全国城市地区生育子女数量应当实现统一。由此可见，当前实施的针对少数民族地区及少数民族实行计划生育政策的调整和改革要避免"一刀切"，应充分增强同一地区内各民族间的生育政策公平；并在一定程度上增强各民族家庭生育子女数量的自主选择权，以体现生育政策的灵活性。

2. 高考加分政策

总体而言，74% 的受访者对"少数民族的高考加分政策"表示满意。从民族差异来看，壮族受访者对于该项政策满意的人数占比为 85.3%，而汉族受访者的满意度较低，有 31.3% 的受访者不满意该项政策，远远高于其他民族和整体的不满意水平。从城乡差异来看，农村受访居民的不满意度要高于城市。在问及"少数民族且长期在城市居住，其子女高考是否应该加分？"时，52.9% 的受访者认为应该继续给其子女加分，表现出了对针对民族地区和少数民族高考加分政策的较强的依赖性。从民族差异来看，汉族受访者不赞同继续为长期居住在城镇的少数民族子女给予高考加分的比例最高，占到 58.9%。壮族不支持继续加分的比例为 41.2%。各民族对于这一问题存在明显的差异，反映的是我国教育资源配置不均衡问题。金秀的教育资源和教育水平相对落后，国家近些年来对民族地区教育投入不断增加，而民族自治地方尤其是城市地区少数民族表现出较强的依赖性。

表 3-27　　金秀瑶族自治县受访居民对高考加分政策的态度　　（%、个）

	少数民族的高考加分政策		少数民族且长期在城市居住，其子女高考是否应该加分？		样本量
	满意	不满意	应该	不应该	
汉族	59.6	31.3	41.1	58.9	56
瑶族	75.2	24.9	54.6	45.4	291

续表

	少数民族的高考加分政策		少数民族且长期在城市居住，其子女高考是否应该加分？		样本量
	满意	不满意	应该	不应该	
壮族	85.3	14.7	58.8	41.2	34
农村	69.8	30.2	47.7	52.3	197
城镇	78.4	21.5	58.3	41.7	187
合计	74.0	26.0	52.9	47.1	384

3. 双语教育政策

受访者整体愿意送子女到双语学校就学，"愿意"和"无所谓"的比例分别为46.6%和44.9%，比例大体相当，很少受访居民选择不愿意。从民族维度看，比例较少民族受访者愿意送子女到双语教育学校的意愿最强，其次是壮族，比例为50%，再次是瑶族，最后是汉族。从城乡维度看，城镇受访居民愿意送子女到双语学校学习的比例为47.4%，农村受访居民为45.9%，低于城镇，但是城镇不愿意的比例也高于农村，可见，城镇受访居民对双语教育分歧比农村更大。

表3-28 金秀瑶族自治县父母对子女就学于双语教育学校政策的意愿

（%、个）

	愿意	不愿意	无所谓	样本量
汉族	35.3	15.7	49.0	51
瑶族	48.0	7.0	45.0	271
壮族	50.0	9.4	40.6	32
农村	45.9	4.9	49.2	183
城镇	47.4	12.1	40.5	173
合计	46.6	8.4	44.9	356

在双语教育效果评价上总体不够理想，83.6%的人"不清楚"双语教育，12.1%的居民给予"好"的正面评价，负面评价"不好"占1.6%。从民族维度看，只有瑶族居民对双语教育效果的评价最高，正面评价"好"的占14.4%。从城乡维度看，城镇居民对双语教育效果的评价高于农村居民，但是总体评价都很低，说明在金秀普通话或者本地桂柳方言普及率高，民族语言上希望子代通过教育传承的愿望较高，也说明少数民族群众的民

族语言保护的危机意识较强，希望本民族语言得到保护、传播和传承。

表 3-29　金秀瑶族自治县受访者对少数民族地区双语教育效果的评价

（％、个）

	好	一般	不好	不清楚	样本量
瑶族	14.4	1.5	0.8	83.3	132
农村	10.8	2.4	1.2	85.6	83
城镇	13.1	3.0	2.0	81.9	99
合计	12.1	2.7	1.6	83.6	182

4. 民族地区特殊优惠政策

受访者对于民族地区特殊优惠政策的评价较高，81.4%的受访居民持"满意"态度，"不满意"的仅占1.3%，17.3%表示"不清楚"。从民族维度看，少数民族受访居民对特殊优惠政策满意度最高，政策外的汉族受访居民对特殊优惠政策的满意度最低，从城乡维度看，农村受访居民对民族地区特殊优惠政策持满意态度的比例略高于城镇受访居民。说明民族地区的特殊优惠政策给农村地区和少数民族群体带来了很多优惠，受到了少数民族群众的好评，但是，也要注意政策和资源配置在同一地区不同民族之间的横向公平性。

表 3-30　金秀瑶族自治县受访居民对民族地区特殊优惠政策的评价

（％、个）

	满意	不满意	不清楚	样本数
汉族	63.2	3.5	33.3	57
瑶族	84.6	1.0	14.3	293
壮族	85.3	0	14.7	34
农村	84.9	1.0	14.1	199
城镇	77.7	1.6	20.7	188
合计	81.4	1.3	17.3	387

（二）民族关系显著改善

从改革开放前至今，金秀民族关系不断改善。居民对民族关系持好评的比例，由改革开放前的46.3%，上升到如今的88.7%。改革开放到2000年，好评提升26.1个百分点，2000年至今提升16.3个百分点。同时居民对民族关系的认知也逐渐清晰化，对民族关系"说不清"的比例由改革开放前的 16.1% 下降到如今的 3.8%。从民族维度看，各民族对于不同时期民族关系的好评均有较大幅度提升，其中瑶族居民提升幅度较大。从城乡维度看，2000 年至今城镇的民族关系改善幅度较大，上升 21.1 个百分点，农村上升 11.9 个百分点。因此，城镇地区和瑶族的民族关系变化较大。体现了改革开放后，随着市场经济的发展，劳动力流动加快，民族间的交往增强，城镇地区的民族关系改善很快，瑶族与其他民族间关系也明显得到了改善。

表 3-31　　　　　金秀瑶族自治县民族关系变化情况　　　　　（%、个）

	改革开放前				改革开放到 2000 年				2000 年至今				样本量
	好	一般	不好	说不清	好	一般	不好	说不清	好	一般	不好	说不清	
汉族	50.9	28.1	10.5	10.5	71.9	21.1		7.0	82.5	10.5		7.0	57
瑶族	45.5	30.0	8.1	16.5	73.4	19.2	1.0	6.4	91.2	5.1	0.7	3.0	297
壮族	41.2	26.5	8.8	23.5	61.8	29.4		8.8	76.5	17.6		5.9	34
农村	54.7	27.9	6.0	11.4	79.6	14.9	0.5	5.0	91.5	5.5	0.5	2.5	201
城镇	37.4	30.5	11.1	21.1	64.7	25.8	1.1	8.4	85.8	8.4	0.5	5.3	190
总计	46.3	29.2	8.4	16.1	72.4	20.2	0.8	6.6	88.7	6.9	0.5	3.8	391

民族身份平等程度较高。当问及"在工作、学习和日常生活中，您的民族身份有无不便利的地方"时，81.2% 受访居民回答是"没有""经常有""偶尔有"和"很少有"的比例非常低。另外有 11.2% 居民表示"不清楚"，说明在日常生活中，这部分居民对于自己的民族身份并未形成有意识的关注，一方面可能与本民族外的成员接触较少，另一方面可能是民族身份平等更高程度的体现。从民族维度看，瑶族居民的身份平等感最强，82% 的人认为民族身份"没有"不便利的地方，壮族的比例为 76.5%，体现了金秀瑶族为人口最多少数民族的优势。因此，可以说工作中的民族身份障碍不大。

表 3-32　　金秀瑶族自治县受访者工作中民族身份有无不便利的地方　　（%、个）

	经常有	偶尔有	很少有	没有	不清楚	样本量
瑶族	0.7	2.4	3.7	82.0	11.2	295
壮族	0	8.8	2.9	76.5	11.8	34
总计	0	3.2	3.8	81.2	11.2	340

调查显示金秀受访居民认为民族冲突不严重。34.6%的受访居民认为当前民族冲突"完全不严重",29.2%认为"不算严重",认为"有点严重"或"非常严重"的占23.4%。从民族维度看,与其他民族相比,壮族受访者认为民族间冲突"比较严重"的比例比较高。从城乡维度看,城乡看法比较一致,只是城镇比农村认为严重的比例多了约2个百分点,估计和城镇相对于农村是陌生人社会,民族间交往多,民族间的摩擦冲突也较多。壮族认为民族冲突比较严重,可能与瑶族相比,壮族人数较少,在民族交往中处于弱势地位相关,但总体上民族关系良好。

表3-33　　　　　　金秀瑶族自治县民族间冲突情况　　　　　（%、个）

	非常严重	有点严重	不算严重	完全不严重	不清楚	合计	样本量
汉族	5.4	14.3	21.4	37.5	21.4	100	56
瑶族	1.7	21.2	31.0	34.0	12.1	100	294
壮族	5.9	26.5	29.4	35.3	2.9	100	34
农村	1.5	21.9	29.9	33.8	12.9	100	201
城镇	3.7	19.6	28.6	35.4	12.7	100	189
总计	2.6	20.8	29.2	34.6	12.8	100	390

六　生态环境与保护

金秀是广西最大的水源林保护区,是珠江流域重要源头之一,是国家级珠江流域防护林源头示范县,境内有国家级森林公园、国家级自然保护区,物种丰富,是广西生态地位最重要的县份之一,被誉为"碳库""氧库""水库""生物基因库",同时也是新时期国家扶贫开发县。[①] 金秀大瑶山这座"天然绿色水库",以"生态立县"为理念,探索生态产业化、产业生态化,以实现经济和社会的协调发展,但是生态建设的基础薄弱,限制因素较多,生态建设和经济回报的矛盾突出,还需要加大扶贫开发的力度。本报告主要从金秀生态环境的现状、生态移民的情况以及扶贫项目三个方面展开。

---

① 金秀瑶族自治区人民政府:《依托资源优势发展生态经济》,《广西经济》2012年第7期。

(一) 生态环境改善,前景堪忧

改革开放以来,金秀生态环境逐步改善,但前景不容乐观。受访居民对"20年前当地的生态环境"评分不高,仅1.17分,对"目前自己所处地区的生态环境"的评分为2.18分,对"周边环境"评分为2.05分,对"20年后当地的生态环境"的评分为2.01分,可见,受访居民对未来生态环境的评价并不十分乐观。从民族维度看,汉族受访者对过去本地环境评价较低,对未来充满信心,壮族受访者对未来本地环境变化评分相对于其他民族偏低。总体上,各民族受访者基本上都认为现在当地的生态环境比20年前有了较大的改善,上升1分左右。可是,对于20年后,他们的评价又开始稍微下降,表示出了对未来生态环境的忧虑。

表3-34 金秀瑶族自治县受访居民对于当地环境及变化的看法

	目前自己所处地区的生态环境	20年前当地的生态环境	20年后当地的生态环境	周边环境	样本量(个)
汉族	2.11	0.89	2.05	2.00	57
瑶族	2.16	1.20	2.02	2.09	295
壮族	2.47	1.24	1.76	1.73	33
总计	2.18	1.17	2.01	2.05	389

注:本报告对"居民关于地区生态环境"的评价标准进行量化的方法是:好为3分、一般为0分、不好为-3分,分值越高,对地区生态环境的评价越好。

受访金秀居民对地方政府保护生态环境效果的整体评价较高。具体来看,受访居民对"生态保护措施和法规"的评分最高,为2.05分;对"公众自发制止影响环境的资源开发的态度"的评分最低为1.31分。即相关满意度均介于不满意到一般之间。从民族维度看,与瑶族受访者相比,汉族受访者对"环境保护投入力度""公众参与环境保护宣传动员""公众自发制止影响环境的资源开发的态度"不满意度较高。因此,一方面要政府加强对环境保护的投入力度,另一方面需要公众参与和监督。

表 3-35　金秀瑶族自治县受访居民对地方政府保护生态环境效果的评价

	生态保护措施和法规	环境保护投入力度	违法违规环境事件的处罚	公众参与环境保护宣传动员	公众自发制止影响环境的资源开发的态度	均值	样本量（个）
汉族	2.00	1.46	1.58	1.20	0.98	1.44	39
瑶族	2.05	1.63	1.61	1.66	1.38	1.67	212
总计	2.05	1.60	1.57	1.62	1.31	1.63	280

注：本报告对"地方政府保护生态环境效果"的评价标准进行量化的方法是：满意为3分、一般为2分、不满意为1分，得分越高满意度也越高。

（二）生态移民

为了保护环境，促进人与自然的和谐，金秀开始实施了退耕还林还草工程，少数民族居民受到影响较大。金秀受访居民所在地区实施退耕还林还草项目有35.5%，64.5%未参与退耕还林还草项目。从民族维度看，壮族和瑶族受访居民所在地区开展退耕还林还草项目的比例较高，比例为40%左右；汉族受访居民所在地区实施该项目的比例为12.3%，可能与汉族多从事非农业，受到退耕还林项目影响较小相关。

表 3-36　金秀瑶族自治县受访居民所在地区实施退耕还林还草项目情况　（%、个）

	是	否	合计	样本量
汉族	12.3	87.7	100.0	57
瑶族	39.6	60.4	100.0	298
壮族	41.2	58.8	100.0	34
总计	35.5	64.5	100.0	392

受访者中移民到本县的占4.9%，移民搬迁较少。从民族维度来看，壮族受访者比其他民族受访者的移民比例要高，可能与移民原因包含以生态保护等大型公共工程等项目的生态移民，还有各种扶贫移民、市场因素的流动等相关，当地移民中，以生态保护等大型公共工程等项目的生态移民、扶贫移民开始增多。

表 3-37　金秀瑶族自治县受访居民离开户籍所在地搬迁到本县市情况

(%、个)

	是	否	合计	样本量
汉族	5.3	94.7	100.0	57
瑶族	4.4	95.6	100.0	294
壮族	8.8	91.2	100.0	34
农村	4.0	96.0	100.0	198
城镇	5.8	94.2	100.0	190
总计	4.9	95.1	100.0	388

七　扶贫项目开展及评价

(一) 扶贫项目开展情况

金秀当地扶贫项目种类较多,根据392名被试样本的调查数据,金秀受访居民所在地区主要扶贫项目有"'两免一补'政策""退耕还林还草补助工程""道路修建和改扩工程""电力设施建设工程""人畜饮水工程""卫生设施建设项目""村村通工程""教育扶贫工程"和"扶贫工程生产项目",知晓以上扶贫项目的居民比例分别为70.7%、62.8%、83.6%、72.8%、69.3%、64.3%、73.3%、46.5%和44.4%。此外,"基本农田建设工程""资助儿童入学和扫盲教育项目""移民搬迁工程""扶贫培训工程"的地区也占一定比例,受访居民知晓度程度不高,分别为33.5%、32.5%、26.2%、22.3%。从民族维度看,汉族、瑶族、壮族受访者对各项政策的知晓程度大致相近,民族间差异不大。从城乡维度看,农村受访居民对农村环境改善和农业基础设施改造类项目的知晓度大多数超过城镇,说明金秀扶贫政策重点向农村倾斜,侧重生产性项目、基础设施建设等。而在一些项目上,城镇受访居民了解的比农村受访居民多,比如,"技术推广及培训工程""资助儿童入学和扫盲教育项目""教育扶贫项目""扶贫培训生产项目"等人力资源开发项目较多,也反映了对农民教育、培训类的项目关注不够。

表 3-38　　　　　金秀瑶族自治县实施扶贫项目情况　　　　　（%）

	移民搬迁工程	"两免一补"政策	扶贫工程生产项目	退耕还林还草补助工程	道路修建和改扩工程	基本农田建设工程	电力设施建设工程	人畜饮水工程	技术推广及培训工程	资助儿童入学和扫盲教育项目	卫生设施建设项目	种植业/林业/养殖业扶贫金	村村通工程	教育扶贫工程	扶贫培训工程
汉族	31.6	66.7	36.8	50.9	84.2	22.8	77.2	70.2	26.3	40.4	70.2	19.3	68.4	54.4	28.1
瑶族	23.8	72.5	45.6	65.4	84.6	36.9	71.8	68.8	23.5	30.9	63.1	21.5	74.8	45.6	21.5
壮族	35.3	61.8	50.0	64.7	76.5	29.4	70.6	70.6	29.4	35.3	64.7	26.5	70.6	44.1	20.6
农村	12.9	70.8	44.6	70.3	85.1	45.0	69.3	72.3	22.8	30.2	64.4	24.8	79.2	44.1	19.3
城镇	39.5	70.5	44.2	55.3	82.1	22.1	66.3	65.3	25.3	34.7	64.2	17.9	67.4	48.9	25.3
总计	26.2	70.7	44.4	62.8	83.6	33.5	72.8	69.3	24.3	32.5	64.3	21.4	73.3	46.5	22.3
样本量（个）	101	277	174	247	328	133	285	272	95	127	252	84	288	182	87

（二）受访者对扶贫项目的评价

受访居民对扶贫项目整体评价态度介于一般满意和比较满意之间的较多，其中对"'两免一补'政策"的满意度最高，评分为 4.2 分，对"移民搬迁工程""技术推广及培训工程"等一般满意，评分分别为 2.6 分、2.7 分。从民族维度看，各民族受访者和上述评价基本一样，但是，汉族受访者对"扶贫培训工程"和"技术推广及培训工程"的评价较低，均为 2.5 分。从城乡维度看，农村受访居民对扶贫项目的整体满意度高于城镇受访居民，城乡受访居民均对"移民搬迁工程"和"技术推广及培训工程"的满意度偏低。可见，政府对农村的扶贫政策受到了农村居民的欢迎和认可，但是个别项目如移民搬迁工程和技术推广及培训工程等人力资本开发类项目满意度还需要进一步的提高。

表 3-39　　　　　金秀瑶族自治县受访居民对扶贫项目的评价

	移民搬迁工程	"两免一补"政策	扶贫工程生产项目	退耕还林还草补助工程	道路修建和改扩工程	基本农田建设工程	电力设施建设工程	人畜饮水工程	技术推广及培训工程	资助儿童入学和扫盲教育项目	卫生设施建设项目	种植业/林业/养殖业扶贫金	村村通工程	教育扶贫工程	扶贫培训工程
汉族	2.7	4.1	3.2	2.6	3.9	3.0	3.9	3.9	2.5	3.9	4.0	3.1	3.7	4.1	2.5

续表

	移民搬迁工程	"两免一补"政策	扶贫工程生产项目	退耕还林还草补助工程	道路修建改扩工程	基本农田建设工程	电力设施建设工程	人畜饮水工程	技术推广及培训工程	资助儿童入学和扫盲教育项目	卫生设施建设项目	种植业/林业/养殖业扶贫金	村村通工程	教育扶贫工程	扶贫培训工程
瑶族	2.6	4.2	3.5	3.2	4.0	3.6	3.9	4.0	2.6	3.9	3.9	3.3	4.0	4.1	3.2
壮族	2.6	4.2	3.4	3.0	4.0	3.4	3.9	3.8	3.4	3.9	3.9	3.7	3.9	4.2	3.0
农村	2.3	4.3	3.8	3.4	4.1	3.8	4.0	4.0	2.8	4.0	4.0	3.7	4.2	4.2	3.4
城镇	2.7	4.0	3.1	2.7	3.9	2.9	3.9	3.9	2.6	3.9	4.0	2.8	3.7	4.0	2.8
总计	2.6	4.2	3.5	3.1	4.0	3.5	3.9	4.0	2.7	3.9	3.9	3.3	4.0	4.1	3.0

注：本报告对"扶贫项目效果"的评价标准进行量化的方法是：很满意5分、比较满意4分、一般3分、不太满意2分、很不满意1分，得分越高，相关满意度也越高。

八 社会和谐与发展的评价

居民对经济社会整体评价是基于居民社会体验角度，对社会各方面的综合性评价。本报告将从社会压力感、社会冲突感、社会安全感、社会公平感、社会信心等方面进行测量分析。

1. 受访者的社会压力

在总体社会生活压力上，金秀县受访居民的整体压力感不大，相关评分均值为2.25分，即处于压力很小到有压力之间。具体来看，居民最大的压力是"经济压力"，有关评分为3.22分。其次是"社交压力"2.45分，然后是"个人发展压力""孩子教育压力"和"医疗/健康压力"，评分分别为2.30分、2.30分、2.28分。居民"婚姻生活压力"最小，仅1.38分。从民族维度看，各民族的社会压力大体相同，都是主要来自"经济压力"，其中瑶族的压力最大，汉族次之，壮族最小，"均值"分别为2.28分、2.17分和2.0分。从城乡来看，城镇的社会压力小，农村的社会压力大，尤其是经济压力大。可见，增加居民的经济收入，增进社会融合，减轻总体社会的压力是城乡各族居民迫切需要的。

表3-40　　　　金秀瑶族自治县受访者的社会压力情况评价

	经济压力	个人发展压力	社交压力	孩子教育压力	医疗/健康压力	赡养父母压力	住房压力	婚姻生活压力	总体社会生活压力	均值
汉族	3.25	2.11	2.38	2.07	2.31	1.70	2.09	1.47	2.53	2.17
瑶族	3.26	2.34	2.50	2.37	2.29	1.93	2.20	1.36	2.64	2.28
壮族	2.79	2.22	2.09	1.94	2.0	1.75	1.91	1.35	2.50	2.0
农村	3.34	2.40	2.57	2.44	2.34	1.94	2.26	1.39	2.69	2.33
城镇	3.09	2.20	2.32	2.15	2.21	1.81	2.05	1.36	2.53	2.15
总计	3.22	2.30	2.45	2.30	2.28	1.88	2.16	1.38	2.61	2.25

注：本报告对"社会压力感"的评价标准进行量化的方法是：压力很大4分、有压力3分、压力很小2分、几乎没有压力1分，分值越高，压力越大。均值是除了总体社会生活压力的其余各项均值。

2. 社会冲突

在社会冲突方面，金秀受访居民的总体评价均值为1.96分，即不太严重。对"贫富冲突"的评分是1.88分，对"城乡冲突"的评分是1.95分，对"干群冲突"评分为1.98分，对"医患冲突"评分为2.02分，各项评价均位于不太严重值附近。从民族维度看，各民族受访者对医患冲突的评分是最高的，冲突感最强，但也是在2分左右，冲突不太严重。从城乡维度看，农村受访居民对各项冲突的评分均低于城镇受访居民，因此农村的社会冲突状况要比城镇稍微严重些。

表3-41　　　　金秀瑶族自治县受访者对社会冲突状况的评价

	干群冲突	城乡冲突	医患冲突	贫富冲突	均值
汉族	2.06	1.88	2.24	1.94	2.03
瑶族	1.95	1.94	1.98	1.86	1.93
壮族	2.07	2.07	2.07	2.00	2.05
农村	1.89	1.88	1.98	1.82	1.89
城镇	2.08	1.95	2.08	1.97	2.04
总计	1.98	1.95	2.02	1.88	1.96

注：本报告对"社会冲突感"的评价标准进行量化的方法是：非常严重4分、比较严重3分、不太严重2分、完全不严重1分，分值越高，冲突程度越强烈。

3. 社会安全感

在总体的社会安全感方面，金秀受访居民总体评分为1.71分，介于很安全到比较安全范围内。具体来看，金秀居民对"人身自由"的安全感最弱，评分为1.52分，其次是"人身安全"，评分为1.53分。安全感最强的是在"食品安全"和"医疗安全"两方面，有关评分均为2.04分和1.95分。从民族差异维度看，壮族的安全感最差，汉族的安全感最强，壮族与汉族相比，除了"医疗安全""食品安全"等普遍的安全感较低之外，还有"个人家庭财产安全"及"人身安全"等指标要明显低些，体现了壮族比较强的人身财产安全意识和需求。从城乡差异维度看，城镇的不安全感基本都高于农村居民，城镇的9个调查项目的均值为1.75分，农村则为1.67分，差异的原因主要体现在"食品安全""劳动安全""个人信息、隐私安全""交通安全"等方面，城镇的社会安全感评分与农村有明显差距，体现了城乡社会经济环境的差异造成的城乡安全需求的不同，城市生活社会风险较高。

表3-42　　　　　金秀瑶族自治县受访者社会安全感状况评价

	个人家庭财产安全	人身安全	交通安全	医疗安全	食品安全	劳动安全	个人信息、隐私安全	生态环境安全	人身自由	总体情况	均值
汉族	1.43	1.38	1.78	1.88	2.00	1.68	1.60	1.70	1.43	1.43	1.65
瑶族	1.59	1.55	1.80	1.95	2.04	1.68	1.58	1.64	1.53	1.59	1.71
壮族	1.61	1.52	1.87	2.09	2.17	1.87	1.70	1.65	1.53	1.61	1.78
农村	1.54	1.53	1.79	1.92	1.95	1.66	1.54	1.59	1.50	1.54	1.67
城镇	1.60	1.52	1.82	1.99	2.14	1.74	1.66	1.72	1.53	1.60	1.75
总计	1.57	1.53	1.80	1.95	2.04	1.70	1.60	1.65	1.52	1.57	1.71

注：本报告对"社会安全感"的评价标准进行量化的方法是：很不安全4分、不太安全3分、比较安全2分、很安全1分，分值越高，安全感越弱，均值排除了总体情况的其余各项均值。

4. 社会公平

金秀受访居民的总体社会公平感为比较公平，评分为1.95分。具体来看，金秀居民对"语言文字公平"和"投资经营公平"感受相对最强，评分均值为1.7分，在"社会保障公平""医疗公平""住房公平"方面的公平感最弱，为2.1分及以上。从民族维度看，从社会公平感各项均值来看，汉族和瑶族的社会公平感比较接近，壮族公平感最差，汉族公平感最好。壮族与汉族相比，在语言文字和投资经营上，不公平感较强。从城乡维度看，城镇和乡村各项社会公平的指标"均值"分别为2.02分、1.93分。城镇的不公平感要稍强于农村，各项指标差距不大。因此，社会公平感差异主要体现在民族差异上,特别是语言文字和投资经营。另外,要完善社会保障公平、医疗公平和住房公平等方面工作。

表3-43　金秀瑶族自治县受访者对社会公平状况的评价

	教育公平	语言文字公平	医疗公平	住房公平	社会保障公平	法律公平	干部选拔任用	就业、发展公平	信息公平	政府办事公平	投资经营公平	总体社会公平状况	均值
汉族	1.9	1.5	2.3	2.1	2.0	1.7	2.2	2.0	2.0	1.9	1.5	2.3	1.92
瑶族	1.9	1.7	2.1	2.1	2.2	2.0	2.0	1.9	1.9	1.9	1.7	2.1	1.95
壮族	2.2	2.0	2.1	2.2	2.1	2.1	1.9	1.9	1.9	2.2	2.0	2.1	2.08
农村	1.9	1.8	2.0	2.0	2.2	1.9	2.0	1.9	1.8	1.9	1.8	2.0	1.93
城镇	2.0	1.7	2.2	2.1	2.3	2.0	2.1	2.1	2.0	2.0	1.7	2.2	2.02
总计	1.9	1.7	2.1	2.1	2.2	2.0	2.0	2.0	1.9	1.9	1.7	2.1	1.95

注:本报告对"社会公平感"的评价标准进行量化的方法是:很不公平4分、不太公平3分、比较公平2分、很公平1分,分值越高,不公平感越强。均值是除了社会总体公平状况的其余各项均值。

5. 社会信心

整体来看,金秀受访居民对过去5年生活水平变化大都持肯定态度,84.9%的受访居民认为过去5年生活水平"上升很多"或"略有上升",其中认为"上升很多"的占29.3%,认为"略有上升"的占55.6%,认为下降的仅占3%,有0.5%认为"不好说"。从民族维度看,汉族、瑶族、壮族受访者认为过去5年生活水平"上升很多"或"略有上升"的比例分别为82.5%、86.9%、70.6%,瑶族评分较高,壮族评分最低,汉族居中,说明瑶族受访者相对于其他民族受访者对以往生活的满意度较高。从城乡维度看,农村87.6%受访居民认为过去5年生活水平"上升很多"或"略有上升",城镇相关比例为82.1%,低于农村,说明近年来农村居民对生活质量的评价更乐观。

表3-44　金秀瑶族自治县受访居民对过去5年生活水平变化的评价

(%、个)

	上升很多	略有上升	没有变化	略有下降	下降很多	不好说	合计	样本量
汉族	21.1	61.4	12.3	3.5	1.8	0	100.0	57
瑶族	31.5	55.4	10.1	1.7	0.7	0.7	100.0	298
壮族	26.5	44.1	23.5	2.9	2.9	0	100.0	34

续表

	上升很多	略有上升	没有变化	略有下降	下降很多	不好说	合计	样本量
农村	31.2	56.4	7.4	3.0	1.5	0.5	100.0	202
城镇	27.4	54.7	15.8	1.1	0.5	0.5	100.0	190
总计	29.3	55.6	11.5	2.0	1.0	0.5	100.0	392

受访居民对未来生活充满信心。金秀居民中，认为当地未来5年生活水平将会"上升很多"或"略有上升"的占81.9%，认为"略有下降"的仅占1.0%，"不好说"的占12.2%，总体看金秀居民对未来生活比较有信心。从民族维度看，汉族、瑶族、壮族认为未来5年生活水平"上升很多"或"略有上升"的相应比例分别为87.7%、82.3%、67.7%，壮族受访居民对未来生活改善信心较弱。从城乡维度看，城镇、农村受访居民认为未来5年生活会"上升很多"或"略有上升"的比例分别为77.9%、85.6%，农村受访居民对未来生活改善的信心强于城镇受访居民。

表3-45　金秀瑶族自治县受访居民对未来5年生活水平的预期　(%、个)

	上升很多	略有上升	没有变化	略有下降	不好说	合计	样本量
汉族	35.1	52.6	5.3	0	7.0	100.0	57
瑶族	24.2	58.1	3.7	1.0	13.1	100.0	298
壮族	26.5	41.2	14.7	2.9	14.7	100.0	34
农村	25.7	59.9	3.5	1.0	9.9	100.0	202
城镇	26.3	51.6	6.3	1.1	14.7	100.0	190
总计	26.0	55.9	4.8	1.0	12.2	100.0	392

86.5%的受访居民对当地2020年建成小康社会"很有信心"或"有信心"。此外对于"2020年所在地区全面建成小康社会"这一说法表示"没听说过"的占5.2%，说明当地有关政策的宣传和贯彻比较普及。从民族维度来看，汉族、瑶族、壮族对于所在地区2020年建成小康社会的态度表示"很有信心"或"有信心"的比例分别为80.7%、87.4%、88.3%。壮族和瑶族相似，都比较高，汉族最低，但是总体上都比较认同。从城乡维度看，农村居民对当地2020年全面建成小康社会"很有信心"或"有信心"的比例占88%，城镇居民为85.1%，略低于农村居民。

表3-46　金秀瑶族自治县受访居民对所在地区2020年建成小康社会的态度　（%、个）

	很有信心	有信心	没什么信心	不可能	没听说过	合计	样本量
汉族	15.8	64.9	15.8	0	3.5	100.0	57
瑶族	16.4	71.0	6.1	1.0	5.5	100.0	293
壮族	11.8	76.5	5.9	0	5.5	100.0	34
农村	13.0	75.0	5.0	0	7.0	100.0	200
城镇	19.3	65.8	10.2	1.6	3.2	100.0	187
总计	16.0	70.5	7.5	0.8	5.2	100.0	387

在加快建成小康社会过程中，本地应该采取的三种最有效措施主要包含有"加快发展当地经济""中央政策应落实到位""加快当地的基础设施建设"，认同的比例分别为75.1%、34.5%、34%。从城乡维度来看，差别在城镇受访者认为"政府应当更加廉洁""提高养老金水平"，农村受访者则认为要"加快当地的基础设施建设""中央政策应落实到位""应提高就业工资"等。从民族维度看，汉族受访者和瑶族受访者的看法比较接近，壮族受访者更多主张"加快发展当地经济""加快当地的基础设施建设""政府应当更加廉洁"，是加快建设小康社会的三个最重要措施，"中央政策应落实到位"则关注不多。反映了少数民族和农村地区经济发展落后，都强烈要求发展地方经济、加快当地基础设施建设、提高收入等。城镇地区和壮族还认为政府应该更加廉洁，可能与城镇收入水平的提高及壮族中从事机关事业单位等正规就业的被访者比较多，对政府管理和服务水平要求较高。

表3-47　金秀瑶族自治县为建成小康社会本地应采取有效措施　（%）

	加快发展当地经济	加快当地的基础设施建设	政府应当更加廉洁	中央政策应落实到位	应扩大当地就业	应提高就业工资	应调控房价	提高医疗水平	提高养老金水平	提高教育水平	其他
农村	75.2	34.6	24.5	35.7	21.7	28.7	7	16.4	8.7	15	4.2
城镇	74.7	30.4	36.7	30.4	24.1	19.0	2.5	15.2	13.9	16.5	2.5
汉族	72.7	34.5	32.7	30.9	16.4	27.3	12.7	20	9.1	7.3	1.8
瑶族	75.1	32.1	25.3	37.2	23.5	26.4	4.7	14.4	10.1	17.3	4.3
壮族	80	50	33.3	16.7	20	23.3	6.7	23.3	10	10	3.3
总计	75.1	34	27.1	34.5	22.1	26.2	6.1	16	9.9	15.2	3.9

九 结论和建议

（一）简要结论

通过对金秀瑶族自治县的抽样调查数据的分析发现，近年来金秀在民族经济和劳动就业上、社会事业上、民族语言文化和民族关系上、生态建设等领域都取得了显著的成绩。金秀在中央和国务院的大力支持下，在自治区各级政府和人民的共同努力下，不仅形成了民族团结的"金秀经验"，也建成了国家生态文明的示范区。具体结论如下。

1. 县域经济资源富集、生态文明和经济贫困并存

金秀壮族自治县是一个资源富集区和生态维护区，同时也是国家和广西的重点扶贫县之一。工业化进程缓慢，经济发展水平低，县域经济规模指标和水平指标落后，县域财力非常有限，基础设施较为薄弱，产业结构亟须转型。金秀进入了人口老龄化社会，城镇化推动速度较快，居民户口人数较多，但是居民整体受教育水平不高，还是以农业为主要职业结构，劳动者的就业近40%集中在农林牧副渔业。劳动力的市场化就业程度不高，劳动力流动以县内为主，96.2%的以县内就业为主。城乡居民收入差距大，居民自给自足特征，县域消费市场不活跃，但是家用汽车是城乡家庭最想拥有的消费品。家庭自有住房城乡和民族间差异较大，居民的住房满意度较高，但对住房政策了解不足。

2. 公共服务城乡均等化要加强

健全的社会基础设施、稳定的社会秩序有利于经济的快速发展。近几年，金秀城乡公共基础设施建设趋于均等化，民生事业发展迅速，社会保障的参与率和满意度大幅度提升。然而，城乡居民的公共基础设施的差距依然存在，某些基础设施配置滞后，不适应城镇化、现代化和老龄化的经济社会环境变化的需要。社会保险的整体参保水平在50%左右，还没有实现全民参保，还有很大提升空间。政府在应对群体性突发事件和暴力恐怖事件方面的应急能力亟须加强。

3. 民族语言使用率不高，民族文化传播能力和民族政策的公平性有待提高

金秀最先习得的语言主要是本民族语言，但是在社会交往过程中，普及率最高的是桂柳方言，其次是普通话，最后才是本民族语言。民族

语言使用的差异实质上是民族分布的差异，农村地区是少数民族语言保护最好的地方。居民通过教育传播给子代民族语言的意识较强，但是双语教育的效果很不理想。因此，在城镇化现代化过程中，要注意少数民族语言类非物质文化遗产的保护，处理好现代性和民族性的关系。传统服饰、传统节日和传统民居是金秀最具特色的文化类型，同时也是最需要保护的民族文化类型，居民对地方政府本地文化保护工作普遍比较满意，家庭、邻里和亲朋的耳濡目染是民族文化传承的主要途径，现代化传播途径还需要加强。居民代际文化传播的意愿较强。从改革开放前至今，金秀民族关系不断改善。民族身份平等程度较高，工作中的民族身份障碍不大。大多数居民认为民族冲突并不严重，民族关系融洽，是民族团结的示范县。

4. 生态移民与扶贫需同步，人力资本开发类扶贫需改善

近年来，金秀的生态环境明显改善，居民对政府保护生态工作效果整体评价较高，但是居民对生态环境前景并不乐观。35.5%的居民参与了退耕还林和还草工程。因为生态工程等大型工程、扶贫移民等项目开始增多，但是被访者中移民到本县的占4.9%，表明实际移民搬迁人数较少。当地政府实施"生态立县"的战略，环境保护、经济发展和社会发展相互协调，很多扶贫移民政策百姓的了解程度较高，居民对扶贫政策整体比较满意，而移民搬迁工程和技术推广及培训工程等人力资本开发项目的居民满意度还需要改善。扶贫项目种类较多也有其负面影响，扶贫对象的识别的科学系和规范性，扶贫资金的配套的压力对贫困县的压力巨大可能会形成债务，扶贫项目的分割和受益的不均等问题均影响扶贫政策的效果。

5. 受访居民生活质量主观评价较高，实现小康社会有信心

金秀整体社会压力不大，社会冲突小，社会安全感和社会公平感较强，人民生活水平不断提升，社会预期较好，社会良性运行。社会保障的公平程度有待提升。农村居民的社会压力稍微高于城市。增加城乡居民的经济收入，增进社会融合，减轻总体社会的压力是城乡各族居民迫切需要的。要重视医患冲突的及时合理处理，尤其是农村地区瑶族的社会冲突。不同民族间的社会公平感差异明显，特别是语言文字和投资经营。另外，要完善社会保障公平、医疗公平和住房公平等方面工作。近年来农村居民对生活质量的评价更乐观。农村居民对未来生活改善的信心强于城镇居

民。城乡居民对当地 2020 年全面建成小康社会很有信心，在加快建成小康社会本地应该采取的三种最有效措施主要包含有加快当地经济发展、中央政策应落实到位、加快当地基础设施的建设，另外还提出了政府管理要更加廉洁。

（二）建议

金秀瑶族自治县地方经济发展取得了显著的成效，建成了民族关系团结、经济发展适度、社会团结进步、生态环境优美的民族团结和谐示范县和生态文明示范县，但是也暴露出了一些问题，如上述一些民族优惠政策族群间、地区间、城乡间的受益不均；政策利益传送渠道不畅通，很多百姓对一些政策不知情；产业结构调整缓慢，职业分布还是以传统产业为主，流动性不大；城乡公共服务不均等；自然环境的保护和发展经济的矛盾；等等。为了实现金秀经济更好更快地发展，实现政策之间的良性互动，维持民族之间的友好传统，本报告提出以下建议。

1. 加快产业结构调整，带动就业结构转变，经济社会同步发展

金秀的县域经济在各民族自治县中排位靠后，工业基础薄弱，要全面建成小康社会，经济发展中要注意特色经济的增长点。首先，要产业结构升级调整。除了要加强农业的基础地位，加快交通运输等基础设施建设，还要大力发展第三产业，依托瑶族风情和优美的自然风光着重发展生态休闲度假旅游等，形成复合型旅游文化产业。[①] 利用广西区内高铁快速发展的机遇，培育一批民族文化的旅游品牌、样板和精品线路，争取在广西旅游联盟——"两广十市旅游联盟""广西西江旅游联盟""湘桂高铁沿线城市旅游合作联盟"中发挥出自身的优势，带动本地就业市场的发展，实现旅游脱贫。其次，要推动科技进步，一方面重视科教部门的作用，引进更多科技人才，加强科技开发投入；另一方面，重视基础教育文化投资，提高本地的文化技术科研水平，并推动科技成果转化，同时，提高劳动力素质。最后，加快城镇化建设，加强城乡一体的劳动力市场建设，建立高效便捷的就业服务平台，实现劳动力的合理流动。

金秀经济社会发展要同步，基础设施的完善、民生福利的提高、社会

---

① 欧阳艳华：《金秀瑶族自治县经济发展方式转变研究》，硕士毕业论文，桂林理工大学，2010 年。

治安和秩序的稳定对于加快当地经济发展意义重大，也是适应现代化、城镇化和老龄化趋势的需要。这就需要在发展经济的同时，完善和落实公共政策，提高公共服务质量，实现城乡公共服务均等化。要加强农村基础社会建设，落实社会保障的全民覆盖和待遇提高以及转移接续，提高城乡就业服务、医疗服务等社会服务的一体化和均等化水平。

2. 处理好经济内生发展和民族文化保护的关系，维护民族团结

广西壮族自治区是民族团结的典范，金秀更是广西的一个缩影。虽然有瑶族、汉族、壮族、侗族、仫佬族等多个民族，多个民族语言，但是却能和谐相处，实现民族团结。这与金秀传统文化中的重要组成部分石碑模式的乡规民约分不开，也与新中国成立后的各种团结公约相关。特别是1989年《金秀瑶族自治县自治条例》的颁布实施，从自治权的行使到自治机关的组成，从民族干部的培养到民族关系的建构，都作了明确规定。为民族平等团结奠定了法律基础。此外，繁荣的民族文化教育事业为民族关系的增进起了较大推动作用。如全国瑶族文化高峰论坛暨广西来宾金秀圣堂旅游节、"广西金秀·世界瑶都生态养生文化节"旅游节、盘王节等各种民族文化节日或者传统节日、民族传统体育活动、民歌以及一些文化馆、博物馆、电影院等都加强了民族来往，加深了民族间感情。国家对少数民族自治地方的特殊优惠政策也极大地促进了当地经济的发展。城镇化和现代化给金秀的发展带来了历史性机遇。与此同时，地方政府应加强对传统文化的保护，不仅要保护一些民族传统文化建筑设施户和物品，也要重视非物质文化遗产的保护，将相关法律法规贯彻到底。此外，不仅要发挥家属、亲戚朋友等社会网络的力量，也要发挥电视、手机、网络等现代媒介的力量，还可以通过报纸、学校教育等途径。正确认识民族性和现代性的矛盾，处理好发展经济和文化保护的关系，加强民族认同和国家团结，为内生驱动经济发展提供良好的环境。

3. 加大扶贫开发和生态环境保护结合起来，全面建成小康社会

一方面，平衡经济发展和生态环境保护的关系。在经济发展过程中，金秀为了保护珠江流域生态安全的需要，全县42%的国土面积被列入限制开发区或禁止开发区，失去了与非生态区域均等发展的机遇，产业布局和产业发展都受到严重制约，直接影响经济发展和农民增收，拉开了生态地区和非生态地区的经济差距。因此，要补偿生态环境建设付出，完善现有的财政性生态补偿转移机制，创立科学、合理、可行的生态补偿机制，

探索受益地区和生态地区的帮扶政策，建立健全生态补偿法律制度体系。[1]

另一方面，理顺扶贫开发项目，落实扶贫开发政策，全面建成小康社会。从上述分析可知，近年来扶贫开发政策和扶贫项目众多，对提升当地经济和社会发展作用重大，但是部分地方扶贫效果尚需改善，民众对移民搬迁政策满意度不高。外部推动的扶贫政策应该嵌入当地的经济和社会文化结构中，否则，就不易发挥扶贫政策的效果。扶贫政策不仅要和各种社会经济政策、环境保护政策之间衔接配套，还要在扶贫政策内部众多项目上实现对扶贫对象识别的科学性和规范性，救济式扶贫和开发式扶贫相结合，自由和福利的均衡。这就需要针对少数民族的群体性贫困，系统性的文化建设、植入现代生活方式和生活理念、改进生产方式（尤其是摒弃那些对于自然生态环境有破坏性的生产方式）等措施，对于民族地区反贫困极为重要；对于那些生态环境极为恶劣的地区，则应该进行系统性的环境保护政策、整体迁移和异地安置政策等；对于那些基础设施极为落后的少数民族社区，应采取大力推进型扶贫战略，大规模改善其基础设施。族群系统性扶贫是个体型扶贫与普惠型扶贫的结合，应因地制宜整合各种扶贫模式。[2] 扶贫机构要协调相关部门或机构，整合相关管理力量，落实扶贫政策。除了官方机构的管理外，还需要鼓励民间组织、慈善团体等非政府组织的参与，在资金筹资、服务提供、监督管理上都会对政策落实起到积极作用。此外，在实施过程中，政策主体之间要进行有效沟通，特别是加大对扶贫政策的宣传，增强贫困群体对扶贫政策的认同和接受程度及树立自我脱贫的信心和能力。从而到2020年打赢扶贫攻坚战，全面建成小康社会，实现中国梦。

---

[1] 金秀瑶族自治区人民政府：《依托资源优势发展生态经济》，《广西经济》2012 年第 7 期。

[2] 王曙光：《中国的贫困与反贫困》，《农村经济》2011 年第 3 期。

第四章

浙江省景宁畲族自治县经济社会发展综合调查报告

  景宁畲族自治县隶属浙江省丽水市，是"革命老区县"、"中国农村水电之乡"、畲族自治县。地理上位于北纬27°58′、东经119°38′；在浙江西南部、洞宫山脉中段，属浙南中山区；总面积1949.98平方千米。景宁县东邻青田县、文成县，南衔泰顺县和福建省寿宁县，西接庆元县、龙泉市，北毗云和县，东北连莲都区。1984年6月30日，经国务院批准建立景宁畲族自治县，这是全国唯一的畲族自治县。截至2011年，景宁总人口17万；以汉族为主，另有畲族、藏族、苗族、彝族、侗族、黎族等少数民族。鹤溪镇是景宁县政府驻地。

  畲族是凤凰山的土著居民。"畲"字来历甚古，原义火耕。南宋末年，史书出现畲民（she）人（she与畲同音，意在山间搭棚居住）的族称。《宋季三朝政要》称闽、粤、赣交界地域的畲民武装为畲军。元代以后，"she民""畲瑶""she瑶"同时使用。清康熙、乾隆、同治《景宁县志》均设畲民一目。民国十八年（1929）夏，德国学者史图博和上海同济大学教师李化民到景宁畲乡考察，撰写了《浙江景宁县敕木山畲民调查记》，对景宁畲族的族称、姓氏、风土人情等作了介绍。畲民自称"山哈"，表明是外地迁往山里的客户。景宁汉族称之畲客，畲族称汉族为"民家人"。新中国成立前，由于民族歧视、压迫，"畲客"二字常被用作侮辱性称呼，有的畲民被迫更改、隐瞒自己的民族成分，畲族家谱有"瑶人"或"瑶家"的别称。

  近年来，景宁畲族自治县坚持以党的十八大和十八届三中全会精神为指引，深入实施省委"八八战略"、市委"建设美丽幸福新丽水"战略目标，扎实推进县委"三县并举"发展战略，以"工作落实年"为主基调，以改革创新为主动力，以"四个新区"建设为主载体，统筹推进产业培育、城乡建设、生态保护、民生保障，切实提高政府执政水平和行政效能，为建设"中国畲乡、小县名城"目标奠定坚实基础，迈出坚定步伐。

一 调查对象基本情况

本报告关于"浙江省景宁畲族自治县经济社会发展综合调查"的分析数据来源于中国社会科学院民族学与人类学研究所主持展开的中国社会科学院创新工程重大专项"21世纪初中国少数民族地区经济社会发展综合调查"2014年在景宁县的家庭问卷抽样调查数据。景宁县的城乡调查样本回收数为436份，调查对象包括景宁县各民族成员。问卷回收整理录入后，主要使用社会统计软件SPSS加以统计分析。调研对象的基本情况见表4-1。

表4-1　　　　　　　　景宁畲族自治县人口基本特征

性别	男性	56.9	民族	汉族	84.6	户籍	农业	67.0
	女性	43.1		畲族	14.4		非农业	18.1
年龄	30岁及以下	5.3		其他	0.9		居民户口（之前是农业户口）	10.1
	31—45岁	26.3	宗教信仰				居民户口（之前是非农业户口）	4.8
	46—60岁	35.6		佛教	12.8	职业	国家机关党群组织、事业单位负责人	1.5
	61岁及以上	32.8		没有宗教信仰	78.9		国家机关党群组织、事业单位工作人员	4.8
受教育程度	未上学	11.5		伊斯兰教	0.2		专业技术人员	0.8
	小学	33.5		民间信仰	0.2		各类企业办事人员	1.3
	初中	31.0		基督教	0.5		商业、服务业人员	18.6
	高中、中专或职高技校	15.4		不知道（不清楚）	5.5		农林牧渔水利生产人员	17.1
	大学专科	3.9		不想说	1.9		生产、运输设备操作人员及有关人员	0.3
	大学本科及以上	4.8					不便分类的其他从业人员	55.6

注：（1）总样本量为436。民族维度中"其他民族"是由样本量低于30的民族共同构成，景宁的抽样数据中"其他民族"包含侗族、拉祜族。

（2）职业类型是按照人力资源和社会保障部职业能力建设司公布的国家职业分类目录编制而成，详情可参见网站：http://ms.nvq.net.cn/nvqdbApp/htm/fenlei/index.html。

从景宁县受访者的人类学特征来看，在性别方面，男性比例为

59.6%,女性比例为43.1%,女性明显少于男性。在年龄分布方面,31岁至60岁占61.9%,30岁及以下的年轻人和达到退休年龄的人分别占5.3%、32.8%。在民族成分上,汉族最多,占84.6%,其次是畲族,占14.4%,侗族、拉祜族2个民族人口比例较小,占0.9%。在户籍类型方面,农业户口占67.0%,非农业户口占18.1%,农业户口转居民户口的占10.1%,非农业户口转居民户口的占4.8%。在受教育程度上,接受了大学本科及以上教育的占4.8%。受教育程度在初中及以下的占76%。总体来看,受教育程度不高。在职业类型分布方面,不便分类的其他从业人员比例最大,占55.6%,其次商业、服务业人员,占18.6%,农林牧渔水利生产人员占17.1%,国家机关党群组织、事业单位负责人、工作人员占6.3%。在宗教信仰方面,信仰佛教的占12.8%,没有宗教信仰的占78.9%,信仰伊斯兰教、民间信仰和信仰基督教的各占0.2%、0.2%和0.5%,5.5%不知道(不清楚)自己的宗教信仰情况,1.9%不想说自己的宗教信仰情况。

二 经济生活

2014年以来,景宁畲族自治县县委、县政府紧紧围绕"在推动科学发展、促进社会和谐、增进民族团结上走在全国民族自治县前列"的奋斗目标,深入贯彻"三县并举"发展战略,着眼全年目标"百分百"完成,紧扣抓早、抓紧、抓实,强化项目对接、要素对接、政策对接,完善目标责任机制、联合督察服务机制助推任务分解落实,全县经济运行呈现稳中有升的良好态势。因此,本报告从受访居民就业、住房情况和生活质量三个方面分析景宁县受访居民经济生活情况。

(一) 城乡受访者的就业情况

就业是国家宏观调控目标之一,是最大的民生,就业关系地区经济社会全局,影响居民生活质量。本部分从受访居民职业类型、就业性质、就业途径和影响劳动力流动的因素四方面分析景宁县受访居民的就业状况。

总体来说,受访居民的职业分布情况,农村与城镇的受访居民主要为从事"农林牧渔水利生产人员",其中农村受访者的比例为53.2%,城镇受访者的比例为42%。其次,农村受访者中从事"商业、服务业人员"较多,相关比例为 41.9%，城镇受访者则从事"国家机关党群组织、事业单位负责人及工作人员"的比例较大，为 42%。从民族维度看，在农村，有 88%的畲族受访者为"农林牧渔水利生产人员"，而城镇中多数畲族受访者是"国家机关党群组织、事业单位工作人员"，相关比例为 60%（见表 4-2）。

表 4-2　　　景宁畲族自治县受访者居民当前职业分布情况　　（%、个）

		国家机关党群组织、事业单位负责人	国家机关党群组织、事业单位工作人员	各类企业办事人员	商业、服务业人员	农林牧渔水利生产人员	生产、运输设备操作人员及有关人员	样本量
农村	汉族	1.0	2.1	1.0	51.5	43.3	1.0	97
	畲族	0.0	4.0	0.0	8.0	88.0	0.0	25
	合计	0.8	2.4	0.8	41.9	53.2	0.8	124
城镇	汉族	11.4	29.5	6.8	6.8	43.2	2.3	44
	畲族	0.0	60.0	0.0	20.0	20.0	0.0	5
	合计	10.0	32.0	6.0	8.0	42.0	2.0	50

注：以下将"农转居"和"非农转居"均归入城镇户籍。

近三年来，农业户口受访者从事本地非农自营（做生意、跑运输等）的情况较少。总体来看，表示从事本地非农自营（做生意、跑运输等）的比例仅为 28.4%。从民族维度来看，畲族受访者表示从事本地非农自营（做生意、跑运输等）的比例仅为 16.1%，汉族受访者比例较畲族受访者高一些，相关比例为 31.1%，但仍然是没有从事本地非农自营（做生意、跑运输等）情况较多。

表 4-3　　　景宁畲族自治县农业户口受访者近三年
　　　　　　从事本地非农自营（做生意、跑运输等）情况　　（%、个）

	是	否	样本量
汉族	31.1	68.9	167
畲族	16.1	83.9	31
总计	28.4	71.6	201

从城镇劳动力合同性质方面看，景宁畲族自治县受访城镇劳动力合同以"固定职工（包括国家干部、公务员）"为主，比例为 42.6%，"从事私营或个体经营人员"占 34%，"长期合同工"仅占 8.5%，"短期或临时合同工"的比例为 2.1%。

表 4-4　　　　景宁畲族自治县非农业户口劳动力合同性质　　　（%、个）

	固定职工（包括国家干部、公务员）	长期合同工	短期或临时合同工	从事私营或个体经营人员	其他（请注明）	样本量
汉族	41.9	9.3	2.3	34.9	11.6	43.0
畲族	66.7	0.0	0.0	0.0	33.3	3.0
总计	42.6	8.5	2.1	34.0	12.8	47.0

根据受访者中农业户口劳动力寻找非农工作的途径来看，表示"其他（请注明）"途径的比例为 55.8%。其次为通过"朋友/熟人介绍"，比例为 18.3%。"直接申请（含考试）"和"家人/亲戚介绍"的比例均为 6.7%。"政府/社区安排介绍"的比例仅为 5.8%。

表 4-5　　　景宁畲族自治县农业户口受访者寻找非农工作的途径　　（%、个）

		政府/社区安排介绍	商业职介（包括人才交流会）	招聘广告	直接申请（含考试）	家人/亲戚介绍	朋友/熟人介绍	通过本乡人介绍	其他（请注明）	样本量
农业户口	汉族	6.5	2.2	3.2	6.5	7.5	18.3	0.0	55.9	93.0
	畲族	0.0	0.0	0.0	11.1	0.0	22.2	11.1	55.6	9.0
	总计	5.8	1.9	3.8	6.7	6.7	18.3	1.0	55.8	104.0

从城镇受访劳动力就业途径来看，27.3%的受访者主要通过"政府/社区安排介绍"就业，通过"直接申请（含考试）"实现就业的占29.5%。因此，政府仍然在保障景宁县城镇劳动力就业方面发挥主导作用。从民族维度看，受访者中汉族27.5%通过"政府/社区安排介绍"就业，25%通过"直接申请（含考试）"实现就业。畲族受访者城镇劳动力中33.3%依靠"政府/社区安排介绍"实现就业，66.7%通过"直接申请（含考试）"就业（见表4-6）。

表 4-6　　　景宁畲族自治县城镇受访劳动力寻找工作的途径　　（%、个）

	政府/社区安排介绍	招聘广告	直接申请（含考试）	家人/亲戚介绍	朋友/熟人介绍	其他（请注明）	样本量
汉族	27.5	15.0	25.0	2.5	7.5	22.5	40.0
畲族	33.3	0.0	66.7	0.0	0.0	0.0	3.0
总计	27.3	13.6	29.5	2.3	6.8	20.5	44.0

关于非农户口受访者的劳动力流动区域，70% 的非农户口受访劳动力主要流动区域为"乡镇内"，在"乡外县内"区域流动的比例为 25%，"县外省内"占 3.3%，"省外国内"仅占 1.7%。从民族维度看，非农户口受访者中以汉族为主，汉族受访者以"乡镇内"为主要流动范围，比例为 74.5%（见表 4－7）。

表 4－7　　　景宁畲族自治县非农户口受访者劳动力流动区域　　（%、个）

	乡镇内	乡外县内	县外省内	省外国内	样本量
汉族	74.5	20.0	3.6	1.8	55
畲族	25.0	75.0	0.0	0.0	4
总计	70.0	25.0	3.3	1.7	60

在景宁畲族自治县受访者中城乡居民工作流动的主观愿望方面，农村受访者中 75.1% 表示希望在"县城之内"工作，希望在"县外省内，但必须是家附近的市/县""县外省内无所谓远近"及"东部一线大城市"工作的比例均为 5.4%。从民族维度看，汉族受访者及畲族受访者关于外出工作区域的愿望与全体居民相近，愿意留在"县城之内"的普遍占到了大多数，相关比例分别为 75.6%、71.9%。

城镇受访者中，76.8% 表示希望在"县城之内"工作，表示希望在"县外省内无所谓远近"及"东部一线大城市"的受访者比例均为 6.1%，希望在"县外省内，但必须是家附近的市/县"工作的受访者比例为 4.9%。从民族维度来看，汉族受访者大部分表示希望在"县城之内"工作，比例为 75%，表示希望在"县外省内，但必须是家附近的市/县""县外省内无所谓远近"的比例均为 5.6%，表示希望在东部一线大城市的比例为 6.9%。畲族受访者也普遍表示愿意留在"县城之内"工作。

表 4－8　　　景宁畲族自治县农村受访者关于工作区域的主观愿望　（%、个）

		县城之内	县外省内，但必须是家附近的市/县	县外省内无所谓远近	本省区相邻的外省区	本省区外非相邻省区	东部一线大城市	其他（请注明地区名称）	样本量
农村	汉族	75.6	5.2	5.8	0.6	0.6	4.7	7.6	172
	畲族	71.9	6.3	3.1	0.0	0.0	9.4	9.4	32
	总计	75.1	5.4	5.4	0.5	0.5	5.4	7.8	205

表 4-9　景宁畲族自治县城镇受访者关于工作区域的主观愿望　（%、个）

		县城之内	县外省内，但必须是家附近的市/县	县外省内无所谓远近	东部一线大城市	其他（请注明地区名称）	样本量
城镇	汉族	75.0	5.6	5.6	6.9	6.9	72
	畲族	88.9	0.0	11.1	0.0	0.0	9
	总计	76.8	4.9	6.1	6.1	6.1	82

关于阻碍城乡劳动力流动的主观看法，农村受访者中 28.5% 的受访者表示"想留在就业地但生活成本太高"，其次是认为"工作辛苦收入低"，相关比例为 24.4%。此外"得不到相关就业信息"也是阻碍农村受访劳动力流动的重要因素，相关比例为 16.3%。从民族维度看，农村受访者中汉族受访劳动力和畲族受访劳动力流动的主要障碍都是"想留在就业地但生活成本太高"，相关比例为 27.6% 和 29.4%（见表 4-10）。

表 4-10　景宁畲族自治县农村受访者关于阻碍劳动力流动的主观看法

（%、个）

		得不到相关就业信息	被当地人看不起	工作辛苦收入低	想留在就业地但生活成本太高	生活习俗不能适应	气候自然环境不能适应	孩子就学困难	家里需要照顾必须返乡	当地政府的政策限制	语言障碍	其他（请注明）	样本量
农村	汉族	15.2	5.7	26.7	27.6	5.7	0.0	7.6	2.9	1.9	1.0	5.7	105
	畲族	23.5	0.0	11.8	29.4	0.0	5.9	5.9	5.9	0.0	11.8	5.9	17
	总计	16.3	4.9	24.4	28.5	4.9	0.8	7.3	3.3	1.6	2.4	5.7	123

城镇受访者中认为就业地"工作辛苦收入低"是主要因素，相关比例为 23.5%，其次是"想留在就业地但生活成本太高"，比例为 19.6%，再次是"得不到相关就业信息"的比例为 17.6%。从民族维度来看，汉族受访者认为主要是因为"工作辛苦收入低"，比例为 22.7%。畲族受访者主要认为是因为"想留在就业地但生活成本太高"以及"工作辛苦收入低"，相关比例分别为 50%、33.3%（见表 4-11）。

表4-11 景宁畲族自治县城镇受访者关于阻碍劳动力流动的主观看法

(%、个)

		得不到相关就业信息	被当地人看不起	工作辛苦收入低	想留在就业地但生活成本太高	生活习俗不能适应	孩子就学困难	家里需要照顾必须返乡	当地政府的政策限制	其他（请注明）	样本量
城镇	汉族	18.2	4.5	22.7	13.6	15.9	2.3	9.1	4.5	9.1	44
	畲族	16.7	0.0	33.3	50.0	0.0	0.0	0.0	0.0	0.0	6
	总计	17.6	3.9	23.5	19.6	13.7	2.0	7.8	3.9	7.8	51

（二）城乡受访者家庭的住房情况

从受访者家庭自有住房拥有情况看，景宁畲族自治县农村受访者家庭中80.5%拥有1套自有住房，7.8%表示没有自有住房，拥有2套或2套以上自有住房的比例为9.2%。城镇受访者有1套自有住房的比例为79.9%，表示没有自有住房的比例为2.8%，拥有2套或2套以上自有住房的比例为12.5%。从民族维度来看，农村畲族受访者和城镇畲族受访者没有自有住房的比例均为0。拥有1套自有住房的比例分别为90%、100%（见表4-12）。

表4-12　　　景宁畲族自治县受访家庭自有住房拥有情况　　（%、个）

		缺失	0	1	2	3	4	样本量
农村	汉族	2.1	9.7	78.2	7.1	2.5	0.4	239
	畲族	4.0	0.0	90.0	4.0	2.0	0.0	50
	总计	2.4	7.8	80.5	6.5	2.4	0.3	292
城镇	汉族	5.4	3.1	78.5	10.0	2.3	0.7	130
	畲族	0.0	0.0	100.0	0.0	0.0	0.0	13
	总计	4.9	2.8	79.9	9.7	2.1	0.7	144

目前景宁畲族自治县受访居民居住的房屋中，84.7%为"自有住房"，6.2%为"租/住廉租房"，5.7%为"租/住私人房"，"租/住亲友房"的为1.9%。从民族维度看，与受访者自有住房拥有情况相符，各民族目前住房产权归属以自有住房为主（见表4-13）。

表 4 – 13　　　　景宁畲族自治县受访者住房产权归属情况　　　（％、个）

	自有住房	租/住廉租房	租/住亲友房	租/住私人房	集体宿舍	其他（请注明）	样本量
汉族	83.4	6.2	2.2	6.5	0.3	1.4	356
畲族	91.5	6.8	0.0	1.7	0.0	0.0	59
总计	84.7	6.2	1.9	5.7	0.2	1.2	419

对于现有住房改善的意愿，农村受访者中表示"迫切"希望改善住房条件的比例为35.1%，表示"不迫切"或"不想改善"的比例分别为25.6%、23.9%。城镇受访者中表示"迫切"希望改善住房条件的比例为22.9%；"不迫切"或"不想改善"的比例分别为31.9%、29.2%。从民族维度来看，农村畲族受访者表示"迫切"希望改善住房条件的比例为27.1%，低于城镇畲族受访者"迫切"希望改善住房条件的比例30.8%。农村汉族受访者表示"迫切"希望改善住房条件的比例高于城镇汉族受访者"迫切"希望改善住房条件的比例，两者分别为36.3%、22.3%（见表4-14）。

表 4 – 14　　景宁畲族自治县受访者对现有住房改善的意愿情况　　（％、个）

		迫切	一般	不迫切	不想改善	不清楚	样本量
农村	汉族	36.3	13.2	25.6	21.8	3.0	234
	畲族	27.1	10.4	27.1	33.3	2.1	48
	总计	35.1	12.6	25.6	23.9	2.8	285
城镇	汉族	22.3	16.9	30.0	30.0	0.8	130
	畲族	30.8	0.0	46.2	23.1	0.0	13
	总计	22.9	15.3	31.9	29.2	0.7	144

关于景宁畲族自治县城乡受访者对当前住房的评价，农村受访者中47.5%的受访居民持"满意"态度，"不满意"的占20.7%，农村受访者总体满意度不高。城镇受访者中持"满意"态度的比例为64.1%，"不满意"的仅占8.5%。从民族维度来看，农村畲族受访者与城镇畲族受访者满意度基本一致，相关比例为57.4%、58.3%。受访者对住房的满意度与改善住房意愿情况基本一致（见表4-15）。

表4-15　景宁畲族自治县城乡受访居民对当前住房的满意情况　(%、个)

		满意	一般	不满意	不清楚	样本量
农村	汉族	45.7	27.4	22.6	4.3	230
	畲族	57.4	25.5	10.6	6.4	47
	总计	47.5	27.1	20.7	4.6	280
城镇	汉族	64.3	24.8	8.5	2.3	129
	畲族	58.3	33.3	8.3	0.0	12
	总计	64.1	25.4	8.5	2.1	142

景宁畲族自治县有较大一部分城镇受访者对各项住房政策不了解，对商品房政策、政府保障性住房政策表示"不清楚"的比例分别为32.4%、44.4%。农村受访者对商品房政策、政府保障性住房政策表示"不清楚"的比例分别为61.1%、64.6%，明显高于城镇受访居民（见表4-16）。

表4-16　景宁畲族自治县城乡受访居民对当前住房政策的满意度（%、个）

		商品房政策					政府保障性住房政策				
		满意	一般	不满意	不清楚	样本量	满意	一般	不满意	不清楚	样本量
城镇	汉族	29.5	23.3	14.7	32.6	129	30.2	19.4	6.2	44.2	129
	畲族	33.3	25.0	8.3	33.3	12	25.0	25.0	0.0	50.0	12
	总计	29.6	23.2	14.8	32.4	142	29.6	19.7	6.3	44.4	142
农村	汉族	20.4	11.7	7.0	60.9	230	19.6	11.7	5.2	63.5	230
	畲族	17.0	14.9	4.3	63.8	47	14.9	10.6	2.1	72.3	47
	总计	20.0	12.5	6.4	61.1	280	18.9	11.8	4.6	64.6	280

关于城镇受访居民对小产权房政策、棚户区改造政策，表示"不清楚"的比例分别为63.1%、49.6%。从民族维度来看，各族受访者对相关政策的了解与总体比例基本一致。具体来看，对小产权房政策表示"满意"的比例为20.6%，对棚户区改造政策表示"满意"的比例为24.8%。总体来说，城镇受访居民对城镇相关住房政策的了解程度不高（见表4-17）。

表4-17 景宁畲族自治县城镇受访者对相关住房政策的满意度　（%、个）

		满意	一般	不满意	不清楚	样本量
小产权房政策	汉族	19.5	14.1	2.3	64.1	128
	畲族	33.3	8.3	0.0	58.3	12
	总计	20.6	13.5	2.8	63.1	141
棚户区改造政策	汉族	25.0	19.5	4.7	50.8	128
	畲族	25.0	33.3	0.0	41.7	12
	总计	24.8	21.3	4.3	49.6	141

对于农村住房改造政策的满意度，总体来看，52.9%的农村受访者表示"不清楚"，表示"满意"的受访者比例为23.6%。从民族维度来看，农村畲族受访者对农村住房改造政策表示"满意"的占19.1%，表示"不清楚"的占55.3%；农村汉族受访者对农村住房改造政策表示"满意"的占23.9%，表示"不清楚"的占53%。总体来说，受访者对农村住房改造政策的了解程度不够，满意度不高。

表4-18 景宁畲族自治县农村受访者对农村住房改造政策的满意度

（%、个）

	满意	一般	不满意	不清楚	样本量
汉族	23.9	17.4	5.7	53.0	230
畲族	19.1	21.3	4.3	55.3	47
总计	23.6	18.2	5.4	52.9	280

对于改善住房的途径，城镇受访者中48.8%选择"购买商品房"，表示"购买政府保障性住房"和"购买小产权房"的比例仅占7.3%、2.4%，这与受访者对相关住房政策了解程度基本一致。从民族维度来看，城镇畲族受访者比较倾向于"自建新房"，相关比例为57.1%，"购买商品房"和"购买政府保障性住房"的比例均为14.3%。城镇汉族则更倾向于"购买商品房"，相关比例为52.7%，其次为"自建新房"，比例为27%（见表4-19）。

农村受访者表示改善当前住房条件的途径主要是"自建新房"和"购买商品房"，相关比例分别为49.7%、30.7%。从民族维度来看，农村畲族受访者比较倾向于"自建新房"，相关比例为55.6%，其次是"购买政府保障性住房"，占18.5%。农村汉族受访者"自建新房"的比例为48.7%，其次为"购买商品房"，比例为34%。

表 4-19　　　　景宁畲族自治县城镇受访者改善住房途径　　　　（%、个）

		自建新房	购买商品房	购买政府保障性住房	购买单位筹资共建房	换租更大的房子	购买小产权房	购买农村私有住房	其他（请注明）	样本量
城镇	汉族	27.0	52.7	6.8	2.7	1.4	1.4	1.4	6.8	74
	畲族	57.1	14.3	14.3	0.0	0.0	0.0	0.0	14.3	7
	总计	29.3	48.8	7.3	2.4	1.2	2.4	1.2	7.3	82

表 4-20　　　　景宁畲族自治县农村受访者改善住房途径　　　　（%、个）

		自建新房	购买商品房	购买政府保障性住房	购买单位筹资共建房	换租更大的房子	购买农村私有住房	其他（请注明）	样本量
农村	汉族	48.7	34.0	13.3	0.7	1.3	0.0	2.0	150
	畲族	55.6	11.1	18.5	0.0	0.0	3.7	11.1	27
	总计	49.7	30.7	14.0	0.6	1.1	0.6	3.4	179

（三）生活状况变化评价

整体来看，景宁畲族自治县受访居民对过去 5 年生活水平变化大都持肯定态度。城镇受访居民中 86% 认为过去 5 年生活水平"上升很多"或"略有上升"。农村受访居民中 77.7% 认为过去 5 年生活水平"上升很多"或"略有上升"。从民族维度看，城镇畲族受访居民认为"上升很多"或"略有上升"的比例为 92.3%，城镇汉族受访居民相关比例为 85.2%。农村畲族受访居民认为过去 5 年生活水平"上升很多"或"略有上升"的比例为 92%，农村汉族受访居民相关比例为 74.4%（见表 4-21）。

表 4-21　景宁畲族自治县受访居民对过去 5 年生活水平变化的评价

（%、个）

		上升很多	略有上升	没有变化	略有下降	不好说	样本量
城镇	汉族	30.2	55.0	10.9	3.1	0.8	129
	畲族	7.7	84.6	7.7	0.0	0.0	13
	总计	28.0	58.0	10.5	2.8	0.7	143
农村	汉族	18.8	55.6	19.7	5.4	0.4	239
	畲族	38.0	54.0	4.0	0.0	4.0	50
	总计	22.6	55.1	16.8	4.5	1.0	292

（四）建成小康社会信心度

对于景宁畲族自治县 2020 年全面建成小康社会，城镇受访居民表示"很有信心"和"有信心"的比例为 86.5%，农村受访居民表示"很有信心"和"有信心"的比例为 77.7%。从民族维度来看，92.3% 的城镇畲族受访居民表示"很有信心"和"有信心"，城镇汉族受访居民相关比例为 85.9%。农村畲族受访居民表示"很有信心"和"有信心"的比例为 79.2%，农村汉族受访居民相关比例 77.2%。总体来看，城镇受访居民较农村受访居民对 2020 年景宁畲族自治县全面建成小康社会态度较为乐观（见表 4-22）。

表 4-22　景宁畲族自治县城乡受访者对本县 2020 年全面建成小康社会的态度　（%、个）

		很有信心	有信心	没什么信心	不可能	没听说过	样本量
城镇	汉族	33.1	52.8	5.5	0.8	7.9	127
	畲族	30.8	61.5	7.7	0.0	0.0	13
	总计	32.6	53.9	5.7	0.7	7.1	141
农村	汉族	23.3	53.9	7.3	1.3	14.2	232
	畲族	27.1	52.1	6.3	2.1	12.5	48
	总计	24.0	53.7	7.1	1.4	13.8	283

对于景宁畲族自治县为加快建成小康社会应采取的措施，总体来看，城镇与农村受访居民普遍认为应"加快发展当地经济"，相关比例为 58.6%、46.6%。具体来说，城镇畲族受访居民认为应"加快发展当地经济"的比例为 38.5%，其次认为应"加快当地的基础设施建设"的受访居民占 30.8%。城镇汉族受访居民则更倾向于"加快发展当地经济"，相关比例为 60.5%。农村畲族受访居民认为应"加快发展当地经济"的比例为 47.4%，其次为"加快当地的基础设施建设"，相关比例为 21.1%。农村汉族受访居民认为应"加快发展当地经济"的比例为 46.5%（见表 4-23）。

表 4-23　　加快景宁畲族自治县建成小康社会的措施　　（%、个）

		加快发展当地经济	加快当地的基础设施建设	政府应当更加廉洁	中央政策应落实到位	应扩大当地就业	应提高就业工资	调控房价	提高医疗水平	提高养老金水平	提高教育水平	其他（请注明）	样本量
城镇	汉族	60.5	3.4	7.6	1.7	1.7	2.5	3.4	4.2	5.9	6.7	2.5	119
	畲族	38.5	30.8	15.4	0.0	7.7	0.0	7.7	0.0	0.0	0.0	0.0	13
	总计	58.6	6.0	8.3	1.5	2.3	2.3	3.8	3.8	5.3	6.0	2.3	133
农村	汉族	46.5	9.4	9.9	4.2	3.3	4.7	3.3	3.3	9.9	3.8	1.9	213
	畲族	47.4	21.1	2.6	5.3	2.6	0.0	0.0	5.3	10.5	2.6	2.6	38
	总计	46.6	11.1	8.7	4.3	3.2	4.0	3.2	3.6	9.9	3.6	2.0	253

三　民族文化

总体来看，景宁畲族自治县少数民族受访居民中认为本民族最具特色的文化类型是"传统服饰"，相关比例为44.4%。其次是"传统节日"，比例为22.2%。再次是"传统民居"，比例为20.6%。具体来看，受访者中畲族受访者认为最具特色的民族文化是"传统服饰"，比例为46.7%。其他民族受访居民则认为最具民族特色的文化类型是"传统节日"，相关比例达到了100%。可见，畲族受访居民的民族文化特色较多元化（见表4-24）。

表 4-24　　景宁畲族自治县受访者认为本民族最具特色的文化类型（%、个）

	传统民居	传统服饰	传统节日	人生礼仪	道德规范	人际交往习俗	传统生产方式	其他（请注明）	样本量
畲族	21.7	46.7	18.3	3.3	1.7	5.0	1.7	1.7	60
其他民族	0.0	0.0	100.0	0.0	0.0	0.0	0.0	0.0	3
总计	20.6	44.4	22.2	3.2	1.6	4.8	1.6	1.6	63

关于最需要保护的民族文化类型，景宁畲族自治县少数民族受访者中25.4%认为是"传统民居"，30.2%认为是"传统服饰"，20.6%认为是"传统节日"。具体来看，受访者中畲族受访居民认为最需要保护的民族文化是"传统服饰""传统民居"及"传统节日"，相关比例分别为31.7%、26.7%、18.3%。其他民族受访居民认为最需要保护的民族文化

是"传统节日"及"人生礼仪",相关比例分别为66.7%、33.3%。

表4-25 景宁畲族自治县受访者认为本民族最需要保护的文化类型

(%、个)

	传统民居	传统服饰	传统节日	人生礼仪	道德规范	人际交往习俗	传统生产方式	宗教活动习俗	其他(请注明)	样本量
畲族	26.7	31.7	18.3	6.7	8.3	1.7	1.7	1.7	3.3	60
其他民族	0.0	0.0	66.7	33.3	0.0	0.0	0.0	0.0	0.0	3
总计	25.4	30.2	20.6	7.9	7.9	1.6	1.6	1.6	3.2	63

对于少数民族受访者子女接受本民族语言、文化和风俗习惯的意愿,总体来说,普遍表示愿意接受。少数民族受访者子女愿意接受"语言文字""风俗习惯""宗教信仰""特色手工艺"的比例分别为84.1%、81%、66.1%、79%。具体来看,畲族受访者子女愿意接受本民族"语言文字"的比例为83.3%,愿意接受本民族"风俗习惯"的比例为80%,愿意接受本民族"宗教信仰"的比例为66.1%,愿意接受本民族"特色手工艺"的比例为78%。其他少数民族受访者子女,除愿意接受"宗教信仰"的比例为66.7%之外,愿意接受其他风俗习惯的比例均为100%。由此可知,少数民族受访者子女对本民族宗教信仰接受的意愿最低(见表4-26)。

表4-26 景宁畲族自治县少数民族子女接受本民族语言、文化和风俗习惯的意愿 (%、个)

		愿意	不愿意	无所谓	样本量
语言文字	畲族	83.3	8.3	8.3	60
	其他民族	100.0	0.0	0.0	3
	总计	84.1	7.9	7.9	63
风俗习惯	畲族	80.0	6.7	13.3	60
	其他民族	100.0	0.0	0.0	3
	总计	81.0	6.3	12.7	63
宗教信仰	畲族	66.1	8.5	25.4	59
	其他民族	66.7	0.0	33.3	3
	总计	66.1	8.1	25.8	62
特色手工艺	畲族	78.0	8.5	13.6	59
	其他民族	100.0	0.0	0.0	3
	总计	79.0	8.1	12.9	62

景宁畲族自治县少数民族受访居民中75.9%认为本民族文化传承的主要途径是"家庭、邻里、亲朋耳濡目染",15.5%认为是"广播、电视、互联网等"。具体来看,畲族受访居民认为本民族文化的主要传承途径是"家庭、邻里、亲朋耳濡目染",比例为80%。其他少数民族认为"学校教育""旅游展示""广播、电视、互联网等"的比例均为33.3%。可见,对于少数民族受访者来说,在传承民族文化上,学校教育、村社文化活动场所和图书报刊等传播媒介的使用率不高。由此可见,以家庭为主的社会网络依然是景宁县地区各民族传播本民族文化的主要途径,而学校教育所占比例不高,应加强民族文化教育(见表4-27)。

表4-27　　　　景宁畲族自治县民族文化传承主要途径　　　　(%、个)

	家庭、邻里、亲朋耳濡目染	学校教育	旅游展示	广播、电视、互联网等	样本量
畲族	80.0	3.6	1.8	14.5	55
其他民族	0.0	33.3	33.3	33.3	3
总计	75.9	5.2	3.4	15.5	58

在对待历史建筑拆迁改造的看法上,景宁畲族自治县少数民族受访者中,39.7%主张"保持原貌不动",15.9%主张"保留外形但内部可改造",主张"异地重建"和"直接拆迁"的比例较小,表示"不清楚"的受访居民占30.2%。总体来看,受访居民保护历史建筑的意识相对较强。从民族维度看,畲族受访者文化保护意识最强,认为历史建筑应该"保持原貌不动"的占41.7%。其他民族受访者认为"保留外形但内部可改造"以及"直接拆迁"的比例均为33.3%(见表4-28)。

表4-28　　　　景宁畲族自治县少数民族受访居民对历史建筑
　　　　　(以旧的传统民居和祖屋为主)改造拆迁的看法　　　(%、个)

	保持原貌不动	保留外形但内部可改造	直接拆迁	异地重建	不清楚	样本量
畲族	41.7	15.0	10.0	3.3	30.0	60
其他民族	0.0	33.3	33.3	0.0	33.3	3
总计	39.7	15.9	11.1	3.2	30.2	63

当开发旅游资源和保护本民族文化遗产发生冲突时,总体来说,少数

民族受访者中37.1%的居民表示应以"保护本民族传统文化为主,不赞同过度商业化"。认为"以发展经济,提高现代生活水平为主"的受访者比例为33.9%,认为"不好说"的比例为29%。具体来看,畲族受访者认为应以"保护本民族传统文化为主,不赞同过度商业化"的比例为37.3%,认为应"以发展经济,提高现代生活水平为主"的比例为32.2%,有30.5%的受访者表示"不好说"。其他民族认为应"以发展经济,提高现代生活水平为主"的比例为66.7%,应"保护本民族传统文化为主,不赞同过度商业化"的比例为33.3%（见表4-29）。

表4-29　景宁畲族自治县少数民族受访者对开发旅游资源和保护本民族文化遗产发生冲突时的看法　　（%、个）

	以发展经济,提高现代生活水平为主	保护本民族传统文化为主,不赞同过度商业化	不好说	样本量
畲族	32.2	37.3	30.5	59
其他民族	66.7	33.3	0.0	3
总计	33.9	37.1	29.0	62

景宁畲族自治县少数民族受访居民对政府保护民族文化工作的评价较高,76.6%受访居民对政府的民族文化保护工作持"满意"态度。从民族维度看,畲族受访居民持"满意"态度的比例为77%。其他民族受访居民认为"满意"的比例为66.7%,认为"不好说"的比例为33.3%（见表4-30）。

表4-30　景宁畲族自治县少数民族受访者对政府保护民族文化工作的评价　（%、个）

	满意	不满意	不好说	样本量
畲族	77.0	6.6	16.4	61
其他民族	66.7	0.0	33.3	3
总计	76.6	6.3	17.2	64

四　民族语言与双语教育

在第一语言习得方面,景宁畲族自治县受访居民中10.1%最先习得"本民族语言",最先习得"汉语方言"的比例占79%,最先习得"普通话"的比例占 17.3%。从民族维度看,汉族受访者最先习得的语言是"汉语方言",相关比例为 88%。畲族受访者最先习得的语言是"本民族语言",相关比例为 66.1%。从受访者情况来看,在第一语言习得方面,普通话所占比例不高(见表 4-31)。

表 4-31　　　　景宁畲族自治县受访者最先习得语言情况　　　　(%、个)

	普通话	汉语方言	本民族语言	其他少数民族语言	样本量
汉族	17.7	88.0	0.5	0.0	368
畲族	12.9	25.8	66.1	6.5	62
总计	17.3	79.0	10.1	0.9	434

在普通话掌握能力方面,景宁畲族自治县受访居民中 31.1%"能流利准确地使用"普通话,"能熟练使用但有些音不准"的占 27.9%,"能熟练使用但口音较重"的比例占 19.7%,"基本能交谈但不太熟练"的占 10.9%。从民族维度看,汉族受访居民"能流利准确地使用"普通话的比例为 30.6%,"能熟练使用但有些音不准"的比例为 27.1%,"能熟练使用但口音较重"的占 21%。畲族受访者表示"能流利准确地使用"普通话的比例为 32.7%,"能熟练使用但有些音不准"的比例为 34.7%,"能熟练使用但口音较重"的比例为 10.2%(见表 4-32)。

表 4-32　　　　景宁畲族自治县受访者普通话掌握程度　　　　(%、个)

	能流利准确地使用	能熟练使用但有些音不准	能熟练使用但口音较重	基本能交谈但不太熟练	能听懂但不太熟练	能听懂一些但不会说	听不懂也不会说	样本量
汉族	30.6	27.1	21.0	11.5	5.1	4.5	0.3	314
畲族	32.7	34.7	10.2	8.2	2.0	8.2	4.1	49
总计	31.1	27.9	19.7	10.9	4.6	4.9	0.8	366

关于普通话的功能效用,景宁畲族自治县受访者中 51.4% 认为普通话"对工作生活各方面都有好处",认为普通话主要功能是"方便做买卖"的比例为 12%,受访居民认为普通话"对民族交往有好处"的占 28.6%。从民族维度看,汉族受访居民和畲族受访居民认为普通话"对工作生活各方面都有好处"的比例均为 51.7%。

表4-33　　　景宁畲族自治县受访者关于普通话的效用评价　　（%、个）

	对民族交往有好处	方便做买卖	对工作生活各方面都有好处	不好说	没太大好处	样本量
汉族	28.5	11.6	51.7	5.4	2.8	354
畲族	25.9	15.5	51.7	3.4	3.4	58
总计	28.6	12.0	51.4	5.0	2.9	416

总体上看，景宁畲族自治县受访者居民送子女到双语学校就学的意愿不高。受访者表示"无所谓"的占47.3%，受访居民"愿意"送子女到双语学校学习的占37.7%，表示"不愿意"的占15%。从民族维度看，畲族受访者表示"愿意"送子女到双语学校就学的比例为45.9%，汉族受访居民表示"愿意"让子女到双语学校就学的比例为35.8%，畲族受访者持"无所谓"态度的比例为50.8%，汉族受访者持"无所谓"态度的比例为47%（见表4-34）。

表4-34　　景宁畲族自治县父母对子女就学于双语教育学校的意愿（%、个）

	愿意	不愿意	无所谓	样本量
汉族	35.8	17.2	47.0	349
畲族	45.9	3.3	50.8	61
总计	37.7	15.0	47.3	414

在双语教育效果评价方面，景宁畲族自治县受访者中18.5%认为"好"，认为"不好"的比例占4.6%，表示"不清楚"的占66.8%。从民族维度看，畲族受访者评价"好"的比例为22.7%，表示"不清楚"的比例达到了70.5%，认为"不好"的比例仅占2.3%。汉族受访者认为"好"的比例为17.7%，认为"不好"的比例为5.1%，表示"不清楚"的比例为66.1%。各民族对双语教育效果评价为不清楚的比例最高。这与受访居民对双语教学意愿大多持无所谓态度基本一致（见表4-35）。

表4-35　　　　景宁畲族自治县双语教育效果评价　　　　（%、个）

	好	一般	不好	不清楚	样本量
汉族	17.7	11.2	5.1	66.1	277
畲族	22.7	4.5	2.3	70.5	44
总计	18.5	10.2	4.6	66.8	325

关于少数民族地区干部学习当地民族语言的态度方面，景宁畲族自治县受访居民中59.2%认为"有必要"，认为"没必要"的仅占17.5%。从民族维度看，畲族受访者认为少数民族地区干部学习当地民族语言"有必要"的比例为70.5%，高于汉族受访者的比例56.9%（见表4-36）。

表4-36　景宁畲族自治县受访居民对到少数民族地区工作的干部学习掌握当地民族语言的态度　　（%、个）

	有必要	一般	没必要	不清楚	样本量
汉族	56.9	10.2	19.0	14.0	364
畲族	70.5	11.5	9.8	8.2	61
总计	59.2	10.3	17.5	13.1	429

五　民族关系与民族意识

从民族交往的意愿来看，汉族受访者与少数民族的交往意愿较高。汉族受访者"很愿意"和"比较愿意"与少数民族聊天的比例为93.1%。"不太愿意"及"不愿意"的比例仅为3.6%。汉族受访者"很愿意"和"比较愿意"与少数民族成为邻居的意愿较高，所占比例为94.6%，"不太愿意"及"不愿意"的比例仅为2.5%。汉族受访者"很愿意"和"比较愿意"与少数民族一起工作的比例为93.7%，"不太愿意"及"不愿意"与少数民族一起工作的比例仅为2.7%。在成为亲密朋友方面，汉族受访者"很愿意"和"比较愿意"与少数民族居民成为亲密的朋友的比例为92.9%，"不太愿意"及"不愿意"与少数民族居民成为亲密的朋友的比例仅为3.5%。在结为亲家方面，汉族受访者表示"很愿意"和"比较愿意"的比例为84.7%，表示"不太愿意"及"不愿意"的比例为5.5%。总体来看，汉族受访者与少数民族居民交往意愿很高，在结为亲家方面的意愿略弱（见表4-37）。

表4-37　景宁畲族自治县受访者的民族交往情况（汉族对少数民族）　　（%、个）

	很愿意	比较愿意	不太愿意	不愿意	不好说	样本量
聊天	73.2	19.9	3.3	0.3	3.3	366
成为邻居	73.8	20.8	2.2	0.3	3.0	366
一起工作	72.4	21.3	2.2	0.5	3.6	366

续表

	很愿意	比较愿意	不太愿意	不愿意	不好说	样本量
成为亲密朋友	70.2	22.7	3.0	0.5	3.6	366
结为亲家	62.4	22.3	4.4	1.1	9.9	364

景宁畲族自治县畲族受访者对与汉族交往的意愿情况，表示"很愿意"与"比较愿意"与汉族居民聊天、成为邻居、一起工作及成为亲密的朋友的比例均为98.4%，在与汉族结为亲家方面，愿意的比例略低，相关比例为96.7%（见表4-38）。

表4-38　景宁畲族自治县受访者的民族交往情况（畲族对汉族）（%、个）

	很愿意	比较愿意	不好说	样本量
聊天	69.4	29.0	1.6	62
成为邻居	71.0	27.4	1.6	62
一起工作	72.6	25.8	1.6	62
成为亲密的朋友	71.0	27.4	1.6	62
结为亲家	67.7	29.0	3.2	62

景宁畲族自治县本地受访居民中对外来人口的开放程度较高。本地居民对县外省内的外来流入人员持"欢迎"态度的比例为82.8%，对省外国内的外来流入人员持"欢迎"态度的比例为81.4%，对外国人持"欢迎"态度的比例为79%。从民族维度看，汉族受访居民对县外省内、省外国内外来流入人员和外国人持"欢迎"态度的比例分别为81.5%、79.9%、77.7%。畲族受访居民对外来流入人员的欢迎程度均高于汉族受访者，相关比例分别为90.3%、90.3%、87.1%（见表4-39）。

表4-39　景宁畲族自治县受访居民对外来人口的态度　　（%、个）

		欢迎	不欢迎	视情况而定	不清楚	样本量
县外省内的外来流入人员	汉族	81.5	6.3	5.8	6.3	363
	畲族	90.3	3.2	6.5	0.0	62
	总计	82.8	5.8	6.1	5.4	429
省外国内的外来流入人员	汉族	79.9	6.9	6.6	6.6	363
	畲族	90.3	1.6	8.1	0.0	62
	总计	81.4	6.1	7.0	5.6	429

续表

		欢迎	不欢迎	视情况而定	不清楚	样本量
外国人	汉族	77.7	6.3	5.2	10.7	363
	畲族	87.1	3.2	9.7	0.0	62
	总计	79.0	5.8	6.1	9.1	429

景宁畲族自治县受访居民对外来流动人口的欢迎源于多个原因。81.5%的受访居民认为外来人口"开阔了当地人眼界",80.9%的居民认为"增加了当地劳动力市场中的劳动力",80.9%的居民认为"有利于弘扬本地的民族文化";"增加了当地的投资""扩大了当地就业机会""提高了当地社会服务水平""带来了先进技术和管理方式""有利于缩小区域间差距""增强了民族间的交往"的比例分别为 78.8%、76.5%、71.4%、69.5%、66.9%、76.2%(见表4-40)。

表4-40　　　景宁畲族自治县受访者欢迎外来人口的原因　　　(%、个)

		同意	不同意	视情况而定	不清楚	样本量
增加了当地的投资	汉族	79.3	6.7	5.8	8.2	329
	畲族	75.9	6.9	5.2	12.1	58
	总计	78.8	6.6	5.6	9.0	391
扩大了当地就业机会	汉族	77.8	6.7	7.3	8.2	329
	畲族	69.0	6.9	8.6	15.5	58
	总计	76.5	6.6	7.4	9.5	391
开阔了当地人眼界	汉族	81.4	3.7	5.5	9.5	328
	畲族	81.0	5.2	3.4	10.3	58
	总计	81.5	3.8	5.1	9.5	390
提高了当地社会服务水平	汉族	72.0	1.8	10.3	15.8	329
	畲族	65.5	5.2	8.6	20.7	58
	总计	71.4	2.3	10.0	16.4	391
增强了民族间的交往	汉族	75.0	2.7	8.2	14.0	328
	畲族	81.0	3.4	1.7	13.8	58
	总计	76.2	2.8	7.2	13.8	390
增加了当地劳动力市场中的劳动力	汉族	81.0	1.2	5.8	12.0	326
	畲族	79.3	1.7	3.4	15.5	58
	总计	80.9	1.3	5.4	12.4	387

续表

		同意	不同意	视情况而定	不清楚	样本量
有利于弘扬本地的民族文化	汉族	80.1	1.2	4.7	14.0	321
	畲族	84.5	3.4	1.7	10.3	58
	总计	80.9	1.6	4.2	13.3	383
带来了先进技术和管理方式	汉族	70.1	1.5	10.4	18.0	328
	畲族	67.2	0.0	8.6	24.1	58
	总计	69.5	1.3	10.3	19.0	390
有利于缩小区域间差距	汉族	65.2	3.0	11.3	20.4	328
	畲族	75.9	0.0	6.9	17.2	58
	总计	66.9	2.6	10.5	20.0	390

对于民族意识与国家意识，景宁畲族自治县受访者中22.4%认为未来"国家意识增强，民族意识也随之逐步增强"；17.8%的受访居民认为未来"民族意识增强，国家意识也随之逐步增强"；17.8%的受访居民认为未来主要是"国家意识增强"，认为未来主要是"民族自我意识增强"的居民占10.3%。31.7%的受访居民对于未来民族意识和国家意识变化情况表示"不清楚"。从民族维度来看，畲族受访者认为"民族自我意识增强"和"国家意识增强"的比例均为11.3%，认为"民族意识增强，国家意识也随之逐步增强"的比例为14.5%，认为"国家意识增强，民族意识也随之逐步增强"的比例为25.8%，表示"不清楚"的比例为37.1%。汉族受访者认为"民族自我意识增强"的比例为10.3%，认为"国家意识增强"的比例为19.1%，认为"民族意识增强，国家意识也随之逐步增强"的比例为18.2%，认为"国家意识增强，民族意识也随之逐步增强"的比例为21.4%，表示"不清楚"的占31.1%（见表4-41）。

表4-41　景宁畲族自治县民族意识与国家意识未来变化趋势　（%、个）

	民族自我意识增强	国家意识增强	民族意识增强，国家意识也随之逐步增强	国家意识增强，民族意识也随之逐步增强	不清楚	样本量
汉族	10.3	19.1	18.2	21.4	31.1	351
畲族	11.3	11.3	14.5	25.8	37.1	62
总计	10.3	17.8	17.8	22.4	31.7	416

少数民族受访者对于其民族身份在本地社会交往、工作就业、日常生活中的影响情况，认为"没有"带来不便利的比例为75.8%。认为"经常有"的比例为1.6%。具体来看，畲族受访者认为"没有"的比例为78%，其他民族受访者认为"没有"的比例为33.3%，认为"偶尔有"的比例为66.7%。

表4-42　　景宁畲族自治县少数民族受访者民族身份在
本地社会交往、工作就业、日常生活中的影响　　（%、个）

	经常有	偶尔有	很少	没有	不清楚	样本量
畲族	1.7	1.7	5.1	78.0	13.6	59
其他民族	0.0	66.7	0.0	33.3	0.0	3
总计	1.6	4.8	4.8	75.8	12.9	62

少数民族受访者对于其民族身份在外出旅行、出国时社会交往、工作就业、日常生活中的影响情况，认为"没有"带来不便利的比例为64.1%，表示"不清楚"的比例为31.3%，认为"偶尔有"的比例为1.6%。具体来看，畲族受访者认为"没有"带来不便利的比例为63.9%，其他民族受访者相关比例为66.7%（见表4-43）。

表4-43　　景宁畲族自治县少数民族受访者民族身份在外出旅行、
出国时社会交往、工作就业、日常生活中的影响　　（%、个）

	偶尔有	很少	没有	不清楚	样本量
畲族	1.6	3.3	63.9	31.1	61
其他民族	0.0	0.0	66.7	33.3	3
总计	1.6	3.1	64.1	31.3	64

少数民族受访者表示，在外国人问及民族身份时回答"中国人、本民族"身份的比例为67.2%，表示"中国人和本民族不分先后"的比例为26.6%。总体来说，从受访者情况来看，国家意识较民族意识强。具体来看，畲族受访者表示回答"中国人、本民族"身份的比例为65.6%，其他民族受访者相关比例为100%（见表4-44）。

表 4-44　　　　　外国人问及民族身份时回答情况　　　　（%、个）

	中国人、本民族	本民族、中国人	中国人和本民族不分先后	不好回答	样本量
畲族	65.6	1.6	27.9	4.9	61
其他民族	100.0	0.0	0.0	0.0	3
总计	67.2	1.6	26.6	4.7	64

六　民族政策

总体来说，景宁畲族自治县受访居民在对少数民族及少数民族地区实施计划生育政策的评价方面，58.2%的受访居民认为"好"，认为"不好"的占 6.0%，认为"不清楚"的占 23.2%。从民族维度看，汉族受访居民对计划生育政策的评价，认为"好"的比例为 53.5%，认为"不好"的比例为 6.5%，表示"不清楚"的比例为 26.1%。畲族受访居民对民族地区计划生育政策评价最高，认为"好"的比例达到了 82.5%（见表 4-45）。

表 4-45　　　景宁畲族自治县受访居民对计划生育政策的评价　　（%、个）

	好	一般	不好	不清楚	样本量
汉族	53.5	13.9	6.5	26.1	368
畲族	82.5	6.3	3.2	7.9	63
总计	58.2	12.6	6.0	23.2	435

景宁畲族自治县受访居民对针对民族地区高考加分政策满意度较高。56.6%对少数民族高考加分政策持"满意"态度，认为"不满意"的占14.3%，表示"不清楚"的占 29.2%。从民族维度看，畲族受访者持"满意"态度的比例 68.3%，表示"不清楚"的比例为 31.7%，可见，在畲族受访者中，知晓相关政策的受访者都持满意态度。汉族受访者表示"满意"的比例为 54.1%，表示"不满意"的比例为 16.8%，还有29.1%的汉族受访者表示"不清楚"（见表 4-46）。

表 4-46　　景宁畲族自治县受访居民对民族地区高考加分政策的态度　（%、个）

	满意	不满意	不清楚	样本量
汉族	54.1	16.8	29.1	368

续表

	满意	不满意	不清楚	样本量
畲族	68.3	0.0	31.7	63
总计	56.6	14.3	29.2	435

景宁畲族自治县受访者对于针对少数民族的高考加分政策的态度，总体来说，持"满意"态度的比例为53.8%，持"不满意"态度的比例为17.7%，有28.5%的受访者表示"不清楚"。从民族维度来看，畲族受访者对针对少数民族的高考加分政策持"满意"态度的比例为69.8%，表示"不清楚"的比例为30.2%，与对于针对民族地区的高考加分政策一样，对于知晓此政策的受访者，都持满意态度。汉族受访者持"满意"态度的比例为50.5%，持"不满意"态度的比例为20.9%，表示"不清楚"的比例为28.5%（见表4-47）。

表4-47 景宁畲族自治县受访居民针对少数民族高考加分政策的态度

（%、个）

	满意	不满意	不清楚	样本量
汉族	50.5	20.9	28.5	368
畲族	69.8	0.0	30.2	63
总计	53.8	17.7	28.5	435

当问及"长期居住在城市的少数民族，子女是否应该加分"时，41.8%的受访居民认为"应该"，认为"不应该"的占26.4%，"不清楚"的占31.8%。汉族受访居民认为长期居住在城市的少数民族子女高考"应该"加分的占38.1%，认为"不应该"的比例为29.3%。畲族受访居民认为"应该"加分的比例高于汉族受访居民，相关比例为61.3%，认为"不应该"加分的比例仅为11.3%（见表4-48）。

表4-48 景宁畲族自治县受访居民对少数民族子女高考加分政策的态度　（%、个）

	应该	不应该	不清楚	样本量
汉族	38.1	29.3	32.6	362
畲族	61.3	11.3	27.4	62
总计	41.8	26.4	31.8	428

关于民族地区特殊优惠政策的评价,景宁畲族自治县受访居民中62.1%持"满意"态度,"不满意"的仅占9.5%,还有28.4%表示"不清楚"。从受访者情况来看,说明对特殊优惠政策的宣传力度仍有待加强。从民族维度来看,畲族受访居民持"满意"态度比例最高,相关比例为77.8%。汉族受访居民持"满意"态度的比例为59.5%,表示"不清楚"的比例为30.3%(见表4-49)。

表4-49　景宁畲族自治县受访居民对民族地区特殊优惠政策的评价

(%、个)

	满意	不满意	不清楚	样本量
汉族	59.5	10.2	30.3	363
畲族	77.8	4.8	17.5	63
总计	62.1	9.5	28.4	430

七　简要结论

本报告利用2014年浙江景宁畲族自治县经济社会发展综合调查数据得到了以下主要结论。

在就业方面,景宁畲族自治县虽然地处浙江省,但农村与城镇的受访居民主要从事农林牧渔水利生产,其中农村受访者的比例为53.2%,城镇受访者的比例为42%。其次,农村受访者中从事商业、服务业人员较多,相关比例为41.9%,城镇受访者则从事国家公务人员的比例较大,为42%。

从农村受访者寻找非农工作的途径来看,表示其他途径的比例为55.8%。其次为通过家人/熟人介绍,比例为18.3%。直接申请(含考试)和家人亲戚介绍的比例均为6.7%。政府/社区安排介绍的比例仅为5.8%。从城镇受访劳动力就业途径来看,27.3%的受访者主要通过政府或社区安排介绍就业,通过直接申请(含考试)实现就业的占29.5%。

关于非农户口受访者的劳动力流动区域,70%的非农户口受访劳动力主要流动区域为乡镇内,在乡外县内区域流动的比例为25%,县外省内占3.3%,省外国内仅占1.7%。从民族维度看,非农户口受访者中以汉族为主,汉族受访者以乡镇内为主要流动范围,比例为74.5%。总体上看,城乡受访者固守家园的思想占主流。

目前景宁畲族自治县受访居民居住的房屋中，84.7%为自有住房，6.2%为租住的廉租房，5.7%为租住私人住房，租住亲友住房的为1.9%。迫切想改善住房的受访家庭不足三分之一。农村受访者中47.5%的受访居民对现住房持满意态度，不满意的占20.7%。城镇受访者中对现住房持满意态度的比例为64.1%，不满意的仅占8.5%。和城镇受访者相比，农村受访者总体满意度不高。

总体来看，景宁畲族自治县少数民族受访居民中认为本民族最具特色的文化类型是传统服饰；其次是传统节日；再次是传统民居。对于少数民族受访者子女接受本民族语言、文化和风俗习惯的意愿，总体来说，普遍表示愿意接受。畲族受访居民认为本民族文化的主要传承途径是家庭、邻里、亲朋耳濡目染。畲族受访者认为应以保护本民族传统文化为主，不赞同过度商业化的比例为37.3%；认为应以发展经济，提高现代生活水平为主的比例为32.2%；有30.5%的受访者表示"不好说"。

畲族受访者最先习得的语言是本民族语言的相关比例为66.1%。在普通话掌握能力方面，景宁畲族自治县受访居民中31.1%能够流利准确地使用普通话，能熟练使用普通话但有些音不准的占27.9%，能熟练使用但口音较重的比例占19.7%，基本能用普通话交谈但不太熟练的占10.9%。

从民族交往的意愿来看，景宁各族受访者之间的交往意愿都较高。景宁畲族自治县本地受访居民中对外来人口的开放程度较高。本地居民对县外省内的外来流入人员持欢迎态度的比例为82.8%，对省外国内的外来流入人员持欢迎态度的比例为81.4%，对外国人持欢迎态度的比例为79%。

第五章

西藏那曲县经济社会发展综合调查报告

那曲，藏语意为"黑河"。1751年清王朝在那曲建立了藏北高原的第一个宗——坎囊宗，并隶属西藏地方噶厦政府管辖，后隶属噶厦政府绛恰基巧的那曲宗。1956年10月，自治区筹备委员会在那曲设立基巧办事处。1959年10月，那曲县人民政府成立。县府驻那曲镇。1960年1月经国务院批准，正式将西藏的"黑河地区"改名为"那曲地区"。那曲县位于中国西藏自治区境内（东经91°12′—93°02′，北纬30°31′—31°55′）。那曲地处唐古拉山脉与念青唐古拉山脉之间。东西最大距离233千米，南北最大距离185千米，总面积1.6万平方千米。那曲县境内多山，地势呈西北向东南缓坡状，坡度较为平缓，多数山呈浑圆状，属高原丘陵地形。那曲县属高原亚寒带季风半湿润气候区。平均海拔4500米以上，高寒缺氧，气候干燥，年平均气温为-2.2℃，年降水量400毫米以上，全年没有绝对无霜期。那曲县辖3个镇、9个乡，共有160个行政村（居委会）。那曲县是纯牧业县，草原面积1.25万平方千米，可利用草场面积1.05万平方千米。牲畜品种主要有牦牛、绵羊、山羊和马。那曲县是青藏公路（109国道）、黑昌公路（317国道）、那（曲）班（戈）阿（里）公路的交会点和青藏铁路的中转站。

2014年那曲县调研主要选点为那曲县古露镇，位于县境西南部，距县城那曲镇90千米，是藏北通往藏中、藏南的门户。古露，藏语为"黄羊聚居的山沟"之意。古露镇的经济以牧业为主，兼有副业。草场面积102.67万亩，主要饲养牦牛、绵羊、山羊、马。盛产酸奶、酥油、奶渣、风干肉等。交通便利，青藏公路穿境而过，青藏铁路横贯境内。

一 调查对象基本情况

本报告关于"西藏那曲地区那曲县经济社会发展综合调查"的分析数据来源于中国社会科学院民族学与人类学研究所主持开展的中国社会科学院创新工程重大专项"21世纪初中国少数民族地区经济社会发展综合调查"2014年在那曲县的家庭问卷抽样调查数据。那曲县的样本回收数为405份,调查对象包括那曲县各民族成员。问卷回收整理录入后,主要使用社会统计软件SPSS加以统计分析。调研对象的基本情况见表5-1。

表5-1　　　　　　　　那曲县人口基本特征　　　　　　　　（%）

性别	男性	63	宗教信仰	佛教	84.8	户籍	农村	69.9
	女性	37		没有宗教信仰	13.2		城镇	29.4
民族	藏族	97.8		伊斯兰教	0.5		居民户口（之前是城镇户口）	0
	汉族	1.7		不知道	1.2		居民户口（之前是农业户口）	0.5
	蒙古族	0.2		不想说	0.2	职业	农林牧渔水利生产人员	36.4
	其他	0.3	受教育程度	未上学	57.0		不便分类的其他从业人员	41.6
年龄	18—30岁	29.5		小学	19.8		国家机关党群组织、事业单位工作人员	12.4
	31—45岁	29.7		初中	6.9		商业、服务业人员	5.2
	46—60岁	33.6		高中	7.7		国家机关党群组织、事业单位负责人	4.0
	61岁及以上	7.2		大学专科及以上	8.7		专业技术人员	0.4

注：(1) 民族维度中"其他民族"指回族。
　　(2) 职业类型是按照人力资源和社会保障部职业能力建设司公布的国家职业分类目录编制而成,详情可参见网站：http://ms.nvq.net.cn/nvqdbApp/htm/fenlei/index.html。

那曲县被访群体男女比为1.7∶1,男性比例明显高于女性。在年龄分布方面,31岁至60岁占63.3%,30岁以下的年轻人和达到退休年龄的人分别占29.5%、7.2%。作为高原的纯牧业县,其藏族比例高达97.8%,汉族受访者次多,约占1.7%。在户籍类型方面,农业户口占69.9%,城镇户口占29.4%。受教育程度上,接受了大学专科及以上教育的仅为8.7%。受教育程度在初中及以下的占83.7%。总体来看,受教育程度不高。职业类型分布方面,不便分类的其他从业人员占41.6%,间接反映了问卷现有的职业测量尚不能很好适应高原牧业居民生活实际;其次为"农林牧渔水利生产人员",约占36.4%;再次为国家机关事业单位人员合占16.4%,专业技术人员仅为0.4%。在宗教信仰方面,信仰佛教的占84.8%,无宗教信仰的占13.2%,信仰伊斯兰教的约占0.5%,不清楚自己宗教信仰情况的占1.2%。

如表5-2所示,本次调查数据中,那曲县流动人口受访者有43位,占总样本量的11.3%,这就为本报告对藏区的流动人口分析提供了可能性。在表5-2中本地户籍与外来人口约为8:1。在农村户籍中,该比例约为9:1,在非农业人口中该比例接近6:1。

表5-2　　　　　　　那曲县藏族城乡受访者来源地分布

户籍所在地	农村	城镇	合计
本地（%）	90.4	84.6	88.7
外来（%）	9.6	15.4	11.3
样本量（个）	271	117	388

由于本次调查的那曲藏族比例高达97.8%,下文主要以那曲藏族城乡受访者为分析对象。

二　经济生活

"稳定"和"发展"是藏区发展的时代主题。对于高原牧业县那曲也不例外。

(一) 家庭总体收支情况

表5-3(1)是那曲县调查样本总体收入和支出的平均值。那曲县受访家庭的年"家庭总收入"均值是27280元,人均年收入为7412元,高于2012年那曲农牧业人均纯收入5586元[1]的统计数据,是其收入的主要来源。非农收入尚未成为当地家户获取现金的主要手段,只有38个家户明确表示有该项收入,有机会从事非农产业的受访家户可从该项获得补贴

---

[1] 《西藏统计年鉴2013》,中国统计出版社2013年版,第129页。

较多，年平均"非农收入"为37387元，超过了当地受访家庭总收入的平均水平。政府转移支付和社会救济收入对受访家户总收入的贡献在三分之一左右，但享受这部分收入的受访者规模在10—20户。

从支出看，受访家庭在2013年"家庭总支出"平均值是33551元，其中生活性支出仍是最主要的支出，生产性支出约为生活性支出的三分之一，但回答这部分支出的有效样本约占总体的20%。受访家庭的医疗支出与生产性支出金额不相上下。此外，教育支出排在第四位，比西藏白朗县农区受访家庭少支出近2000元。"宗教支出"平均为1781元，报告该支出的家庭占样本总体的40%左右。新农合医疗报销约能抵扣当地百姓医疗支出金额平均在2218元，约占支出的30%。

表5-3（1） 那曲县藏族受访家庭收支情况

| \multicolumn{6}{c}{那曲县收支总体情况} |
收入	有效样本（个）	平均（元）	支出	有效样本（个）	平均（元）
家庭总收入	216	27280	家庭总支出	205	33551
农牧业收入	200	20756	生活性支出	246	21635
非农收入	38	37387	生产性支出	78	7084
政府转移支付	90	8641	医疗支出	215	7115
医疗报销	172	2218	教育支出	163	5307
社会救济收入	34	10309	节庆活动	227	5272
低保收入	40	2380	人情往来	214	2616
			宗教支出	169	1781

此项调查中的有效样本中，农村受访家庭为205户，约占总有效样本的95%，故表5-3（2）基本反映那曲当地藏族农村受访家庭的收支情况。其中各项支出和收入占比与那曲县总体情况基本一致，其主要原因是农村样本占总样本的95%。

表5-3（2） 那曲县藏族农村受访家庭收支情况

收入	有效样本（个）	平均（元）	支出	有效样本（个）	平均（元）
家庭总收入	205	27791	家庭总支出	198	33469
农牧业收入	192	21131	生活性支出	234	21764
非农收入	38	37387	生产性支出	74	7129

续表

<table>
<tr><td colspan="6">那曲县收支总体情况</td></tr>
<tr><td>收入</td><td>有效样本（个）</td><td>平均（元）</td><td>支出</td><td>有效样本（个）</td><td>平均（元）</td></tr>
<tr><td>政府转移支付</td><td>89</td><td>11233</td><td>医疗支出</td><td>204</td><td>7296</td></tr>
<tr><td>医疗报销</td><td>161</td><td>2276</td><td>教育支出</td><td>155</td><td>5226</td></tr>
<tr><td>社会救济收入</td><td>32</td><td>10381</td><td>节庆活动</td><td>216</td><td>5403</td></tr>
<tr><td>低保收入</td><td>40</td><td>2380</td><td>人情往来</td><td>203</td><td>2682</td></tr>
<tr><td></td><td></td><td></td><td>宗教支出</td><td>159</td><td>1810</td></tr>
</table>

（二）就业状况

1. 那曲藏族城乡受访者的职业分布

如表5-4所示，对那曲藏族城乡受访者不同职业分布本地/外来情况考察中，农业户口有效样本165人，城镇户口为87人。

表5-4　　那曲县藏族城乡本地/外来受访者的职业分布

	您当前主要从事的职业（%）				
		本地受访者	外来受访者	合计	样本量(个)
农村	国家机关党群组织、事业单位负责人	2.4	0	2.4	4
	国家机关党群组织、事业单位工作人员	2.4	0	2.4	4
	专业技术人员	0.6	0	0.6	1
	各类企业办事人员	1.2	1.8	3.0	5
	商业、服务业人员	2.4	1.2	3.6	6
	农林牧渔水利生产人员	45.5	4.2	49.7	82
	生产、运输设备操作人员及有关人员	0.6	0	0.6	1
	不便分类的其他从业人员	35.2	2.4	37.6	62
	合计	90.3	9.7	100.0	165
城镇	国家机关党群组织、事业单位负责人	5.7	1.1	6.9	6
	国家机关党群组织、事业单位工作人员	19.5	9.2	28.7	25
	各类企业办事人员	2.3	2.3	4.6	4
	商业、服务业人员	3.4	0	3.4	3
	农林牧渔水利生产人员	10.3	0	10.3	9
	不便分类的其他从业人员	42.5	3.4	46.0	40
	合计	83.9	16.1	100.0	87

农村受访者中，"农林牧渔水利生产人员"人数最多，占49.7%；"不便分类的其他从业人员"次多，比例为37.6%。"国家机关党群组织、事业单位"的负责人和工作人员合计占4.8%，全部来自本地，其中负责人与工作人员约为1∶1。外来人口最集中的职业是"农林牧渔水利生产人员"，约占农村人口的4.2%。农村外来人口约占农村人口的9.7%。

在城镇户口受访者中，"不便分类的其他从业人员"比例高达46.0%，占第一位。"国家机关党群组织、事业单位工作人员"比例次高为28.7%，约三分之一为外来人口。负责人与工作人员的比例约为1∶4。在那曲城镇户口受访者中，"农林牧渔水利生产人员"仅占10.3%。

2. 那曲藏族城乡受访者对外来流动就业人口的态度

从表5-5可知，总体上那曲藏族受访者中城镇受访者较之农村受访者，对外来人口呈现更开放的态度。针对县外省内的外来流入人员，那曲农村受访者表示欢迎的约占全部受访者的85.8%，城镇受访居民表示"欢迎"的比例高达90.7%。由于那曲位于西藏自治区，所以这部分外来人口仍以藏族为主。其次，对省外国内的外来流入人员，农村受访者中表示"欢迎"的约占70.9%，城镇受访者约86.4%明确表示"欢迎"。对来访的外国人，那曲藏族农村受访者表示"欢迎"的比例为53.3%，城镇受访者表示"欢迎"的比例为59.3%。这间接表明，作为藏族一个纯牧业县，无论是当地人还是外地受访者对省内流动人员——国内流动人员——外国人的欢迎程度呈现差序格局，这种差序的条件包含着对文化差异以及政体+文化差异不同类别的考量。此外，还可以观察到，虽然城乡受访者明确表示"欢迎"的比例降低，但明确表示"不欢迎"的比例并未呈现明显增长，特别是农村受访者。农村受访者对三类外来人口明确表示"不欢迎"的比例均低于城镇户籍受访者，且最高不足4%。选择"视情况而定"的受访者中，随着上述文化及政体的差异程度，呈现了明显的递增趋势。农村受访者对省外流动人口的观望态度变化较大，对省外国内的流动人口持观望态度的受访者比省内流动人口高出近15个百分点。另外还有五分之一的农村户籍受访者对国外流动人口表现出了不知所措，选择"不清楚"，比对国内流动人口的同一指标高出近15个百分点，较引人注目。城镇受访者对外国人的观望态度以及不置可否的比例均较国内流入人员高出10个百分点左右。

表 5-5　　那曲县藏族城乡受访居民对流动就业人口的态度

对于本市县以外的流入人员的欢迎程度考察（%）

		农业	非农业	合计	样本量(个)
县外省内的外来流入人员	欢迎	85.8	90.7	87.3	331
	不欢迎	2.3	3.4	2.6	10
	视情况而定	4.6	4.2	4.5	17
	不清楚	7.3	1.7	5.5	21
	合计	261	118	379	
省外国内的外来流入人员	欢迎	70.9	86.4	75.7	287
	不欢迎	2.3	5.9	3.4	13
	视情况而定	19.2	5.9	15.0	57
	不清楚	7.7	1.7	5.8	22
	合计	261	118	379	
外国人	欢迎	53.3	59.3	55.1	209
	不欢迎	3.8	12.7	6.6	25
	视情况而定	20.7	14.4	18.7	71
	不清楚	22.2	13.6	19.5	74
	合计	261	118	379	

3. 理想的打工区域

在对受访者理想打工区域的考察中，可以看到，农村受访者与城镇受访者的选择分布基本相同。首选都是"县城之内"，农村受访者中占53.2%，城镇受访者中占64.9%；其次选择都是"县外省内，无所谓远近"，农村受访者中占26.4%，城镇受访者中占16%；再次选择都是"县外省区内家附近的市/县"，可见受访者理想的打工区域对"省内外"敏感，但对"县外省内的距离"并不敏感。

表 5-6　　那曲县藏族城乡受访者的理想打工区域

	B14 如果能找到工作机会，您最愿意去下列哪个地区工作？（%）							样本量(个)
	县城之内	县外省区内家附近的市/县	县外省内，无所谓远近	本省区相邻的外省区	本省区外非相邻省区	东部一线大城市	其他	
农村	53.2	15.3	26.4	0.5		0.5	4.2	216
城镇	64.9	11.7	16.0	0.0	1.1		6.4	94
合计	56.8	14.2	23.2	0.3	0.3	0.3	4.8	310

(三) 住房情况

如表 5-7 所示，对现有住房及其满意度考察的城乡有效样本分别为 114 个和 250 个，无论城乡受访者，均以自主主屋为主，其中农村受访者自有住房比例为 92.8%，城镇为 71.9%。城乡受访者表示"满意"的比例都超过了 50%，分别为 52.6% 和 62.4%。无论城乡，租房户的满意度均不足各自总体样本的 50%，可见拥有自己的住房对住户的住房满意度有一定影响。

表 5-7　　那曲县藏族城乡受访者对现有住房及满意度的考察

		您对目前的住房和住房政策满意吗——对当前的住房满意度（%）					
	住房类型	满意	一般	不满意	不清楚	合计	样本量(个)
农村	自有住房	58.8	20.8	10.8	2.4	92.8	232
	租/住廉租房	0.8	0.8	0.4		2.0	5
	租/住亲友房	2.0	0.4			2.4	6
	其他（请注明）	0.4	0.8	1.2		2.4	6
	不清楚	0.4				0.4	1
	合计	62.4	22.8	12.4	2.4	100.0	250
	样本量（个）	156	57	31	6	250	
城镇	自有住房	41.2	20.2	8.8	1.8	71.9	82
	租/住廉租房	7.0	6.1	3.5	0.9	17.5	20
	租/住亲友房	0.9	3.5			4.4	5
	租/住私人房	1.8	0.9			2.6	3
	其他（请注明）	1.8	0.0	0.9	0.9	3.5	4
	合计	52.6	30.7	13.2	3.5	100.0	114
	样本量（个）	60	35	15	4	114	

如表 5-8 所示，住房满意度及受访者改善住房意愿关系的考察中，城乡有效样本分别为 117 个和 246 个。随着住房现状满意度的提升，受访者改善住房的意愿呈下降趋势。城乡对住房现状表示"满意"的受访者中，"迫切"改善住房的比例均不足一半，明确表示"不满意"的受访者有 46 人，"迫切"改善住房的比例高达 86%，这部分人群中没有人"不想改善"住房。对现有住房感觉"一般"的受访者有 91 人，"迫切"想

改善住房的受访者比例也高达73%，而且这部分受访者明确表达了自己改善住房的种种意愿，无人表示"不清楚"。由于不同选择间的有效样本差距悬殊，不具备进一步比较的价值。

表5-8 那曲县藏族城镇和农村住房满意度与改善住房意愿关系的考察

		您打算改善住房的意愿迫切吗？（%）						
		迫切	一般	不迫切	不想改善	不清楚	合计	样本量（个）
农村	满意	29.7	13.8	7.3	10.6	1.6	63.0	155
	一般	14.2	3.3	2.4	2.4		22.4	55
	不满意	10.6	0.8	0.8			12.2	30
	不清楚	1.2	0.4	0.8			2.4	6
	合计	55.7	18.3	11.4	13.0	1.6	100.0	246
	样本量(个)	137	45	28	32	4	246	
城镇	满意	20.5	12.8	5.1	11.1	3.4	53.0	62
	一般	25.6	3.4	1.7			30.8	36
	不满意	12.0	0.9			0.9	13.7	16
	不清楚		1.7			0.9	2.6	3
	合计	58.1	18.8	6.8	11.1	5.1	100.0	117
	样本量(个)	68	22	8	13	6	117	

（四）消费品需求考察

如表5-9所示，城乡受访者对希望添加的消费品呈现一定结构性差异。家用汽车、电脑和制冷设备的需求无论城乡都最具普遍性。这三项需求的表达，反映了高海拔地区目前地广人稀，电力、网络等基础设施建设相对不足，与人民生活水平日益提高的物质文化需求间的矛盾。此外，农村受访者对"摩托车"和"洗衣机"表达了青睐，而城镇受访者对"数字电视"和"空调"的需求强烈。前者的需求在一定程度上仍是基本生活必备的，而后者的需求则表达了对高质量生活的追求。此外，备注中城乡需求也有差异，农村需求主要涉及取暖、用水、房屋、牲畜和天然气，反映了部分受访农民的基本安居需求仍存在一定问题。

表 5-9　那曲县藏族城乡受访者希望添加的消费品加权频次

		洗衣机	电冰箱或冰柜	微波炉	数字电视	空调	生产性机动车	家用汽车	电脑	摩托车	合计	其他
农村	加权频次	6	14	7	10	10	2	32	20	8	109	房子、电动车
	排序		3		4	4		1	2			
城镇	加权频次	28	29	15	17	14	24	65	33	29	254	房子、牲畜、水井、天然气、暖气
	排序	5	3					1	2	3		

（五）对经济生活的评价考察

表 5-10 显示，有 394 位受访者对近 5 年生活水平的变化给予了评价，392 位受访者对未来 5 年的生活水平进行了预期。在两项评价中，无论城乡，均有超过七成的受访者感觉生活水平呈上升趋势，且农村受访者都略高于城镇受访者。但上升程度上无论是现状还是预期都呈现了城乡差异，农村受访者选择"略有上升"的多于"上升很多"，而城镇受访者选择"上升很多"的多于"略有上升"。

表 5-10　那曲县藏族城乡受访者对生活现状的评价及对未来的展望

	未来 5 年您的生活水平变化（%）			与 5 年前相比，目前生活水平（%）		
	农村	城镇	合计	农村	城镇	合计
上升很多	35.8	38.1	36.5	36.6	44.1	38.8
略有上升	38.3	33.1	36.7	49.3	38.1	45.9
没有变化	7.7	10.2	8.4	7.2	11.9	8.6
略有下降	1.5		1.0	2.5	3.4	2.8
下降很多	0.4		0.3	1.8	0.8	1.5
不好说	16.4	18.6	17.1	2.5	1.7	2.3
样本量（个）	274	118	392	276	118	394

此外，城镇受访者预期上升的比例（71.2%）比其现状评价上升（82.2%）低了 10 个百分点，农村受访者同类数据分别是 74.1% 和 85.9%，也下降了约 10 个百分点。与此同时，城乡从现状到预期选择"不好说"的比例分别上升了 16.9 个和 13.9 个百分点。表明了近六分之一的人群并不认为近 5 年发展状况与未来发展关系较大。

由表 5 – 11 的进一步细分可知,既参加近 5 年生活评价也参加对未来生活预期的农村受访者 274 个,城镇受访者 118 个。农村受访者中近 5 年评价上升的受访者中,超过 70% 的人认为未来仍会上升,且无论是"上升很多"还是"略有上升"的预期,均有超过一半的受访者与近 5 年评价相同。认为近 5 年"没有变化"的受访者也有 65% 的受访者预期会有上升,但感觉近 5 年下降的受访者有 40%—60% 认为未来"不好说"。

表 5 – 11　　那曲县藏族城乡受访者现状评价与未来展望间的关系

			与 5 年前相比,您的生活水平有什么变化?(%)					
			上升很多	略有上升	没有变化	略有下降	下降很多	不好说	合计
未来 5 年中,您的生活水平	农村	上升很多	73.0	12.6	25.0	14.3	20.0	14.3	35.8
		略有上升	15.0	58.5	40.0	0	20.0	28.6	38.3
		没有变化	0	11.9	10.0	42.9	0	0	7.7
		略有下降	1.0	2.2	0	0	0	0	1.5
		下降很多	0	0.7	0	0	0	0	0.4
		不好说	11.0	14.1	25.0	42.9	60.7	57.1	16.4
		样本量(个)	100	135	20	7	5	7	274
	城镇	上升很多	67.3	15.6	21.4	0	0	0	38.1
		略有上升	21.2	62.2	0	0	0	0	33.1
		没有变化	1.9	4.4	35.7	75.0	100	0	10.2
		不好说	9.6	17.8	42.9	25.0	0	100	18.2
		样本量(个)	52	45	14	4	1	2	118

城镇受访者中认为近 5 年上升的受访者有 80% 左右认为未来还会上升,其中近 5 年"上升很多"的受访者在这一预期上高出近 5 年评价"略有上升"的城镇受访者 10 个百分点。且无论是"上升很多"还是"略有上升"的预期,均有超过 60% 的受访者与近 5 年评价相同。

由表 5 – 12 可知,城乡有效样本分别为 111 个和 259 个,其参照对象在地理空间上均呈现了差序格局。城乡受访者自我经济地位评价中均以"中"和"中下"为主要选择,城乡二者合计分别达到 89.5% 和 62.5%。城乡受访者选择以"本乡村人"为参照对象的比例分别为 27.9% 和 49.4%,是该项考察中二者差异最大的一项。值得注意的是,城镇中以乡县为参照对象的受访者全部认为自己的经济社会地位居于"中"或"中下"。此外,城乡二者相差较大的还有参照对象"说不清"一项,城乡比例分别为 21.6% 和 11.6%。而"亲戚朋友"的生活水平并非一个重要的参考变量，以之为参考的城乡受访者比例均不足 10%。

表 5–12 那曲县藏族城乡受访者对自身社会经济地位的评价及参照对象比较

			您认为您本人的社会经济地位在本地大体属于哪个层次？（%）						样本量（个）
			上	中上	中	中下	下	不好说	合计	
当您把您自己或您家的经济、生活情况与别人相比时，您相比的对象是谁呢	农村	亲戚朋友	0.4		3.5	3.5	0.8	0.4	8.5	22
		本乡村人	2.7	4.6	23.2	13.1	5.4	0.4	49.4	128
		本乡同民族		0.4	1.9	5.8	1.9	0.8	10.8	28
		县里的人	1.2	1.9	6.6	1.5	0.4		11.6	30
		县里同民族			0.4	1.2			1.5	4
		城市人	0.4	0.4	1.5	0.8	0.4	0.4	3.9	10
		同民族	0.4						0.4	1
		全国人		1.5		0.4		0.4	2.3	6
		说不清		1.2	6.6	1.2	1.2	1.5	11.6	30
		合计	5.0	10.0	43.6	27.4	10.0	3.9	100.0	259
		样本量（个）	13	26	113	71	26	10	259	
	城镇	亲戚朋友		0.9	4.5	3.6			9.0	10
		本乡村人			8.1	15.3	4.5		27.9	31
		本乡同民族			1.8	7.2	1.8		10.8	12
		县里的人			13.5	0.9			14.4	16
		县里同民族			9.0	4.5	0.9		14.4	16
		城市人		0.9					0.9	1
		全国人		0.9					0.9	1
		说不清	0.9	1.8	9.0	3.6		6.3	21.6	24
		合计	0.9	4.5	45.9	35.1	7.2	6.3	100.0	111
		样本量（个）	1	5	51	39	8	7	111	

（六）建成小康社会的信心和措施选择

如表 5–13 所示，那曲藏族城乡受访者对加快小康建设过程中不同措施的信心有一定差异，有效样本分别是 111 个和 212 个。农村受访者中，加快以下三项发展，更有助于提高信心："加快发展当地经济"（19.3%）、"加快当地基础设施建设"（15.1%）和"中央政策落实到位"（13.7%）。城镇受访者中则是"加快发展当地经济"（16.2%）、"中央政策落实到位"（16.2%）和"提高就业工资"（14.4%），城乡有一定结构差异。城镇受访者对工资水平的关注，也表明了当地城乡的经济形态呈现了差异。同时，那曲农村基础设施建设对受访者建成小康社会的信心具有明显影响。此外，农村受访者对"提高教育水平"也有较高期待（11.8%），城镇受访者中排在第四位的是"政府更加廉洁"（10.8%）。

表 5-13 那曲县藏族城乡受访者对建成小康社会相关措施的选择

<table>
<tr><th colspan="2" rowspan="2"></th><th colspan="10">为加快本地建成小康社会，您认为本地应采取的有效措施（%）</th><th rowspan="2">样本量（个）</th></tr>
<tr><th>加快发展当地经济</th><th>加快当地基础设施建设</th><th>政府更加廉洁</th><th>中央政策落实到位</th><th>扩大当地就业</th><th>提高就业工资</th><th>调控房价</th><th>提高医疗水平</th><th>提高养老金</th><th>提高教育水平</th><th>合计</th></tr>
<tr><td rowspan="5">农村</td><td>很有信心</td><td>8.5</td><td>7.1</td><td>3.3</td><td>7.1</td><td>4.2</td><td>3.3</td><td>0.5</td><td>5.7</td><td>1.4</td><td>5.7</td><td>46.2</td><td>98</td></tr>
<tr><td>有信心</td><td>9.9</td><td>7.5</td><td>6.1</td><td>6.6</td><td>4.2</td><td>4.2</td><td>0.5</td><td>3.8</td><td>1.9</td><td>5.7</td><td>50.5</td><td>107</td></tr>
<tr><td>没信心</td><td></td><td></td><td></td><td></td><td></td><td></td><td></td><td></td><td>0.5</td><td></td><td>0.5</td><td>1</td></tr>
<tr><td>没听说过</td><td>0.9</td><td>0.5</td><td>0.5</td><td></td><td></td><td>0.5</td><td></td><td>0.5</td><td></td><td></td><td>2.8</td><td>6</td></tr>
<tr><td>合计</td><td>19.3</td><td>15.1</td><td>9.9</td><td>13.7</td><td>8.5</td><td>8.0</td><td>0.9</td><td>9.9</td><td>3.3</td><td>11.8</td><td>100.0</td><td>212</td></tr>
<tr><td></td><td>样本量(个)</td><td>40</td><td>32</td><td>21</td><td>29</td><td>18</td><td>17</td><td>2</td><td>20</td><td>7</td><td>25</td><td>212</td><td></td></tr>
<tr><td rowspan="4">城镇</td><td>很有信心</td><td>8.1</td><td>6.3</td><td>1.8</td><td>4.5</td><td>2.7</td><td>6.3</td><td>0.9</td><td>3.6</td><td></td><td>1.8</td><td>36.0</td><td>40</td></tr>
<tr><td>有信心</td><td>8.1</td><td>6.3</td><td>8.1</td><td>10.8</td><td>6.3</td><td>7.2</td><td>1.8</td><td>2.7</td><td>3.6</td><td>3.6</td><td>58.6</td><td>65</td></tr>
<tr><td>没信心</td><td></td><td>0.9</td><td>0.9</td><td>0.9</td><td></td><td>0.9</td><td>0.9</td><td></td><td></td><td>0.9</td><td>5.4</td><td>6</td></tr>
<tr><td>合计</td><td>16.2</td><td>13.5</td><td>10.8</td><td>16.2</td><td>9.0</td><td>14.4</td><td>3.6</td><td>6.3</td><td>3.6</td><td>6.3</td><td>100.0</td><td>111</td></tr>
<tr><td></td><td>样本量(个)</td><td>18</td><td>15</td><td>12</td><td>18</td><td>10</td><td>16</td><td>4</td><td>7</td><td>4</td><td>7</td><td>111</td><td></td></tr>
</table>

表 5-14 详细考察不同职业者对于加快小康社会建设所采取的措施选择，可以发现 234 个有效样本中，"发展当地经济"、"当地基础设施"和"中央政策落实到位"是前三位的政策期待，这在各职业人群中差异不大，只有国家党政机关事业单位领导人和工作人员对"中央政策落实到位"的期待高于其他群体。除却对这三个方面政策的普遍期待外，各群体的第四诉求则差异较大：国家党政机关事业单位工作人员希望"提高工资"；商业、服务业人员希望"扩大当地就业"；农业生产人员希望"提高教育"；而不便分类人员则希望"政府更廉洁"。

表 5-14 那曲县藏族城乡不同职业受访者对建设小康社会的措施偏好

<table>
<tr><th rowspan="2"></th><th colspan="10">为加快本地建成小康社会，您认为本地应采取的有效措施（%）</th><th rowspan="2">样本（个）</th></tr>
<tr><th>发展当地经济</th><th>当地基础设施</th><th>政府更廉洁</th><th>中央政策落实到位</th><th>扩大当地就业</th><th>提高工资</th><th>调控房价</th><th>提高医疗</th><th>提高养老</th><th>提高教育</th></tr>
<tr><td>国家党政机关事业单位领导人</td><td>40.0</td><td>10.0</td><td>10.0</td><td>20.0</td><td></td><td>10.0</td><td></td><td></td><td></td><td>10.0</td><td>10</td></tr>
<tr><td>国家党政机关事业单位工作人员</td><td>28.1</td><td>15.6</td><td>3.1</td><td>15.6</td><td>6.3</td><td>12.5</td><td>6.3</td><td>3.1</td><td>3.1</td><td>3.1</td><td>31</td></tr>
</table>

续表

	为加快本地建成小康社会，您认为本地应采取的有效措施（%）										样本（个）
	发展当地经济	当地基础设施	政府更廉洁	中央政策落实到位	扩大当地就业	提高工资	调控房价	提高医疗	提高养老	提高教育	
专业技术人员		100.0									1
各类企业办事人员	40.0	20.0		10.0	10.0	10.0				10.0	10
商业、服务业人员	23.1	15.4	7.7	15.4	15.4	7.7		7.7		7.7	13
农业生产人员	26.0	21.9	8.2	13.7	8.2	1.4		8.2	1.4	11.0	73
设备操作人员	100.0										1
不便分类人员	29.9	19.6	12.4	15.5	3.1	3.1	2.1	3.1	3.1	6.2	95
合计	29.1	19.4	8.9	14.8	5.9	4.2	2.1	4.6	2.1	7.6	234

（七）生态观念考察

表5-15表明，长期生活在高海拔牧区的那曲藏族受访者，无论城乡，其生态保护意识清晰，对于自然的脆弱性（自然易被破坏，开发中加强保护）、生命平等（万物与人类一样都有生命）、资源的代际共享（为后代存续须大力保护环境）、开发与利用的长期平衡（继承传统，须平衡好开发与环保）都表现了明确的认知，均有九成以上的受访者表示认同。对资源开发的节制以及环境制约也有较好认知，城乡受访者均有七八成的受访者反对。且农业人口明确反对无节制和大规模开发的环境约束意识（为快致富，没必要考虑环境约束）比城镇人口高出14.3个百分点，关于生态补偿机制的建设，城乡受访者中均有三成左右的受访者表示"不清楚"，但剩余七成的受访者都认为"国家和发达地区需要加强生态补偿机制"建设。

表5-15　那曲县藏族受访者对资源环境与生态保护的态度

	同意	反对	不清楚	样本（本）		同意	反对	不清楚	样本（本）
自然易被破坏，开发中加强保护	97.4	1.1	1.5	270		96.6	1.7	1.7	118
万物与人类一样都有生命	93.7	0.4	5.9	270		93.2		6.8	118
为后代存续须大力保护环境	97.4	1.1	1.5	270	城	99.2		0.8	118
继承传统，须平衡好开发与环保	97.4	0.7	1.9	270	镇	96.6	0.8	2.5	118
为快致富，没必要考虑环境约束	4.1	86.3	9.6	270		17.8	72.0	10.2	118
经济发展和就业，需要大规模开发自然	10.1	67.2	22.8	268		12.7	67.8	19.5	118
国家和发达地区需要加强生态补偿机制	65.8	2.2	32.0	269		73.5		26.5	117

（左侧第一列标注"农村"，右侧标注"城镇"）

三 公共服务与政府管理

(一) 公共设施覆盖及评价

纵观表 5-16 中的 11 项公共基础设施到受访者家的距离分布，可以看出那曲相关设施的城乡差异明显。可推算出，农村基础设施距离受访者住地在 5 千米以内的覆盖率均不足 50%，只有"治安设施"1 项 3 千米以内的覆盖率超过了 30%（31.4%）。最大分布在 5—10 千米的公共设施有"幼儿园"（38.1%）、"小学"（41.2%）、"农贸市场"（38.4%）、"邮电所"（39.4%）和"银行"（36.5%），其中"中学"（41.2%）和"车站"（49.4%）的最大分布分别位于 10 千米以外。"社区卫生医疗"在 5 千米以外的比例超过了 50%。

表 5-16 那曲县藏族城乡受访者家户到相关公共基础设施的距离考察

		从您家到下列公共基础设施的距离（%）					样本量（个）
		小于 1 千米	1—3 千米	3—5 千米	5—10 千米	10 千米以外	不知道	
农村	幼儿园	1.5	16.6	21.5	38.1	17.0	5.3	265
	小学	1.1	15.4	27.3	41.2	13.9	1.1	267
	中学	1.9	12.7	18.0	25.5	41.2	0.7	267
	社区卫生医疗	6.4	21.0	13.5	35.6	22.1	1.5	267
	治安设施	6.4	25.0	14.0	35.2	18.9	0.4	264
	活动中心	1.3	8.3	9.2	21.1	6.1	53.9	228
	运动场所	18.3	6.4	3.4	25.1	2.6	44.3	235
	农贸市场	1.6	18.4	22.4	38.4	11.4	7.8	245
	车站	1.2	4.1	11.5	30.9	49.4	2.9	243
	邮电所	0.8	18.7	21.5	39.4	16.3	3.3	246
	银行	3.9	18.8	20.4	36.5	19.2	1.2	255

续表

		从您家到下列公共基础设施的距离（%）						样本量（个）
		小于1千米	1—3千米	3—5千米	5—10千米	10千米以外	不知道	
城镇	幼儿园	40.2	30.8	12.0	7.7	4.3	5.1	117
	小学	37.6	30.8	15.4	12.0	3.4	0.9	117
	中学	17.8	36.4	16.9	22.0	5.9	0.8	118
	社区卫生医疗	27.6	26.7	13.8	19.0	10.3	2.6	116
	治安设施	58.3	25.2	4.3	6.1	6.1	0.0	115
	活动中心	4.7	12.1	7.5	20.6	15.9	39.3	107
	运动场所	4.3	2.6	3.5	6.1	4.3	79.1	115
	农贸市场	19.7	21.4	30.8	8.5	7.7	12.0	117
	车站	9.4	18.8	13.7	18.8	37.6	1.7	117
	邮电所	12.8	23.1	38.5	10.3	12.0	3.4	117
	银行	33.9	22.9	22.9	6.8	12.7	0.8	118

而城镇除"活动中心"、"运动场所"和"车站"外的其他各项在5千米以内的覆盖率，均在70%以上，其中3千米以内覆盖率超过50%的分别有"治安设施"（83.5%）、"幼儿园"（71%）、"小学"（68.4%）、"社区卫生医疗"（54.3%）、"中学"（54.2%）和"银行"（56.8%）。

此外，"活动中心""运动场所"在5千米以内覆盖比例最低，城乡受访者在这两项中选择"不知道"的比例在近40%和近80%，表明这两项考察与那曲现实生活有一定距离。

由表5-17可知，城乡藏族受访者公共设施满意度众数大多集中在"满意"一项。有一半以上的农村受访者在"社区卫生医疗机构"和"农贸市场"两项选择集中在"一般"，分别达到了50.4%和53.7%，此外众数出现在"一般"的，还包括"车站"、"邮电所"，分别达到了40.3%和42.6%。参照表5-16可知，农村受访者距这些公共设施的距离众数几乎都集中在5千米以外，此外虽然农村受访者距"中学"的众数也是5千米以外，但并不对受访者满意度有明显影响。便利性并非受访者评价中学等教育设施满意度的核心指标。

表 5-17　　那曲县藏族城乡受访者对公共设施的满意度考察

		对下列公共基础设施使用效果的满意度（%）					样本量（个）
		满意	一般	不满意	不好说	没有该设施	
农村	幼儿园	53.8	26.7	6.8	7.5	5.3	266
	小学	60.3	30.5	6.6	1.8	0.7	272
	中学	60.7	27.6	8.8	2.2	0.7	272
	社区卫生医疗机构	36.8	50.4	9.6	2.6	0.7	272
	治安设施	45.0	43.1	8.2	2.6	1.1	269
	活动中心	13.3	25.8	4.4	3.6	52.9	225
	运动场所及器材	17.1	30.9	5.1	1.4	45.6	217
	农贸市场	22.9	53.7	12.1	4.3	6.9	231
	车站	28.1	40.3	16.0	12.1	3.5	231
	邮电所	41.3	42.6	9.8	3.4	3.0	235
	银行	52.4	34.3	10.7	2.2	0.4	271
城镇	幼儿园	53.8	26.7	6.8	7.5	5.3	118
	小学	72.0	20.3	3.4	4.2		118
	中学	68.6	24.6	1.7	5.1		118
	社区卫生医疗机构	42.4	42.4	9.3	5.9		118
	治安设施	66.7	30.8	2.6			117
	活动中心	13.6	19.1	8.2	15.5	43.6	110
	运动场所及器材	13.8	4.6	9.2	3.7	68.8	109
	农贸市场	24.8	39.8	13.3	9.7	12.4	113
	车站	36.0	33.3	16.7	10.5	3.5	114
	邮电所	39.5	36.2	14.0	8.8	0.9	114
	银行	56.5	38.3	4.3	0.9		115

相对而言，城镇受访者对公共设施的满意度更好，如表 5-17 所示，城镇受访者的满意度众数出现在"一般"的仅有"社区卫生医疗机构"和"农贸市场"，分别是 42.4% 和 39.8%。二者在 3 千米以内的覆盖率并不算高，同时也不能排除其他因素对受访者满意度的影响。

（二）社会保障及覆盖

从表 5-18 可知，那曲县城乡受访者社会保险参保率最高的均为医疗保险，"城镇居民基本医疗保险"和"新型农村合作医疗"的参保率分别为 68.5% 和 81.3%，这两项的满意度分别是 55.3% 和 72.2%。此外，"城镇低保"的参保率也达到了 60.9%，其满意度达到了 67.8%，超过了城镇受访者中满意度最高的险种。此外，尽管城乡受访者中养老保险的参保率均不足 50%，但对二者的满意度几乎与参保率相当，农村受访者对此项的满意度甚至超过了参保率 10 个百分点，反映了受访者对这一险种及其背后的敬老理念的认同。

表 5-18 那曲县藏族城乡受访者参加社会保障及其满意度基本考察

		参保情况（%）			满意度（%）			样本（个）
		参保率	未参保	样本（个）	满意	一般	不满意	
城镇	城镇职工基本医疗保险	49.1	50.9	110	42.2	56.6	1.2	83
	城镇居民基本医疗保险	68.5	31.5	111	55.3	39.4	5.3	94
	城镇居民养老保险	47.3	52.7	110	46.2	51.3	2.6	78
	城镇低保	60.9	39.1	110	67.8	28.7	3.4	87
	失业保险	6.4	93.6	109	1.9	94.2	3.8	52
农村	新型农村合作医疗	81.3	18.7	262	72.2	23.9	3.8	234
	新型农村养老保险	33.7	66.3	181	44.2	51.6	4.2	95
	农村五保	1.1	98.9	180	5.6	90.7	3.7	54
	农村低保	32.3	67.7	195	42.7	56.3	1.0	96
	高龄津贴	0.6	99.4	178	5.8	92.3	1.9	52

（三）信息交流途径考察

如表 5-19 所示，那曲藏族城乡受访者平时获得信息和文化知识的四条最主要途径基本一致，排在第一位的都是电视，农村受访者和城镇受访者比例分别是 41.6% 和 35.9%，排在城镇第二位的是广播（26.2%），排在农村第二位的则是手机（21.3%），排在农村受访者和城镇受访者第三位的分别是广播（19%）和手机（16.5%），网络则排在第四位，农村受访者和城镇受访者比例分别是 7.7% 和 10.7%。

表 5-19 那曲县藏族城乡受访者平时获得信息和文化知识的主要途径

		您平时获得信息和文化知识的主要途径							样本量（个）
		网络	广播	电视	手机	农家书屋	公共图书馆	政府办培训班	其他	
农村	加权%	7.7	19.0	41.6	21.3	3.2	1.4	0.9	5.0	221
城镇	加权%	10.7	26.2	35.9	16.5	1.0	1.0	2.9	5.8	103

四 民族政策与民族关系

(一) 计划生育政策

如表 5-20 所示,那曲藏族城乡受访者对少数民族地区及少数民族实行计划生育政策的评价有效样本分别是 50 个和 148 个,且存在结构差异:农村受访者的评价众数分布在"不清楚",比例为 40.5%。城镇受访者的评价众数分布在"好",约占 36%。认为"不好"的受访者,无论城乡都趋向于"废除计划生育子女数量限制政策,由家庭自主决定",在一定程度上反映了受访者真实的生育意愿。

表 5-20　　那曲县藏族城乡受访者对少数民族地区及少数民族实行计划生育政策的评价考察

			如果您认为针对少数民族地区及少数民族实行计划生育政策不好,该如何调整?(%)					样本量(个)
			全国各地区各民族一样	全国城市生育子女数统一	废除计划生育子女数量限制政策,由家庭自主决定	其他	合计	
您对目前针对少数民族地区及少数民族实行计划生育政策如何评价?	农村	好	7.4	7.4	11.5		26.4	39
		一般	3.4	8.1	3.4	0.7	15.5	23
		不好	2.7	1.4	12.8	0.7	17.6	26
		不清楚	10.1	2.0	13.5	14.9	40.5	60
		合计	23.6	18.9	41.2	16.2	100.0	148
	城镇	好	12.0	10.0	12.0	2.0	36.0	18
		一般	4.0	6.0	8.0	8.0	26.0	13
		不好			14.0	8.0	22.0	11
		不清楚	6.0		4.0	6.0	16.0	8
		合计	22.0	16.0	38.0	24.0	100.0	50

(二) 高考加分政策

如表 5-21 所示,关于高考加分政策,城镇受访者的赞同率以及满意度都高于农村受访者近 20 个百分点,分别为 83.9% 和 85.6%,农村受访者对此项政策的赞同率和满意度均在六成左右。值得注意的是,农村约有三成受访者"不清楚"此项政策,高出城镇受访者约 15 个百分点。尽管"少数民族高考加分"政策有利于促进少数民族接受高等教育,但对于以藏文藏语为母文化的藏族而言,该项政策在实践中更可能为城镇藏族把握,而教育基础更为薄弱的农村地区可能由于过早辍学,而不具备享受这一政策的基本条件,因而也失去了了解这一政策的可能。

表 5-21　　那曲县藏族城乡受访者对少数民族/民族地区高考加分政策评价考察

	少数民族长期在城市居住,其子女高考是否应加分?(%)				您如何评价针对民族地区的高考加分政策?(%)			
	应该	不应该	不清楚	样本量(个)	满意	不满意	不清楚	样本量(个)
农村	64.2	5.6	30.2	268	66.3	2.2	31.5	273
城镇	83.9	0.9	15.2	112	85.6	2.5	11.9	118

(三) 语言现状及政策评价考察

如表 5-22 所示,那曲藏族城乡受访者在普通话能力方面有明显差异,能用普通话交谈的城乡受访者比例分别是 48% 和 17.3%。在汉语方言以及本民族语言的交谈能力上不存在明显差异,能使用汉语方言的均不足 3%,这种方言主要指四川话,能用藏语交谈的受访者均在 97% 以上。

表 5-22　　那曲县藏族城乡受访者语言基本现状考察

	您现在能用哪些话(语言)与人交谈?						
	普通话		汉语方言			本族语言	
	占比(%)	样本量(个)	占比(%)	样本量(个)	备注	占比(%)	样本量(个)
农村	17.3	254	2.4	254	四川话	98.0	254
城镇	48.0	102	2.9	102	四川话	97.1	102

表 5-23 进一步反映了受访者双语使用能力,那曲藏族受访者中有关藏语和普通话能力考察的有效样本分别是 357 个和 192 个。有关语言的能力,无论城乡都有 97% 受访者"能流利准确地使用"藏语,但"能流利准确地使用"普通话的藏族城乡受访者分别占 42.4% 和 17.5%。农村受访者中明确"听不懂也不会说"的受访者超过了一半(51.6%),城镇受访者中不考虑说普通话的能力,能听懂的受访者在 80%,二者差异明显。

作为一个藏族人口占97%以上的高海拔纯牧业县,这两个数据反映了双语教学以及推广普通话的必要性。

表5–23　那曲县藏族城乡受访者母语及汉语普通话能力考察

	藏语（%）			普通话（%）		
	农村	城镇	合计	农村	城镇	合计
能流利准确地使用	97.2	99.1	97.8	17.5	42.4	26.0
能熟练使用但有些音不准	1.2	0.0	0.8	9.5	7.6	8.9
能熟练使用但口音较重	0.0	0.9	0.3	4.0		2.6
基本能交谈但不太熟练	0.4		0.3	6.3	9.1	7.3
能听懂但不太熟练	0.4		0.3	3.2	21.2	9.4
能听懂一些但不会说				7.9	6.1	7.3
听不懂也不会说	0.8		0.6	51.6	13.6	38.5
样本量（个）	247	110		126	66	

表5–24对比了那曲藏族城乡受访者汉文和藏文书写能力的自我评价。在藏文能力的自我评价中,城乡受访者的有效样本分别为109个和252个,其众数分布均为"掌握足够文字,能流利书写"藏文,分别占城乡受访者的65.1%和38.5%。城乡受访者"完全不能书写"的比例分别是8.3%和13.1%。在汉文能力的自我评价中,城乡受访者的有效样本分别为87个和177个,均低于藏文的有效样本。其众数分布均为"完全不能书写",城乡比例分别为40.2%和63.8%,"掌握足够文字,能流利书写"的城乡受访者比例分别为29.9%和13.6%。由此,那曲地区,城镇受访者的汉藏语能力普遍高于农村受访者,这和农村环境中书面语使用率不高有一定关系。

表5–24　那曲县藏族城乡受访者对文字书写能力现状的自我评价

	汉文（%）			藏文（%）		
	农村	城镇	合计	农村	城镇	合计
掌握足够文字,能流利书写	13.6	29.9	18.9	38.5	65.1	46.5
掌握较多文字,能书写书信	6.8	2.3	5.3	9.5	5.5	8.3
掌握文字数量不够,书写不流利	4.0	10.3	6.1	19.0	16.5	18.3
能写简单字句	11.9	17.2	13.6	19.8	4.6	15.2

续表

	汉文（%）			藏文（%）		
	农村	城镇	合计	农村	城镇	合计
完全不能书写	63.8	40.2	56.1	13.1	8.3	11.6
样本量（个）	177	87	264	252	109	361

由表 5-25 可知，那曲藏族城乡受访者无论普通话能力如何，高达 97.4% 的受访者都"愿意"送自己的孩子到双语学校学习。仅有 2.6% 的受访者持"无所谓"态度，均来自农村受访者，且受访者本人具有较好的双语能力。而普通话能力相对较弱的受访者，则 100% 倾向将自己的孩子送到双语学校学习。

表 5-25 那曲县藏族城乡受访者语言能力与子女双语教育的意愿考察

			受访者普通话程度（%）							合计	样本量（个）
			能流利准确地使用	能熟练使用但有些音不准	能熟练使用但口音较重	基本能交谈但不太熟练	能听懂但不太熟练	能听懂一些但不会说	听不懂也不会说		
如果您所在地区有双语教育的话，您是否愿意送子女到双语学校学习？	农村	愿意	15.3	8.1	4.0	6.5	3.2	8.1	50.8	96.0	119
		无所谓	1.6	1.6					0.8	4.0	5
		合计	16.9	9.7	4.0	6.5	3.2	8.1	51.6	100.0	124
	城镇	愿意	42.4	7.6		9.1	21.2	6.1	13.6	100.0	66
		合计	42.4	7.6		9.1	21.2	6.1	13.6	100.0	66
	合计	愿意	24.7	7.9	2.6	7.4	9.5	7.4	37.9	97.4	185
		无所谓	1.1	1.1					0.5	2.6	5
		合计	25.8	8.9	2.6	7.4	9.5	7.4	38.4	100.0	190

（四）民族交往意愿及民族关系评价

表 5-26 考察的是那曲藏族城乡受访者与汉族和其他少数民族交往意愿的比较。无论是城乡受访者，在"聊天"、"成为邻居"、"一起工作"和"结为亲家"方面，受访者表达"很愿意"与汉族交往的比例均高于与其他民族交往的同类数据。

表 5-26　那曲县藏族城乡受访者与汉族和其他少数民族交往意愿比较

		和汉族（%）					和其他少数民族（%）				
		聊天	成为邻居	一起工作	成为亲密朋友	结为亲家	聊天	成为邻居	一起工作	成为亲密朋友	结为亲家
农村	很愿意	39.9	32.8	33.6	21.6	8.9	36.3	32.1	32.5	25.1	7.3
	比较愿意	46.5	48.3	46.5	43.9	24.9	49.1	50.9	47.9	39.1	24.8
	不太愿意	11.4	12.5	15.5	17.1	22.7	12.0	13.2	17.5	23.8	24.4
	不愿意	0.4	0.4	0.7	1.5	7.1		0.4		0.4	7.7
	不好说	1.8	5.9	3.7	16.0	36.4	2.6	3.4	2.1	11.5	35.9
	样本量(个)	271	271	271	269	269	234	234	234	235	234
城镇	很愿意	33.9	28.8	28.8	22.9	11.9	16.4	11.8	11.9	10.9	6.4
	比较愿意	47.5	49.2	50.0	45.8	35.6	61.8	60.9	60.6	46.4	33.6
	不太愿意	14.4	17.8	16.9	20.3	25.4	17.3	22.7	22.0	30.9	31.8
	不愿意	0.8			0.8	6.8		0.9	0.9		8.2
	不好说	3.4	4.2	4.2	10.2	20.3	4.5	4.5	4.6	10.9	20.0
	样本量(个)	118	118	118	118	118	110	110	109	110	110

在与汉族交往的考察中，城镇受访者在"成为亲密朋友"和"结为亲家"两项中，均表达了较农村受访者更为强烈的交往意愿，其中"很愿意"和"比较愿意"和汉族"结为亲家"一项高出约14个百分点，其他几项中城乡受访者的意愿接近。在与其他少数民族交往的考察中，城镇受访者各项均有六成受访者"比较愿意"，普遍高出农村受访者十余个百分点。而在各项"很愿意"的比例又普遍低于农村受访者15—20个百分点。这表明了城镇受访者对与其他民族交往的态度稳妥而开放。

在与异族通婚的考察上，城镇受访者比农村受访者更具开放性；相对其他少数民族，他们更愿意与汉族群体通婚。且无论城乡受访者，在各选项中明确表示"不愿意"的比例，只有"结为亲家"一项超过了5%，表明当地人整体上对包括汉族在内的其他民族持友好开放态度，观念上不存在先验排斥。

如表5-27和表5-28所示，那曲藏族受访者，无论城乡在三个历史时期普遍认为本地民族关系好于全国民族关系。而且三个时期的民族关系处于持续改善中，21世纪以来，无论是全国还是本地的民族关系更达到了前所未有的高潮。同时，无论是对全国还是本地民族关系评价中，城镇受访者的好评增长幅度均高于农村受访者，农村受访者三个时期的好评增长平均在 20 个百分点，而城镇受访者则在 25—30 个百分点。总体看三个时期，无论是全国还是当地，受访者对不同时期民族关系的评价都呈现了不断好转的趋势。

表 5-27　那曲县藏族城乡受访者对不同时期全国民族关系评价

		就全国来看，您对下列时期不同民族间相互关系的评价是（%）				样本量（个）
		好	一般	不好	说不清	
农村	改革开放前	9.6	20.2	11.8	58.5	272
	改革开放至 2000 年	34.6	47.4	2.6	15.4	272
	2001 年以来	61.3	29.5	.4	8.9	271
城镇	改革开放前	11.2	36.2	4.3	48.3	116
	改革开放至 2000 年	44.0	38.8	2.6	14.7	116
	2001 年以来	84.5	14.7		0.9	116

表 5-28　那曲县藏族城乡受访者对不同时期全国民族关系评价

		您对下列时期本地的不同民族间相互关系的评价是（%）				样本量（个）
		好	一般	不好	说不清	
农村	改革开放前	12.2	24.4	11.1	52.4	271
	改革开放至 2000 年	45.2	36.8	1.8	16.2	272
	2001 年以来	63.6	28.7	7.7		272
城镇	改革开放前	25.2	33.9	13.0	27.8	115
	改革开放至 2000 年	51.3	39.1	0.0	9.6	115
	2001 年以来	87.8	12.2	0.0		115

如表 5-29 所示，那曲藏族城乡受访者在不同情境中，对民族身份的认同具有一定弹性。如果询问民族身份的是外国人，农村受访者有七成认为按"中国人、本民族"排序。城镇受访者中认为"国前族后"和"不分先后"的占比相同，均为 45.2%。认为"族先国后"的受访者均不足 10%。

表 5-29　那曲县藏族城乡受访者在不同情景中的民族身份认同考察

	在您的生活中，您认为民族身份和公民身份哪个对您更重要？（%）			样本量（个）
	民族身份	公民身份	民族身份和公民身份一样重要	
农村	5.2	32.2	62.5	267
城镇	8.6	34.5	56.9	116
	在您的生活中，您认为民族身份和本地人身份哪个对您更重要？（%）			样本量（个）
	民族身份	本地人身份	民族身份和本地人身份一样重要	
农村	16.5	16.5	67.0	267
城镇	12.1	18.1	69.8	116
	如果外国人问您的民族身份，您回答的排序是：（%）			样本量（个）
	中国人、本民族	本民族、中国人	中国人和本民族不分先后	
农村	70.0	4.7	25.3	253
城镇	45.2	9.6	45.2	104

在生活中，那曲藏族受访者，无论城乡在与"公民身份"的比较中，对"民族身份"的敏感度都不高，认为民族身份更重要的都在10%以下。而在与"本地人身份"的比较中，城镇受访者"民族身份"和"本地人身份"又旗鼓相当，均为16.5%，农村受访者则对"本地人身份"略有看重。"本地人身份"观念的相对模糊，在一定程度上也反映了外来流动人口没有引起当地人的防御性关注。

如表5-30所示，那曲藏族城乡受访者在实际生活中，"同乡"信任更为明显，特别是农村受访者（39.5%）比城镇受访者高出近10个百分点。其次是"本民族的人和同乡同等交往、信任"观点，城（28.9%）乡（30.5%）均在30%左右。认为"本民族人"信任的观点也都在20%左右（城21.1%，乡18.5%）。

表 5-30　　那曲县藏族城乡受访者异地优先交往的对象

	您到外地生活、工作或旅游，心目中或实际上优先交往、信任的对象是：（%）				样本量（个）
	本民族人（不管是否同乡）	同乡（不管是否本民族人）	本民族的人和同乡同等交往、信任	不存在民族、地域差别	
农村	18.5	39.5	30.5	11.6	233
城镇	21.1	29.8	28.9	20.2	114

（五）生活压力、安全感、公平感及对社会矛盾评价

如表 5-31 所示，那曲藏族城乡受访者的生活压力呈现了结构差异：农村受访者除"人情往来压力"、"婚姻压力"和"赡养父母压力"三项外，其他方面均有 50% 以上的受访者感觉"有压力"或"压力很大"，特别是"经济压力"（77.1%）和"医疗健康压力"（63.5%）。农村受访者感觉"压力很大"比例在 10% 以上的几项依次是"经济压力"（24.7%）、"孩子教育压力"（19.0%）、"住房压力"（18.7%）、"医疗健康压力"（14.8%）和"个人发展压力"（11.2%）。

表 5-31　　　　那曲县藏族城乡受访者生活压力评价　　　　（%）

		经济压力	个人发展压力	人情往来压力	孩子教育压力	医疗健康压力	赡养父母压力	住房压力	婚姻压力	总体的社会压力
农村	压力很大	24.7	11.2	0.4	19.0	14.8	10.8	18.7	7.2	12.6
	有压力	52.4	44.8	24.0	41.0	48.7	32.0	39.0	20.1	34.1
	压力很小	21.0	26.5	52.0	22.4	31.7	32.3	24.3	31.8	35.9
	没这方面压力	1.8	17.5	23.6	17.5	4.8	24.9	18.0	40.9	17.4
	样本量（个）	271	268	271	268	271	269	267	264	270
城镇	压力很大	16.1	6.0		6.8	8.5	3.4	12.7	2.6	7.7
	有压力	43.2	34.2	17.9	32.2	31.4	17.8	31.4	9.4	29.1
	压力很小	40.7	47.0	66.7	46.6	53.4	55.1	45.8	59.8	56.4
	没这方面压力		12.8	15.4	14.4	6.8	23.7	10.2	28.2	6.8
	样本量（个）	118	117	117	118	118	118	118	117	117

城镇受访者则除了"经济压力"的众数出现在"有压力"，其他几项的压力众数均为"压力很小"，且均高于 40%。其"压力很大"比例高于 10% 的有"经济压力"（16.1%）和"住房压力"（12.7%）。

此外，无论城乡受访者，"婚姻压力""人情往来压力"和"赡养父母压力"是当地人感觉最无压力的三个方面，这也反映了当地人长期在艰苦生境中磨就的对情感的珍惜。

表 5-32 对比了那曲藏族城乡受访者的社会安全感。总体上，城乡受访者表示"比较安全"和"很安全"的比例分别为 90.4% 和 70.3%，二者感觉"个人和家庭财产安全"和"人身安全"的比例均在 90% 以上。

但农村受访者在"个人信息、隐私安全"、"生态环境安全"、"交通安全"以及"人身自由"4个方面表示"不确定"的比例都在15%以上,均比城镇受访者同类数据高出几个百分点。城镇受访者的"不确定"也主要表现在"个人信息、隐私安全"、"劳动安全",表明了当地城乡受访者对宏观抽象层面的分辨和感受都相对模糊。另外值得进一步研究的是,农村受访者中"人身自由"的不确定比例比"人身安全"高出了约10个百分点。

表 5-32　　　　　　那曲县藏族城乡受访者安全感评价　　　　　　（%）

		很不安全	不太安全	比较安全	很安全	不确定	样本量（个）
农村	个人和家庭财产安全			61.1	38.0	0.9	234
	人身安全			50.4	41.9	7.7	234
	交通安全	3.0	6.0	44.0	29.1	17.9	234
	医疗安全	2.1	8.1	55.3	28.9	5.5	235
	食品安全	6.0	13.3	48.9	26.2	5.6	233
	劳动安全		3.0	56.7	27.5	12.9	233
	个人信息、隐私安全		6.0	45.9	25.8	22.3	233
	生态环境安全	6.0	8.1	41.9	20.1	23.9	234
	人身自由		3.0	48.9	31.3	16.7	233
	总体上的社会安全状况	0.9	4.8	44.1	26.2	24.0	229
城镇	个人和家庭财产安全		0.9	46.6	52.6	0.0	116
	人身安全			44.0	54.3	1.7	116
	交通安全	0.9	2.6	52.2	36.5	7.8	115
	医疗安全		2.6	51.7	38.8	6.9	116
	食品安全	1.7	16.4	42.2	31.9	7.8	116
	劳动安全		0.9	53.4	34.5	11.2	116
	个人信息、隐私安全		8.6	46.6	33.6	11.2	116
	生态环境安全	2.6	4.3	55.2	32.8	5.2	116
	人身自由		1.7	52.6	40.5	5.2	116
	总体上的社会安全状况		1.7	53.0	37.4	7.8	115

表 5-33 表明,那曲藏族城乡受访者认为"总体上的社会公平""比较公平"和"很公平"的比例分别为 83.3% 和 73%。农村受访者排在不公平感评价中首位的是"社会保障",约占 15.8%,城镇受访者中则是

"干部选拔任用"的不公平感最高（16.9%）。而"干部选拔任用"是农村受访者中"不确定"评价最高的一项（34%）。

表5-33 那曲县藏族城乡受访者对不同领域的公平感评价

		对各领域的公平感（%）					样本量（个）
		很不公平	不太公平	比较公平	很公平	不确定	
农村	教育	0.4	1.5	62.2	33.6	2.3	262
	语言文字	0.4	1.9	68.7	27.5	1.5	262
	医疗卫生	2.7	4.6	59.0	28.7	5.0	261
	住房	0.4	13.6	63.6	18.6	3.9	258
	社会保障	5.1	10.7	47.4	20.2	16.6	253
	司法	6.1	4.8	41.2	28.1	19.7	228
	干部选拔任用	5.0	5.8	41.3	13.9	34.0	259
	就业		7.2	48.9	20.8	23.1	221
	信息		5.9	47.5	22.8	23.7	219
	政府办事	6.5	7.3	47.3	24.8	14.1	262
	投资经营	1.4	6.0	47.5	14.3	30.9	217
	总体上的社会公平	2.4	3.2	54.0	19.0	21.4	252
城镇	教育		2.5	58.5	39.0		118
	语言文字		0.8	67.8	31.4		118
	医疗卫生		7.6	62.7	28.8	0.8	118
	住房	4.2	8.5	70.3	14.4	2.5	118
	社会保障	2.5	12.7	57.6	15.3	11.9	118
	司法	0.9	10.4	53.0	15.7	20.0	115
	干部选拔任用	0.8	16.1	50.0	11.9	21.2	118
	就业		7.0	62.6	19.1	11.3	115
	信息		3.5	56.5	26.1	13.9	115
	政府办事	0.9	12.0	62.4	15.4	9.4	117
	投资经营		5.3	59.6	16.7	18.4	114
	总体上的社会公平	0.9	1.8	65.8	17.5	14.0	114

如表5-34所示，那曲藏族城乡受访者的各种冲突感都不是太强，相对而言，农村受访者最敏感的是"医患冲突"，而城镇受访者最敏感的则是"干群矛盾"，值得进一步关注。

表 5-34　　那曲县藏族城乡受访者对下述问题严重程度的评价　　（%）

		非常严重	有点严重	不算严重	完全不严重	不清楚	样本量（个）
农村	干群矛盾		2.3	33.3	57.2	7.2	264
	民族冲突		0.8	21.7	66.9	10.6	263
	城乡冲突		3.4	31.8	55.7	9.1	264
	医患冲突	2.3	2.7	34.5	51.1	9.5	264
	贫富差距		1.1	26.9	56.1	15.9	264
	宗教冲突		0.4	20.2	59.7	19.8	52
城镇	干群矛盾		7.0	56.1	35.1	1.8	114
	民族冲突			34.2	62.3	3.5	114
	城乡冲突			45.6	50.9	3.5	114
	医患冲突		2.6	50.9	41.2	5.3	114
	贫富差距		2.6	36.0	56.1	5.3	114
	宗教冲突	1.8		36.8	50.9	10.5	12

（六）特色文化及保护考察

如表 5-35 所示，虽然有关"最具特色的少数民族文化"和"最需要政府保护的传统文化"两题是分别考察的，但其结果却比较相似。但如表 5-35 所示，"传统民居"、"传统服饰"、"传统节日"荣膺前三。而这一顺序恰好也是选项的排列顺序，而且数据之间差异不大，需要进一步考察。

表 5-35　　那曲县最具特色文化以及最需要政府保护的文化比较

		传统民居	传统服饰	传统节日	人生礼仪	传统文娱	传统饮食	道德规范	人际交往习俗	传统生产方式	宗教活动习俗	样本量（个）
		最具特色的少数民族文化类型										
农村	加权%	29.4	22.3	19.6	3.8	2.6	1.1	6.4	1.9	1.5	10.9	264
城镇	加权%	23.1	22.2	17.9	5.1	4.3	2.6	6.0	1.7	1.7	15.4	117
		最需要政府保护的传统文化										
农村	加权%	20.6	20.2	19.6	4.6	4.6	1.1	7.3	1.1	3.8	16.8	262
城镇	加权%	23.3	23.3	19.0	5.2	3.4	2.6	6.0	0.9	0.9	15.5	116

如表 5-36 所示，在了解民俗文化的主要渠道中，那曲藏族城乡受访者排在前三位的依次为："家庭、邻里、亲朋耳濡目染"、"广播、电视、互联网等"和"村庄或社区的公共文化等活动"。其中"家庭、邻里、亲

朋耳濡目染"仍是最主要的渠道，城乡占比分别为51.1%和49.1%，可以看到传统熟人社会的社交方式仍然占据受访者了解民俗文化的主要渠道，这与本次调查位于日喀则市郊县的白朗差异明显，后者"广播、电视、互联网等"现代传媒方式已经成为当地人了解民俗的第一渠道。现代传媒方式所依托的基础设施在高原牧区那曲的覆盖是否充分，值得进一步关注。

表5-36　那曲县藏族城乡受访者了解民俗文化的主要渠道

	了解民俗文化的主要渠道	
	农业	城镇
家庭、邻里、亲朋耳濡目染	49.1	51.1
学校教育	9.3	8.9
村庄或社区的公共文化等活动	15.2	16.7
广播、电视、互联网等	21.0	22.2
图书报刊	15.2	12.2
其他（请注明）	1.2	1.1
样本量（个）	164	90

如表5-37所示，在休闲时间安排上，那曲农村受访者和城镇受访者区别不大，排在前三位的均为"朋友聚会"（乡70.4%，城86.5%）、"看电视或电影"（乡57.1%，城49.5%）以及"宗教活动"（乡27.5%，城27%）。城镇受访者参加朋友聚会更为普遍。

表5-37　那曲县藏族城乡受访者休闲时间您经常参加的活动

		休闲时间（工作后或晚上）您经常参加的活动					
		看电视或电影	上网	朋友聚会	文体活动	读书学习	宗教活动
农村	占比（%）	57.1	18.5	70.4	13.8	7.4	27.5
	样本量（个）	189	189	189	189	189	189
城镇	占比（%）	49.5	19.8	86.5	16.2	6.3	27.0
	样本量（个）	111	111	111	111	111	111

五　结论与讨论

本次调研选点那曲县的古露镇，距地县府90千米，海拔在4640米，是典型的高原牧业区。高海拔牧区的艰难生境明显抑制了流动人口的热情,外来人口在样本中仅为 11.3%。其中汉族外来人口仅为 1.3%,无回族受访者。因而样本中本地与外来人口的比例,几乎都来自藏族相关比较,即本地与外来人口约为 10∶1。与本次调研的农区白朗县洛江镇相比,海拔上升 800 米左右,这不仅意味着调查的难度相对较大,问卷各选项的有效填答相对不足。而且意味着诸多社会差异,据调查结果显示。

那曲的外来人口比例仅为 10%,比农区下降了 20 个百分点,而且没有以游商为特征的回族,回族在农区外来人口的比例接近 20%,这也间接表明了当地商业、服务业发育不良。

外来人口影响不大,凸显了那曲本地的城乡差异。由于那曲处于高原牧业地区,牧民是其农业人口的主要成分,因而那曲的城乡差异,也意味着从事牧业和城镇定居基本生活方式的差异、交通便利程度的差异等,这些也间接影响了城乡受访者学历分布、职业分布、居住形态、开放程度、家庭耐用消费品需求的差异。

国家各项基础设施覆盖与民众的心理期待存在一定差距,特别是那曲农村人口。距受访者住地 5 千米以内且覆盖率在 50% 以上的农村基础设施空缺,只有治安设施在 3 千米内的覆盖率超过了 30%。幼儿园、小学、农贸市场、邮电所和银行的最大分布均在 5—10 千米,50% 以上的社区卫生医疗设施在 5 千米以外。基础设施建设不足也严重制约着当地民众获取信息、文化知识和民俗文化的途径,在这些方面,地缘和亲缘构筑的传统社会网络仍是当地百姓社交的重要空间。诚然,超高海拔地区进行基础设施建设,同等覆盖意味着更高成本但服务的有效人口不足之两难,毕竟大多数基础设施建设都是基于定点,与以"游"为特征的高原畜牧发展很难高度匹配。但调查也显示,加快当地基础设施建设对于增强当地百姓对 2020 年所在县全面建成小康社会的信心具有重要的提升作用,特别是从事农林牧渔的生产群体。由此,如何在当地推行更有效的基础设施建设值得政府在未来进一步探索。

此外,值得注意的是"加快发展当地经济"是当地人认为在加快小康社会建设时,最应采取的有效措施,在各类从业者中都是首选,也是城乡受访者公认的增强人们对当地全面建成小康社会信心的最大影响因素。要找到恰切的发展之路,需要进一步明确高原牧业相对农业的特殊性。这种特殊性可以现金收入考察为例,本次调查中,那曲县现金收入仅为农区白朗县的65%，一方面普遍性非农业收入来源有限，另一方面与高原牧业财产以实物为主关系密切。普遍适用于高原畜牧业的存栏等指标未能纳入本次考察，仅依据现金收入指标尚不足以反映当地的贫困状况。牧业的实物经济在一定程度上也可能解释样本中生产性支出群体规模较小。牧业的特殊性还反映在受访者普遍存在的兼业现象，在问卷中就体现为职业不便分类的受访者群体较大，有必要对这一牧区实物经济形式给予更细致的考察。对社会压力的考察也佐证了发展经济对于当地受访者的意义，超过70%的农村受访者表达了经济方面"有压力"或"很大压力"，其中就以农林牧渔和不便分类人群为主。与农区类似，子女教育、医疗健康以及食品健康也是那曲县受访者感到压力较大或比较担忧的方面。

此外"中央政策落实到位"也是影响当地人对全面建成小康社会信心的三大因素之一，超过了对教育、就业和医疗等方面的诉求。无论是在党政机关事业单位的负责人、工作人员，不便分类人群，还是城乡人口对这一期待都具有普遍性，值得进一步深入探究理想的政策以及到位方式。

在民族政策的相关考察中，那曲受访者对于子女接受双语教育的意愿是普遍的，几乎不受受访者本人的普通话能力影响。而对少数民族高考加分政策的态度上，城镇受访者表现了更大程度的欢迎，表示"不清楚"该政策的比例仅占城镇受访者的10%，而农村受访者中虽有六成表示赞同，但也有三成受访者表示"不清楚"。如何让既有针对少数民族的特殊优惠政策城乡受益面更广，更具公平性，应该成为未来对考量相关政策落实的重要层面。

第六章

西藏白朗县经济社会发展综合调查报告

日喀则地区的白朗县，位于西藏南部雅鲁藏布江河谷地带的农业区，隶属西藏自治区日喀则市，总面积2489平方千米。2013年，白朗县总人口4万，是西藏的农业大县，传统上以种植青稞、小麦、马铃薯等适应高原生长的农作物为主。白朗县城北距日喀则市49千米，南距江孜45千米，日江公路横穿县城。辖11个乡（镇）、114个行政村，平均海拔4200米，县城驻地海拔3890米。2013年，白朗县生产总值达3.56亿元，第一、二、三产比例为40.8∶1.4∶7.8，人均GDP为8129.36元，社会固定资产投资完成1.34亿元。白朗县土地资源丰富，根据2013年调查，总耕地面积18.34万亩，人均耕地4.2亩，总播种面积12.74万亩。天然草场273.1万亩，其中可利用草场224.34万亩，已利用草场面积154.38万亩。自1998年开始种植大棚蔬菜以来，不仅有力地推动了种植业加工调整，改变了过去单一的种植结构，加快了经济发展的步伐，增加了农牧民的收入，而且改变了农牧民群众的生产生活方式，也使农牧民群众的思想观念发生了改变，农牧民的市场经济意识、商品意识有了明显的提高。截至目前，白朗县蔬菜大棚发展到4444个，30多个品种，年收入2400多万元，遍及全县9个乡镇2700多户，白朗县已成为日喀则地区乃至西藏自治区重要的商品菜生产基地。

一　调查对象基本情况

本报告关于"西藏日喀则地区白朗县经济社会发展综合调查"的分析数据来源于中国社会科学院民族学与人类学研究所主持展开的中国社会

科学院创新工程重大专项"21世纪初中国少数民族地区经济社会发展综合调查"2014年在白朗县的家庭问卷抽样调查数据。白朗县的样本回收数为400份,调查对象包括白朗县各民族成员。问卷回收整理录入后,主要使用社会统计软件SPSS加以统计分析。调研对象的基本情况见表6-1。

表6-1　　　　　白朗县受访者人口基本特征　　　　　(%)

性别	男性	63.8	宗教信仰	佛教	75.5	户籍	农业	85.3
	女性	36.3		无宗教信仰	13.8		非农业	13.8
民族	藏族	85.3		伊斯兰教	4.5		居民户口(之前是非农业户口)	0.5
	汉族	9.0		不清楚	4.3		居民户口(之前是农业户口)	0.3
	回族	4.3		不想说	1.8	职业	农林牧渔水利生产人员	55.1
	其他	1.5	受教育程度	未上学	32		不便分类的其他从业人员	14.9
年龄	18—30岁	24.0		小学	34.5		国家机关党群组织、事业单位工作人员	15.3
	31—45岁	30.5		初中	13.5		商业、服务业人员	12.2
	46—60岁	34.3		高中	4.7		国家机关党群组织、事业单位负责人	3.6
	61岁及以上	11.3		本科及以上	15.3		专业技术人员	1.9

注:(1)民族维度中"其他民族"是由样本量低于30的民族共同构成,拉萨的抽样数据中"其他民族"包含维吾尔族、土家族、东乡族。

(2)职业类型是按照人力资源和社会保障部职业能力建设司公布的国家职业分类目录编制而成,详情可参见网站:http://ms.nvq.net.cn/nvqdbApp/htm/fenlei/index.html。

(一) 人口基本特征

从白朗县被访群体的人类学特征来看,在性别方面,男性比例为63.8%,女性比例为36.3%,男性明显高于女性。在年龄分布方面,31岁至60岁占64.8%,30岁以下的年轻人和达到退休年龄的人分别占24.0%、11.3%。在民族成分上,藏族最多,占85.3%,其次是汉族,占9.0%,回族人口占比为4.3%。维吾尔族、土家族、东乡族3个民族人口比例较小,合占1.5%。在户籍类型方面,农业户口占85.3%,非农业户口占13.8%,农业户口转居民户口的占0.3%,非农业户口转居民户口的占0.5%。这一比例接近于2003年的调查。由于调查中没有统计牧业人口,按照 2003 年的统计口径,牧业人口很可能将自己界定为非农人口。① 在受教育程度上,接受了本科及以上教育的占 15.3%,其中研究生 3 人,约占 0.8%。受教育程度在初中及以下的约占 80%。总体来看,受教育程度不高。在职业类型分布方面,"农林牧渔水利生产人员"比例最大,占 55.1%,其次国家机关党群组织、事业单位人员合占 18.9%,专业技术人员仅占 1.9%。在宗教信仰方面,信仰佛教的占 75.5%,无宗教信仰的占 13.8%,信仰伊斯兰教的占 4.5%,还有 4.3% 的受访者不清楚自己的宗教信仰情况。

(二) 调查样本中外来人口情况

白朗县调查样本中本地人口与外来人口约为 7∶3。在农业人口中,该比例约为 4∶1,在非农人口中该比例为 1∶4。这种结构性差异值得注意。

表 6-2　　　　白朗县本地/外来人口的户口情况　　　　(%)

户籍所在地	农业	非农业	合计
本地	82	20	73
外来	18	80	27
样本量(个)	341	55	396

汉族、回族绝大多数为外来人口,约占两族各自样本总体的 97.2% 和 100%;藏族中本地人占多数,与外来藏族的比例约为 17∶3。其他民族由于样本量较小可忽略不计。尽管外来藏族在藏族样本中比例仅为 15%,但其在整个外来人口样本中占二分之一,汉族在外来人口中仅占三分之一。

表 6-3　　　白朗县不同民族在本地/外来人口中的比例差异　　　(%)

	汉族	回族	藏族	其他
本地	2.8		84.2	60.0
外来	97.2	100	15.8	40.0
样本量(个)	36	17	341	5

---

① 2003 年调查中,农业人口占 86%,牧业人口占 9.6%,其他为非农业人口。参见《物产富饶的粮仓——白朗县》,载《光辉的历程——西藏自治区成立 40 周年的巡礼》,红旗画刊社 2006 年版,第 188—190 页。

在白朗县外来受访者中，汉族、藏族分别有 35 人和 54 人，也是该县外来人口中受教育程度最高的两个民族。汉族中高中以上学历的受访者约占外来汉族 57.2%，文化程度在高中以上的外来藏族占外来藏族的 77.8%，所以在白朗县外来较高学历受访者中藏族有明显优势。外来回族受教育程度主要集中在初中及以下。

表 6-4　　　　白朗县不同民族外来人口的教育程度　　　　（%）

	未上学	小学	初中	高中、中专或职高技校	大学专科	大学本科	研究生	样本量（个）
汉族	8.6	5.7	28.6	20.0	8.6	22.9	5.7	35
回族	17.6	58.8	23.5					17
藏族	11.1	7.4	3.7	7.4	31.5	37.0	1.9	54

从白朗县外来人口就业情况看，55.9% 的汉族集中在商业和服务业，其次 38.2% 的汉族集中在国家机关党群组织、事业单位工作。外来回族 17 人，100% 在商业和服务业就业。外来藏族主要集中在国家机关党群组织、事业单位，约占 72.2%，由此无论是绝对数量还是相对比例上，藏族干部都多于汉族干部。

表 6-5　　　　白朗县不同民族外来受访者的职业分布

	国家机关党群组织、事业单位负责人	国家机关党群组织、事业单位工作人员	专业技术人员	商业、服务业人员	农林牧渔水利生产人员	生产、运输设备操作人员及有关人员	不便分类的其他从业人员	样本量（个）
汉族	2.9	35.3	2.9	55.9		2.9		34
回族				100.0				17
藏族	18.5	53.7	3.7	5.6	11.1		7.4	54
合计	10.3	38.2	2.8	37.4	6.5	0.9	3.7	105

二　经济生活

（一）白朗县受访家庭收支总体情况

从表 6-6 可知，白朗县 2013 年受访"家庭总收入"的平均值为 50168 元，"农牧业收入"的平均值为 18463 元；"非农收入"的平均值为

29530元。如果抛开年收入在20万元以上的13个家庭外,其家庭总体年收入平均为42285元,而非农收入平均为33480元,这13户的非农收入对提升白朗县平均总体收入和非农收入的影响在600—800元。从一般调查家庭来看,其非农收入已经超过了农业收入。在支出方面,生活性支出仍是最大项,教育支出已经超过生产性支出,成为第二大支出,同时医疗支出排在生产性支出后面,成为第四大支出项。

表6-6　　　　　　　　　白朗县收支总体情况

	有效样本(个)	平均值(元)
家庭总收入	283	50168
其中:农牧业收入	189	18463
非农收入	251	29530
医疗报销	60	4885
农田直补	74	768
家庭总支出	270	28425
其中:生产性支出	214	7901
生活性支出	261	20185
医疗支出	242	7215
教育支出	187	8535
人情往来	183	4428
宗教支出	237	1750
全年社会活动支出	262	5024

(二) 就业情况

就业是国家宏观调控目标之一,是地区经济内生增长的核心动力,也是最大的民生。就业关系到地区经济社会全局,影响着居民生活质量。本部分从受访居民职业类型、就业性质、就业途径和影响劳动力流动的因素4个方面分析白朗县受访居民的就业状况。

从表6-7所知,在农村劳动力工作结构方面,2013年白朗县藏族农村劳动力中不足10%的受访者参与非农务工工作,其中5.3%仍"以务农为主,同时也从事非农工作"。其从事这部分劳动力的工作时间大都在5—12个月。"只是务农"的受访者比例高达74.5%,务农仍是当地农业人口的主要生产生活方式。

表6-7　　　白朗县藏族农村受访者从事农业/非农业的情况分布

	只是务农	以务农为主，同时也从事非农工作	以非农工作为主，同时也务农	只从事非农工作	家务劳动者	全日制学生	非全日制学生	合计	缺失
频次	254	18	2	9	7	2	2	294	47
百分比（%）	74.5	5.3	0.6	2.6	2.1	0.6	0.6	86.2	13.8

如表6-8所示，作为一个农业大县，白朗县的城镇劳动力约占样本总量的10%，合计42人；以"固定职工（包括国家干部、公务员）"为主，比例为97.6%，只有1个样本为"短期或临时合同工"的情况占2.4%。从民族维度看，白朗县的城镇户口基本只涉及藏汉两族，汉族约占城镇人口的20%，均为固定职工；藏族占该县城镇人口比例约为80%，除1个个案外均为固定职工，比例达97%。

表6-8　　　白朗县非农业户口受访者合同性质

	本县市非农户口且有工作，您这份工作的劳动合同性质：（%）		
	固定职工（包括国家干部、公务员）	短期或临时合同工	样本量（个）
汉族	100		8
藏族	97.1	2.9	34
总体	97.6	2.4	42

如表6-9所示，75.3%的受访者认为最理想的打工区域在"县城之内"，另有15.2%的受访者接受在县外省内打工。同时，希望到"东部一线大城市"打工的受访者只占1.5%。当地人远距离外出打工的意愿不强。当地平均海拔4200米，县城海拔3890米。选择县域打工是当地受访者对体能以及家庭需要的综合考量。

表6-9　　　白朗县农村受访者理想的打工区域

	县城之内	县外省区内，但必须是家附近的市/县	县外省内无所谓远近	本省区相邻的外省区	本省区外非相邻省区	东部一线大城市	其他	合计
占比（%）	75.3	7.0	8.2	3.0	0.6	1.5	4.3	100.0
样本量（个）	247	23	27	10	2	5	14	328

表 6-10 是白朗农村劳动力对外出打工障碍的主观认知。在一定程度上与表 6-9 的调查结果形成呼应。"家里需要照顾必须返乡""工作辛苦收入低"以及"语言障碍"三项是当地人公认的最主要外出打工障碍。此外,超过 5% 的选项还包括"孩子就学困难""生活习俗不能适应""被当地人看不起""得不到相关就业信息""气候自然环境不能适应"。综合这些选项不难看出,当地人语言、生境、文化与习俗的殊异影响了其远距离外出就业的动力。

表 6-10 影响白朗县农村受访者外出打工的前三位因素分布

主要选项	第一位 排序	第一位 占比（%）	第二位 排序	第二位 占比（%）	第三位 排序	第三位 占比（%）
工作辛苦收入低	3	10.6	3	8.5	2	6.2
家里需要照顾必须返乡	1	15.2	1	9.1	3	5.9
语言障碍	2	10.9	1	9.1	1	7.3
孩子就学困难			4	7.6		
生活习俗不能适应	5	5.0	5	5.9		
被当地人看不起			5	5.9		
得不到相关就业信息	4	5.3				
气候自然环境不能适应	5	5.0				
其他		48.1		54.0		80.6
合计	20	100.0	19	100.0	6	100.0

强烈的家庭意识、语言的技能考量以及由于语言障碍所内含的工作辛苦收入低,道出了白朗人外出打工的真实困境。在提高农牧民汉语能力的同时,在藏语文化环境内创造更多的就业打工机会将大大扩大广大农牧民增加收入的受惠路径。

(三) 安居情况

自古安居乐业就是民生的终极目标,对于农业文明涵养的人群而言,住房需求属于人类基本需求之一,关系到人的安全感和社会稳定。作为日喀则地区的农业大县,白朗的居住处所、居住条件更是"家"的物化。由此本部分将从自有住房拥有量、受访居民对现有住房及住房政策的满意度以及住房改善意愿等方面对白朗县本地及外来受访居民住房情况进行考察。

如表 6-11 所示，从民族维度看，36 个汉族受访家庭和 17 个回族受访家庭中，无自有住房的均占绝大多数，分别达到 91.7% 和 88.2%，汉族受访家庭中也有拥有 2 套住房的家庭，仅占 2.8%；拥有 1 套住房的汉族、回族受访家庭分别为 5.6% 和 11.8%。341 个藏族受访家庭拥有 1 套自有住房的是多数，为 84.7%，其次为无住房户，约占 13.1%，拥有 2 套住房的约占 1.7%。其他民族样本合计仅为 5 户，在此忽略不计。白朗县藏族受访样本量远远高于其他民族，其无自有住房户以及拥有 2 套房的绝对户数仍然是最多的。

表 6-11　　　　　　　白朗县受访家庭住房拥有情况

住房套数	您家目前的自有住房（拥有产权）有几套（%）				样本量（个）
	0	1	2	3	
汉族	91.7	5.6	2.8	0.0	36
回族	88.2	11.8	0.0	0.0	17
藏族	13.1	84.7	1.7	0.5	341
其他民族	20	80			5
农村	14.1	83.3	1.8	0.8	341
城镇	78.2	21.8			55
本地	3.8	92.9	3.3		290
外来	76.2	7.1	16.7		106
合计	23.4	74.8	1.5	0.3	396

从城乡维度看，具有非农户口的受访家庭大多数是无房户，占 78.2%，其余 21.8% 的家户拥有 1 套住房。而农村户口的受访家户中，83.3% 拥有 1 套住房，占绝大多数；无房户占 14.1%，值得注意的是拥有 2—3 套住房的均为农村家户，分别占农村受访家庭的 1.8% 和 0.8%。样本中白朗县的农村受访家庭住房条件优于城镇户口受访家庭，可能与城镇户口中的外来移民居多有一定关系。

从本地/外来人口看，在无自有住房户中，76.2% 是外来家户，拥有住房的受访家庭则主要为本地受访家庭，占 96.2%。本地受访中拥有 1 套住房的约占 92.9%。外来受访者有自有住房的占 23.8%。

如表 6-12 所示，在外来人口中，有"自有住房"的仅占 16.7%。住"政府供房"的有 47.3%，自行租房的约为 36%。分民族看，汉族、藏族受访者均有一半居住"政府供房"，但在另一半受访者中，汉族受访者以租房为主，藏族受访者则是自有住房居多，且有 1 人租住商品房。回族受访者则主要以租房为主，合计在 80% 以上，其中 35.3% 租公家房主要在其他中体现。汉族中住房的其他性质则为租用商品房。

表 6-13　　　　白朗县外来人口住房性质

	本户住房的性质（%）						样本量（个）
	自有住房	租/住廉租房	租/住亲友房	租/住私人房	政府供房	其他（请注明）	
汉族	5.7	31.4	2.9	5.7	51.4	2.9	35
回族	11.8	35.3		11.8	5.9	35.3	17
藏族	24.1	9.3		7.4	59.2		54
外来人口	16.7	21.3	0.9	7.4	47.3	6.4	106

注：政府供房主要包括集体宿舍、政府职工周转房、分房等。

在住房满意度方面，70.3% 的受访者对现有住房满意，明确不满意的仅占 5.8%。尽管受访者对现有房屋的满意度较高，但仍有 44.8% 的受访者"迫切"想改变现有住房。从表 6-13 可知，296 个有住房的受访者中有 48.6%"迫切"想改善现有住房，租房的受访者中只有 34.3%"迫切"想改善现有住房，低于自有住房户；这和受访租房户中租/住廉租房、集体宿舍以及其他租住公房的受访者比例较高有一定关系。

表 6-13　　　不同住房性质的白朗县受访者改善住房的意愿情况

房屋性质	您打算改善住房的意愿迫切吗？（%）					样本量（个）
	迫切	一般	不迫切	不想改善	不清楚	
自有住房	48.6	12.5	9.1	25.3	4.4	296
租/住廉租房	26.1	47.8	21.7		4.3	23
租/住私人房	55.6	33.3		11.1		9
集体宿舍	20.0	30.0	30.0	0.0	20.0	10
其他（请注明）	32.7	27.3	10.9	25.5	3.6	55

从表 6-14 可知，住房满意度对人们改善住房的意愿有一定影响：表示"满意"的，改善意愿低于感觉"一般"和"不满意"的。表示"不满

意"的改善意愿最强烈。但由于样本量悬殊,还有待进一步证实。同时在表示满意的受访者中仍有41.3%的比例改善现有住房的意愿"迫切"。

表6-14　　　白朗县受访者住房满意度和改善住房意愿间的关系

	住房满意度和改善住房意愿之间的关系(%)					
	迫切	一般	不迫切	不想改善	不清楚	样本量
满意	41.3	17.4	11.0	26.7	3.6	281
一般	50.6	22.2	8.6	16.0	2.5	81
不满意	69.6	8.7	0.0	13.0	8.7	23
不清楚	16.7	0.0	16.7	0.0	66.7	6

从表6-15中可以看到,在白朗,"自有住房"对于受访者的住房满意度最高,为77.7%。而租房户的住房满意度可能和租房成本相关,"租/住廉租房"的受访者满意度高于其他形式的租房户,达到73.9%。居住"集体宿舍"和"其他"形式公房者的住房满意度也在50%以上。

表6-15　　　白朗县受访者现有住房状况与住房满意度的关联

	拥有住房与住房满意度之间的关系(%)				
	满意	一般	不满意	不清楚	样本量(个)
自有住房	77.7	16.6	3.7	2.0	296
租/住廉租房	73.9	13.0	13.0	0.0	23
租/住私人房	22.2	44.4	33.3	0.0	9
集体宿舍	50.0	50.0	0.0	0.0	10
其他(请注明)	51.9	35.2	11.1	1.9	54

如表6-16所示,有改善房屋意愿的住户中,62.4%的"有房户"倾向于在"现住房位置"修建;而"租房户"中有52.7%的人倾向于从现住处搬到白朗"县/市中心区"居住。

表6-16　　　白朗县受访者居住位置对其改善住房的影响

	居住位置对自有房/无房户改善房屋意愿的影响(%)						
	县/市核心地区	县/市中心区	现住房位置	非中心区但也非郊区	郊区	其他	样本量(个)
有房户	3.3	11.9	62.4	2.4	12.9	7.1	210
租房户	10.8	52.7	20.3	4.1	5.4	6.8	74

如表 6-17 所示，自有住房的受访者 79.8% 倾向于"自建新房"；而租房户中，"购买商品房"是"租/住私人房""集体宿舍"以及"租其他公房"户的最佳选择，比例分别为 50%、44.4% 和 60%。选择"其他"途径的受访者主要倾向于"自己和政府一起出资共建"，主要集中在"自有住房"户和"租其他公房"和"集体宿舍"的政府和事业单位工作人员。

表 6-17　　　　　白朗县不同住户改善住房的主要途径

	不同住户改善住房的主要途径（%）								
	自建新房	购买商品房	政府保障性住房	买单位共建房	租更大房	买小产权房	买农村私有住房	其他	样本量（个）
自有住房	79.8	3.1	11.2	0.4		0.4		4.9	223
租/住廉租房	19.0	38.1	38.1			4.8			21
租/住私人房	12.5	50.0	25.0				12.5		8
集体宿舍	11.1	44.4	11.1		22.2			11.1	9
租其他公房	8.6	60.0	17.1	2.9	8.6			2.9	35

（四）生活境况评价

如表 6-18 所示，本地受访者与外地受访者相比，对近 5 年的生活境况感受总体上呈上升趋势。但本地受访者中 76.7% 的人感受"上升很多"，而外来受访者中感受"上升很多"的占 54.6%。

在对未来 5 年的展望中，无论本地和外地受访者预期"上升很多"的均低于各自对近 5 年的生活评价，分别占 59% 和 37.7%。但认为"会有上升"的仍占大多数，在本地受访者中占 88.7%，在外来受访者中占 77.3%。作为一种预期，没有受访者认为会"下降很多"。

表 6-18　　　　　白朗县受访的本地/外来人口的生活感受

	本地/外来人口的生活感受					
	近 5 年的生活感受			对未来 5 年生活的展望		
感受（%）	本地	外来	合计	本地	外来	合计
上升很多	76.7	54.6	70.8	59.0	37.7	53.3
略有上升	19.5	33.3	23.3	29.7	39.6	32.3
没有变化	1.4	7.4	3.0	4.5	6.6	5.1
略有下降	1.7	0.9	1.5	1.0	0.0	0.8

续表

本地/外来人口的生活感受

感受（%）	近5年的生活感受			对未来5年生活的展望		
	本地	外来	合计	本地	外来	合计
下降很多	0.3	0.0	0.3			
不好说	0.3	3.7	1.3	5.9	16.0	8.6
样本量（个）	292	108	400	290	106	396

如表6-19所示，白朗县受访者对自我社会经济地位总体评价集中在"中"和"中下"两项，比例分别为43.5%和28.8%。尽管"中"是本地和外来人口中评价最多的，分别占42.1%和47.2%，但感觉"上"和"中上"的外来受访者明显低于本地受访者。本地受访者中这部分占到20.2%，外来受访者中这部分仅占到4.6%。

表6-19　白朗县受访本地/外来人口的社会经济地位的自我评价

您认为您本人的社会经济地位在本地大体属于（%）			
	本地	外来	合计
上	3.8	0.9	3.0
中上	16.4	3.7	13.0
中	42.1	47.2	43.5
中下	26.0	36.1	28.8
下	11.0	8.3	10.3
不好说	0.7	3.7	1.5
样本量（个）	292	108	400

如表6-20所示，选择不同的参照对象对于受访者的自我评价有所影响。受访者选择本村为参照对象的（包括"本乡村人"和"本乡村的同民族的人"）最多，约占58.5%，其自我评价以"中"的比例最高，约为46%。而选择以"县里的人"和"县里的同民族的人"为参照对象的，则自我评价众数集中在"中下"一项。值得关注的是，约21%的受访者说不清比较的参照对象，但其总体评价上仍以"中"和"中下"，分别占这一总体的40%和31%。在比较中，只有13%的受访者明确考虑民族因素，且其中将近9个百分点为"本乡村的同民族的人"。同时超出县域

的参照对象,含"城市人"、"同民族的人"以及"全国人"合计23个样本,仅为有效样本总量的6%。

表6-20 白朗县不同参照对象对自我社会经济地位评价的影响 (%)

	上	中上	中	中下	下	不好说	样本量（个）
亲戚朋友		9.1	27.3	54.5	9.1		22
本乡村人	2.7	18.7	46.0	22.5	9.6	0.5	187
本乡村的同民族的人		21.2	48.5	21.2	6.1	3.0	33
县里的人	11.8	5.9	35.3	41.2	5.9		17
县里的同民族的人			42.9	57.1			14
城市人	6.7	13.3	46.7	26.7	6.7		15
同民族的人			50.0		50.0		2
全国人			50.0	33.3	16.7		6
说不清	3.8	6.3	40.0	31.3	16.3	2.5	80
白朗县	2.9	13.8	43.4	28.5	10.4	1.1	376

如表6-21所示,有63.3%的本地受访者选择了以"本乡村人"为参照对象,而参照对象"说不清"则是外来受访者选择最多的一项,比例为这一群体的38.7%。"县里本民族人"以及"亲戚朋友"是外来受访者的较多选择,分别为12.9%和11.8%。

表6-21 白朗县本地/外来受访者自我经济地位评价的参照对象分布

	本地/外来人自我经济地位评价的参照对象（%）								
	亲戚朋友	本乡村人	本乡村同民族人	县里人	县里本民族人	城市人	本民族人	全国人	说不清	合计
本地	3.9	63.3	8.8	4.2	0.7	2.1	0.7	0.7	15.5	100.0
外来	11.8	8.6	8.6	5.4	12.9	9.7	0.0	4.3	38.7	100.0
白朗县	5.9	49.7	8.8	4.5	3.7	4.0	0.5	1.6	21.3	100.0
样本量	22	187	33	17	14	15	2	6	80	376

三 退耕还林/草与生态保护

白朗县地处西藏自治区西南部,位于雅鲁藏布江主要支流——年楚河中游，属高山河谷宽谷地貌地势，西南高，东北低，平均海拔4200米，县城驻地海拔3890米，现有耕地面积803万亩，草场面积378万亩。为保护生态环境，白朗县也实施了退耕还林/还草项目。

尽管白朗受访者中仅有53户承认自家所在地区实施过退耕还林/还草，约占总样本的13%。但仔细分析可以发现，其中有43户填写了所在村资料，分别来自白朗县4个乡镇的8个行政村。同时在对扶贫政策的考察中，有80个受访者知道当地推行过退耕还林还草工程，其中有66人表示了满意。

表6–22　　　　　　白朗县调查涉及的退耕还林/草区域

白朗县地区	个案数
东嘎镇玛义村委会	8
洛江镇彭国村	8
雪布村	8
洛江镇洛江村委会	7
玛乡吉定村	5
巴扎乡金嘎村委会	4
宗下村	2
白雪村	1
合计	43

此外，值得注意的是，对退耕面积的感知与受访者对退耕后的收入变化的评价有一定相关性。如表6–23所示，自认为退耕（牧）面积较多的受访家庭有75%认为"退耕（牧）后自家收入没变化"；而退耕（牧）面积中等的受访家庭有50%认为"退耕（牧）后自家收入提高"。

表6–23　　　白朗县退耕面积对退耕还林经济效果评价的影响

	您认为退耕还林（退牧还草）的经济效果（%）				
	退耕(牧)后自家收入没变化	退耕(牧)后自家收入下降	退耕(牧)后自家收入提高	不清楚	样本量（个）
退耕（牧）面积较多	75.0		25.0		8
退耕（牧）面积中等	5.6	5.6	50.0	38.9	18
退耕（牧）面积较少	22.2	5.6	16.7	55.6	18
白朗县	22.4	4.1	32.7	40.8	49

如表 6-24 所示，尽管受访的户主对政策给自家经济带来的直接后果态度不算明确，但其对该政策在未来继续推行给予了肯定，认为应"扩大面积和提高补助标准"的受访者约占户主意见的 57.6%，此外还有 24.2% 的受访户主选择"保持现状"。但由于"扩大面积和提高补助标准"本身包含着政策调整的两种可能，要了解受访者的真实想法还需进一步甄别。

表 6-24 白朗县受访者对未来退耕还林的政策期待

	退耕还林（退牧还草）政策在未来应该（%）				
	扩大面积和提高补助标准	保持现状	停止执行	不清楚	样本量（个）
户主本人	57.6	24.2	3.0	15.2	33
合计	52.8	22.6	1.9	22.6	53

由表 6-25 可知，退耕面积大的家户 62.5% 倾向于"保持现状"，而自觉退耕面积中等或较少的受访者均有 60% 多支持"扩大面积和提高补助标准"。

表 6-25 白朗县不同退耕情况与退耕政策期待

	退耕还林（退牧还草）政策在未来应该（%）				
	扩大面积和提高补助标准	保持现状	停止执行	不清楚	样本量（个）
退耕（牧）面积较多	25.0	62.5		12.5	8
退耕（牧）面积中等	66.7	27.8		5.6	18
退耕（牧）面积较少	63.2	5.3		31.6	19
合计	56.0	24.0	2.0	18.0	50

关于生态环境和资源保护的态度，白朗县受访者的环保意识比较强。如表 6-26 所示，96.5% 的受访居民认为"大自然很容易被破坏，需要人类开发使用中加强保护"，95.5% 的受访居民认为"为了子孙后代的生存和发展必须大力保护环境"，96.3% 的受访居民认为"万物与人类一样都有生命"，92.3% 的受访居民认为"必须平衡好开发利用与保护资源环境的关系"，85.5% 的受访居民认为不能为了致富而忽略环境约束问题，76.8% 的受访居民认为"国家和发达地区需要加强生态补偿机制建设"。

"为了当地经济发展和解决就业，需要大规模开发自然资源"是这组考察题中分歧最大的一题。55%的受访居民反对，30.5%的受访者则表示同意。通过本地/外来维度进一步考察发现，外来受访者反对比例明显高于本地人，约占69.2%。这是答题惯性还是反映群体真实心理，需要更多考察和测试。

表6-26　　　　　白朗县受访者生态意识的考察　　　　　　（%）

	大自然很容易被破坏，需要人类开发使用中加强保护	万物与人类一样都有生命	为了子孙后代的生存和发展必须大力保护环境	必须平衡好开发利用与保护资源环境的关系	为了加快致富发展，人类没必要考虑环境约束问题	为了当地经济发展和解决就业，需要大规模开发自然资源	国家和发达地区需要加强生态补偿机制建设
同意	96.5	96.3	95.5	92.3	8.8	30.5	76.8
反对			0.3	0.3	85.5	55.0	1.0
不清楚	3.3	3.5	3.5	6.5	5.3	13.8	21.8
样本量（个）	399	399	397	396	398	397	398

四　社会政策

（一）社会保障

1. 本地与外来人口社会保险参保情况

由于白朗县受访者中80%均为农业户口，故重点考察放在农村社会保险方面。如表6-27所示，白朗县农村居民参加新农合的比例为88.9%，参加新农保的比例为46.2%。从户口来源看，本地居民参与新农合和新农保的比例最高，分别为92.6%、48.4%，外来人口的参保比例分别为57.6%和27.3%。

表6-27　　白朗县本地/外来农村受访者参加社保情况比较　　（%）

	本地/外来人口参加新型农村医疗保险制度			本地/外来人口参加新型农村养老保险制度		
	是	否	样本量（个）	是	否	样本量（个）
本地	92.6	7.4	282	48.4	51.6	281
外来	57.6	42.4	33	27.3	72.7	33
合计	88.9	11.1	315	46.2	53.8	314

在外来受访者分民族的统计中（见表 6-28），藏族整体参保率仍是最高的，参加城镇、农村基本医疗保险的比例分别为 72.2%、22.2%；其次是汉族，分别为 48.6%、11.4%。回族以及东乡族均参加的是新农合，但比例较低，分别为 11.8%。

表 6-28　　白朗县外来受访者分民族参加新农合以及新农保情况

	外来人口分民族基本医疗保险参保率（%）			
	城镇	农村	未参保	样本量（个）
汉族	48.6	11.4	40.0	35
回族		11.8	88.2	17
藏族	72.2	22.2	5.6	54
东乡族			100	1
样本量（个）	47.9	16.2	35.9	107

白朗县外来人口在养老保险参与率方面（见表 6-29），总体上明显低于基本医疗保险，总体参保率为 29.1%，其中城镇参保率为 21.4%，农村参保率为 7.7%。分民族看，外来藏族参保率仍然高于其他民族，城乡合计参保 44.5%，其中城镇参保率为 31.5%，农村参保率为 13%。其次仍为汉族总体参保率为 25.8%。回族参保仍在农村，比例不足 6%。

表 6-29　　白朗县不同民族外来人口的基本养老参保情况

	外来人口基本养老保险（%）			
	城镇	农村	未参保	样本量（个）
汉族	22.9	2.9	74.3	35
回族	0.0	5.9	94.1	17
藏族	31.5	13.0	55.6	54
合计	21.4	7.7	70.9	106

2. 受访居民对社会保障的评价

白朗县受访居民整体对当地社会保障整体评价较高（见表 6-30），对各社会保障项目评分均在 2.3—2.6 分。具体来看，在本地受访居民和外来受访者间存在结构差异：本地受访者在各项评分中均高出外来人口 0.5—1.0 分。其中对"城镇职工/居民的基本医疗保险"评分中，本地与外来受访者评分差值均为 1.0 分，不仅是评分差值最大项，而且也是本地人口评分为满分的两项。此外,本地受访者对"城镇居民养老保险"也评价为 3.0 分,满分,表明这三项中本地受访者没有表示不满意的。"新型农村合作医疗"是填答率最高的一项,有效样本为 278 个,本地比外来受访者的评分高,分别为 2.6 分和 1.8 分;"新型农村养老保险"中,本地与外来受访者的评价分别为 2.5 分和 1.7 分,差值 0.8 分。通过对原始数据的观察,外来受访者在各项明确表示不满意的频次均为 1 分,但其对社保评价一般的比例明显高于本地人。

表 6–30　　　　白朗县受访居民对社会保障的满意度

	白朗县社会保障满意度(%)				
	城镇职工基本医疗保险	城镇居民基本医疗保险	城镇居民养老保险	新型农村合作医疗	新型农村养老保险
本地	3.0	3.0	3.0	2.6	2.5
外来	2.0	2.0	2.5	1.8	1.7
合计	2.3	2.3	2.6	2.6	2.5
样本量(个)	57	13	32	278	145

进一步对本地/外来受访者分民族考察,可以发现外来受访者的意见不存在民族差异,认为低保"能够帮助提高生活水平"的比例最多,汉族、回族、藏族受访者的比例分别为 36.7%、50.0% 和 46.9%。而同一民族的本地受访者和外来受访者并不存在观点的趋同,本地藏族受访者与外来藏族受访者间的比较表现得很清楚,本地藏族受访者对低保作用的看法排在前两位的分别是"能够帮助解决家庭特殊困难"和"能够满足最低需求",分别占 36.5% 和 32.7%,而外来藏族受访者选的最多的"能够帮助提高生活水平",在本地藏族受访者中有 23.2% 选择此项,排位第三。由此可进一步看出,对低保看法的差异并不存在明显的民族差异,而在外来受访者与本地受访者之间确有明显差异(见表 6–31、表 6–32)。

表 6–31　　　白朗县本地/外来受访者对低保作用的基本看法

本地或外来民族(%)	能够满足最低需求	能够帮助提高生活水平	能够帮助解决家庭特殊困难	不能够满足最低需求	样本量(个)
本地	32.5	23.1	36.9	7.5	268
外来	26.6	44.7	19.1	9.6	94
合计	30.9	28.7	32.3	8.0	362

表6-32 白朗县本地/外来受访者分民族对低保作用的基本看法

本地或外来民族（%）		能够满足最低需求	能够帮助提高生活水平	能够帮助解决家庭特殊困难	不能够满足最低需求	样本量（个）
本地	藏族	32.7	23.2	36.5	7.6	263
外来	汉族	30.0	36.7	23.3	10.0	30
	回族	21.4	50.0	7.1	21.4	14
	藏族	26.5	46.9	20.4	6.1	49
合计		26.6	44.7	19.1	9.6	94

（二）少数民族特殊政策认知与评价

1. 高考加分政策

如表6-33所示，关于高考加分政策是针对民族地区，还是针对少数民族，对受访者的态度影响并不明显。分民族看，满意度最高的还是当地的主体民族藏族，其对民族地区以及少数民族的高考加分满意度分别为54.9%和54.1%，其次是回族，二者均为47.1%。二者均高于汉族受访者的满意度。而汉族对民族地区的高考加分以及针对少数民族的高考加分的满意度，区分并不明显，分别为41.7%和40.0%。而汉族、回族和藏族三族对本题选择的第二众数，无论是针对民族地区还是少数民族均为"不清楚"。这一比例在各人群中所占比例在29.4%—42.4%不等，而藏族表示"不清楚"的比例也是最高的。结合当地受教育程度在大学及以上仅为15.3%，对本题中较高比例的"不清楚"可能具有一定的解释力。

表6-33 白朗县受访者对民族地区和少数民族高考加分政策的评价（%）

	您如何评价针对民族地区的高考加分政策？				您如何评价针对少数民族的高考加分政策？			
	满意	不满意	不清楚	样本量（个）	满意	不满意	不清楚	样本量（个）
汉族	41.7	25.0	33.3	36	40.0	28.6	31.4	35
回族	47.1	23.5	29.4	17	47.1	23.5	29.4	17
藏族	54.9	4.4	40.7	339	54.1	3.5	42.4	340
合计	53.7	7.3	39.0	397	52.9	6.8	40.3	397

如表6-34所示，尽管汉族受访者对于高考政策是针对"民族地区"还是针对"少数民族"并不敏感，但对长期在城市居住的少数民族子女享受高考加分政策，则有47.1%的汉族受访者表示"不应该"；明显区别

于回族、藏族等少数民族受访者，二者比例分别为 25.0% 和 8.4%。藏族有 46.9% 的受访者表示"应该"，表现了更强的民族意识。但由于藏族对政策本身存在较高比例的"不清楚"，也直接影响了这批受访者对本题的明确表态，这在一定程度上会稀释本题对藏族民族意识的体现。

表 6-34　　　白朗县不同民族受访者对长期居住在城市的少数民族子女高考加分态度

	应该	不应该	不清楚	样本量（个）
汉族	29.4	47.1	23.5	34
回族	37.5	25.0	37.5	16
藏族	46.9	8.4	44.7	311
合计	44.8	13.1	42.1	366

如果是少数民族且长期在城市居住，其子女高考是否应该加分？（%）

2. 语言政策

由表 6-35 所知，白朗县受访者中，人生最先习得"普通话"的仅占 3.6%，最新习得"汉语方言"的为 10.2%，而有 86.2% 的受访者最先习得的均为"本民族语言"。这和本地藏族约占受访者 70% 有较大关系。同时也可以看到，即便是以汉语为日常交往常用语的汉族、回族二族，以"普通话"为母语的分别占 25% 和 23.5%，大部分以"汉语方言"为主，汉族、回族比例分别为 72.2% 和 70.6%。受访藏族以"本民族语言"为母语的为 98.8%。这些都表明在当地推行双语教育的必要性。

表 6-35　　　白朗县不同民族受访者母语调查

	普通话	汉语方言	本民族语言	样本量（个）
汉族	25.0	72.2	2.8	36
回族	23.5	70.6	5.9	17
藏族		0.2	98.8	341
维吾尔族			100.0	2
土家族			100.0	2
东乡族			100.0	1
合计	3.6	10.2	86.2	399

小时候您最先会说哪种话（语言）（%）

就受访者提供的汉语方言来看,除了甘、青、川等邻近地区,还包括豫、鄂、湘、陕、鲁、闽、苏等省方言。也可一窥该地汉语外来人口的来源分布。

在对子女在当地接受双语教育问题上,藏族的积极性最高,表示"愿意"的比例为87.8%,汉族、回族均约有一半人表示"愿意"。表示"不愿意"的受访者中给出原因的以汉族居多,他们都认为所在地的教育水平和教学质量不如内地,因而均将子女放在内地接受教育。

表6-36　白朗县不同民族受访者对送子女上双语学校的态度

	愿意	不愿意	无所谓	样本量(个)
汉族	50.0	30.6	19.4	36
回族	52.9	17.6	29.4	17
藏族	87.8	0.3	11.9	337
合计	82.8	4.1	13.2	390

您是否愿意送子女到所在地双语学校学习?(%)

对少数民族地区工作的干部学习当地民族语言必要性的表态上,不存在民族差异,汉族、回族、藏族三族均有85%及以上的受访者表示"有必要"。

表6-37　白朗县不同民族受访者对民族地区干部掌握双语的必要性认知

您认为在少数民族地区工作的干部是否有必要学习和掌握当地的民族语言?(%)

	有必要	一般	没必要	不清楚	样本量(个)
汉族	88.9	2.8	2.8	5.6	36
回族	88.2	5.9		5.9	17
藏族	85.0	3.5	1.8	9.7	339
合计	85.6	3.5	1.8	9.1	397

3. 对当前民族特殊政策的满意度

如表6-38所示,白朗县藏族对于国家当前的民族特殊优惠政策的满意度是最高的,超过了90%(93.1%)。但同为少数民族的回族则是汉族、回族、藏族中三者最低的,但也超过了60%。

表 6-38　　　　白朗县受访者对国家当前民族特殊政策的满意度

	您对当前国家实施的民族特殊优惠政策满意吗？（%）			
	满意	不满意	不清楚	样本量（个）
汉族	66.7	8.3	25.0	36
回族	64.7		35.3	17
藏族	93.1	1.2	5.7	335
合计	89.5	1.8	8.7	392

五　民族关系与社会和谐

本部分从日常交际语言使用、宗教差异、族际交往、族际通婚、社会公平、当地受访居民对外来人员的评价、民族身份平等、民族关系主观评价和民族冲突状况这 9 个方面，对白朗县民族关系现状加以论述。

（一）日常交际用语

在日常交际用语方面，以汉语方言为主要母语的汉、回受访者 100% 能使用普通话，藏族受访者在主讲藏语的同时，只有 26.7% 可以讲普通话。同时有 47.2% 的汉族和 64.7% 的回族学习了当地的通用语藏语。

表 6-39　　　　白朗县受访者不同民族的语言能力

	您现在能用哪些话（语言）与人交谈？（%）				
	普通话	汉语方言	本民族语言	其他少数民族语言	样本量（个）
汉族	100.0	75.0	2.8	47.2（藏语）	36
回族	100.0	70.6	23.5	64.7（藏语）	17
藏族	26.7	4.1	99.4	0.6	341
合计	36.6	13.5	87.5	7.8	399

如表 6-40 可知，各民族受访者对于第二语言的掌握程度均相对有限。在普通话中，除汉族、藏族受访者中表示"能流利准确地使用"最多，分别占 44.4% 和 38.5%；在对其他少数民族的语言掌握程度上，以汉语方言为母语的汉族、回族二族尽管均有 40% 的人表示了自己"会藏语"，但在掌握程度上均集中在"基本能交谈但不太熟练"，比例分别为

52.9%和90.9%。由此，受访者在第二语言的学习和运用水平相差不大。

表 6-40　　　　白朗县不同民族受访者对不同语言的掌握程度　　　　（%）

		能流利准确地使用	能熟练使用但有些音不准	能熟练使用但口音较重	基本能交谈但不太熟练	能听懂但不太熟练	能听懂一些但不会说	听不懂也不会说	样本量（个）
普通话	汉族	44.4	36.1	19.4					36
	回族	17.6	35.3	23.5	23.5				17
	藏族	38.5	19.8	5.2	16.7	13.5	6.3		96
汉语方言	汉族	96.2		3.8					26
	回族	91.7			8.3				12
	藏族	22.2	16.7	5.6	22.2	22.2	5.6	5.6	18
其他民族语言	汉族				52.9	11.8	35.3		17
	回族	9.1			90.9				11

如表 6-41 所示，在普通话学习上藏族表现了最高的积极性，96.5%的受访者明确认为对自己有好处，其中认为"对工作生活各方面都有好处"的占63.2%，明显高于汉族、回族二族。擅长经商的回族受访者有41.2%认为"有好处，方便做买卖"。

表 6-41　　　　白朗县不同民族受访者对讲普通话意义的认知

	您觉得会说普通话对您有好处吗？（%）					
	有好处，方便与其他民族交往	有好处，方便做买卖	对工作生活各方面都有好处	不好说	没太大好处	样本量（个）
汉族	33.3	22.2	44.4	0.0	0.0	36
回族	29.4	41.2	23.5	5.9	0.0	17
藏族	26.8	6.5	63.2	1.2	2.4	340
合计	27.1	9.8	59.8	1.3	2.0	398

（二）宗教信仰

如表 6-42 所示，白朗县受访居民明确表示"没有宗教信仰"的占8.5%，"不知道（不清楚）"以及"不想说"的分别占到2.6%和2.1%。分民族看，汉族69.4%的受访者表示"没有宗教信仰"，回族94.1%的受访者表示信仰"伊斯兰教"。藏族中信仰佛教的比例与政治面貌呈反向变化,党员、团员以及群众中明确表示信仰佛教的分别为 55.3%、84.6% 和 97.8%。

表 6-42　政治面目对白朗县不同民族受访者信仰表达的影响

		受访者宗教信仰情况(%)						
		伊斯兰教	佛教	其他(请注明)	没有宗教信仰	不知道(不清楚)	不想说	样本量(个)
汉族		2.8	5.6		69.4	22.2		36
回族		94.1			5.9			17
藏族	党员		55.3	1.2	27.1	9.4	7.1	85
	团员		84.6	3.8	11.5	0.0	0.0	26
	群体		97.8	0.0	1.3	0.4	0.4	230
	合计		86.2	0.6	8.5	2.6	2.1	341

(三) 交往意愿

如表 6-43 所示,藏族与汉族交往意愿普遍高于与其他少数民族的交往意愿。有 50% 的受访者表示对"一起工作""聊天"有强烈意愿,除却"结为亲家"一项以外,对其他四项表示愿意交往的都超过了 70%,尽管通婚是考察族际关系的重要指标,但在藏族比例高达 85% 的传统农业藏区白朗,藏汉通婚的机会并不多,而且面临着比较明显的生活习惯差异。此外,"一起工作""聊天"也是藏族与其他少数民族交往时,愿意参与的活动。

表 6-43　白朗县藏族受访者与汉族受访者以及与其他少数民族交往意愿比较

	和汉族互动意愿(%)						和其他少数民族互动意愿(%)					
	很愿意	比较愿意	不太愿意	不愿意	不好说	样本(个)	很愿意	比较愿意	不太愿意	不愿意	不好说	样本(个)
聊天	49.2	31.8	14.1	2.5	2.5	362	35.0	31.1	18.9	11.1	3.9	334
成为邻居	45.4	33.2	14.1	3.6	3.6	361	32.3	31.7	19.5	11.1	5.4	334
一起工作	50.0	37.8	8.3	0.8	3.0	362	36.0	36.0	12.6	9.6	5.7	333
成为亲密朋友	42.3	31.5	14.4	6.4	5.0	360	31.4	31.1	19.5	12.9	5.1	334
结为亲家	16.1	16.9	23.1	27.8	16.1	360	11.9	14.6	22.1	35.8	15.5	335

(四) 社会压力与安全感考察

如表 6-44 所示，受访者"经济压力""孩子教育"和"住房压力"感觉压力更大些（包括感觉"压力很大"和"有压力"的受访者）。而在"婚姻生活""赡养父母"方面都有一半以上的人表示没有相关压力。在总体上，有三分之一的受访者选择了"有压力"，有近30%的受访者选择了"压力很小"，表示"压力很大"仅占总体的12.4%。

表 6-44　　　白朗县受访者最近一段时间面临各种压力的程度考察

	对个体压力的考察（%）				
	压力很大	有压力	压力很小	没有这方面压力	样本（个）
经济压力	28.3	36.3	23.5	12.0	400
个人发展	12.8	33.8	34.8	18.6	397
人情往来	5.6	21.3	37.0	36.2	395
孩子教育	32.2	28.7	14.4	24.7	397
医疗健康	21.4	30.4	28.6	19.6	398
赡养父母	11.1	19.8	17.3	51.8	398
住房压力	25.8	25.6	21.8	26.8	399
婚姻生活	3.8	12.1	20.1	64.1	398
总的社会生活	12.4	35.0	29.2	23.4	394

如表 6-45 所示，受访者总体社会安全感较高，约有59.5%选择"很安全"。在各项中，食品安全是受访者明显担忧的，无论是"很不安全"还是"不太安全"的比例都居各项之首，也是唯一"很安全"比例低于50%的选项。

表 6-45　　　白朗县受访者对如下各领域安全感的考察

	对安全感的考察（%）					
	很不安全	不太安全	比较安全	很安全	不确定	样本（个）
个人和家庭财产安全	1.0	4.8	26.8	66.0	1.5	400
人身安全	0.5	6.5	32.0	60.0	1.0	400
交通安全	1.5	16.5	26.0	51.5	4.5	400
医疗安全	1.5	13.5	32.3	50.3	2.5	400
食品安全	3.0	28.3	26.1	40.1	2.5	399

续表

对安全感的考察（%）	很不安全	不太安全	比较安全	很安全	不确定	样本（个）
劳动安全	0.5	8.0	28.8	59.3	3.5	400
个人信息、隐私安全	1.0	5.5	31.3	55.3	6.8	399
生态环境安全	1.5	8.8	30.3	57.3	2.3	400
人身自由	0.5	2.5	26.3	69.3	1.5	400
总体上的社会安全状况	0.3	5.1	33.6	59.5	1.5	393

（五）社会公平感考察

如表 6-46 所示，受访者总体社会公平感较好，认为"比较公平"和"很公平"的比例均在 45% 左右。但"干部选拔任用"一项在"很不公平"和"不太公平"上比例都是最高的，其在"比较公平"和"很公平"选项上分列倒数第三和倒数第一。此外，"住房"以及"就业"也是受访者感觉相对"不太公平"的两个领域。

表 6-46　白朗县受访者对各领域社会公平感的考察

	很不公平	不太公平	比较公平	很公平	不确定	样本（个）
教育	0.5	5.5	41.1	50.1	2.8	399
语言文字	0.3	2.8	41.8	52.1	3.0	397
医疗卫生	1.3	9.3	38.9	49.2	1.3	398
住房	1.5	6.3	40.1	49.6	2.5	397
社会保障	0.5	8.6	38.6	47.0	5.3	396
司法	1.3	4.5	30.6	57.6	6.1	396
干部选拔任用	8.1	17.9	34.5	30.0	9.6	397
就业	1.3	9.6	36.5	41.3	11.3	397
信息	0.8	4.0	38.8	45.6	11.3	397
政府办事	1.3	8.1	33.8	49.2	7.6	396
投资经营	0.8	4.8	37.2	38.7	18.6	393
总体上的社会公平状况	0.3	4.3	44.5	45.0	5.9	371

如表 6-47 所示，在解决不公平时，受访者选择最多的三种方式分别

是：找各级干部（32.1%）、自我承受（19.5%）以及"通过法律手段解决"（10.8%）。

表6–47　　　　　　　　白朗县受访者应对不公平的途径

	加权频次	加权频率（%）
自我承受	56	19.5
没有解决办法，但可寻求宗教安慰	16	5.6
找各级干部	92	32.1
不用自己关心，有别人会管的	5	1.7
自己想办法在网络上发信息	5	1.7
找相关报纸电视等媒体反映问题	18	6.3
通过非正式的渠道如托人、找关系	8	2.8
通过社区组织解决问题	17	5.9
组织周围群众集会、游行、示威等方式	1	0.3
上访或集体上访	18	6.3
通过法律手段解决	31	10.8
集体暴力抗争	0	0.0
宗教组织	1	0.3
其他（请注明）	20	7.0
合计	287	100.0

（六）社会矛盾程度认知

如表6–48所示，超过一半受访者表示"民族关系局部不和谐"和"城乡居民间冲突""不同宗教信仰者间冲突"完全不严重，而"干群矛盾"在"非常严重"和"有点严重"中都是排位最高的，但比例不大，此外"贫富冲突"以及"医患矛盾"也排位较高。

表6–48　　　　白朗县受访者对社会矛盾严重程度的评价

	对以下矛盾严重程度的评价（%）					
	非常严重	有点严重	不算严重	完全不严重	不清楚	样本（个）
干群矛盾	3.0	12.3	41.3	37.8	5.5	397
民族关系局部不和谐	1.8	4.8	33.9	51.8	7.8	398

续表

	对以下矛盾严重程度的评价（%）					
	非常严重	有点严重	不算严重	完全不严重	不清楚	样本（个）
城乡居民间冲突	1.3	3.8	33.9	51.3	9.8	398
医患矛盾	2.5	11.3	31.7	44.7	9.8	398
贫富冲突	2.3	12.0	28.8	48.4	8.5	399
不同宗教信仰者间冲突	1.8	4.3	21.9	57.5	14.6	398

（七）民族关系评价

如表6-49所示，受访者在三个历史时期普遍认为本地民族关系好于全国民族关系。而2001年以来，无论是全国还是本地的民族关系都达到了前所未有的高点，分别有84.9%和88.8%的受访者选择了民族关系"好"；而对于改革开放前的全国和本地民族关系的最多表态都是"说不清"的受访者均在四成左右。

表6-49　　　　白朗县受访者对以下时期全国及当地
不同民族间相互关系的评价

	对以下时期全国及当地不同民族间相互关系的评价（%）									
	全国					本地				
	好	一般	不好	说不清	样本（个）	好	一般	不好	说不清	样本（个）
改革开放前	21.3	22.3	13.2	43.3	395	28.1	19.7	12.2	40.0	395
1978—2000年	52.1	25.7	3.0	19.1	397	56.9	23.6	4.5	15.0	399
2001年以来	84.9	7.8	1.3	6.0	397	88.8	8.5	0.8	2.0	400

（八）特色文化及保护

虽然有关"最具特色的民族文化"和"最需要政府保护的民族文化"二题是单独考察的，但其结果却比较相似。如表6-50所示，排在二者前三位的均为"传统服饰""传统节日"和"宗教活动习俗"。

表 6-50　　白朗县最具特色文化以及最需要政府保护的文化比较

	最具特色的民族文化		最需要政府保护的民族文化	
	加权频次	加权频率（%）	加权频次	加权频率（%）
传统民居	47	13.4	41	11.7
传统服饰	77	21.9	61	17.5
传统节日	64	18.2	68	19.5
人生礼仪	36	10.2	33	9.5
传统文娱活动	9	2.6	11	3.2
传统饮食	21	6.0	20	5.7
道德规范	16	4.5	21	6.0
人际交往习俗	12	3.4	13	3.7
传统生产方式	7	2.0	12	3.4
宗教活动习俗	56	15.9	61	17.5
其他（请注明）	8	2.3	10	2.9
合计	352	100.0	349	100.0

如表 6-51 所示，在了解民俗文化的主要渠道中，排在前三位的分别是："广播、电视、互联网等"（33.2%）、"家庭、邻里、亲朋耳濡目染"（30.1%）和"村庄或社区的公共文化等活动"（14.9%）。

表 6-51　　白朗县受访者了解民俗文化的主要渠道

了解本民族（本地）/其他民族（外地）民俗文化的主要渠道	加权频次	加权百分比（%）
家庭、邻里、亲朋耳濡目染	95	30.1
学校教育	27	8.5
村庄或社区的公共文化等活动	47	14.9
旅游展示	13	4.1
广播、电视、互联网等	105	33.2
图书报刊	14	4.4
其他（请注明）	15	4.7
合计	316	100.0

如表 6-52 所示，当开发旅游资源与保护民族文化遗产发生冲突时，"保护本民族传统文化为主，不赞同过度商业化"是受访者的主要选择，

均超过60%。但同时认为"不好说"的受访者也都超过两成。藏族受访者中有13.5%表达了"以发展经济,提高现代生活水平为主"。

表6-52　白朗县不同受访民族对旅游开放以及本民族文化遗产保护的态度考察

当开发旅游资源和保护本民族文化遗产发生冲突时,您倾向于以下哪种态度?(%)				
	以发展经济,提高现代生活水平为主	保护本民族传统文化为主,不赞同过度商业化	不好说	样本量(个)
回族		76.5	23.5	17
藏族	13.5	61.8	24.7	304
合计	12.8	62.4	24.8	335

如表6-53所示,在对历史建筑改造的态度上,约有四成的人赞同"保持原貌不动",约有两成受访者表示"保留外形但内部可改造"。值得注意的是约有三成的人表示"不清楚"。

表6-53　　　白朗县受访者对历史建筑改造的态度考察

本地城市建设中您应如何看待历史建筑(以旧的传统民居和祖屋为主)的改造拆迁问题		
	频次	频率(%)
保持原貌不动	144	39.1
保留外形但内部可改造	70	19.0
直接拆迁	10	2.7
异地重建	30	8.2
不清楚	114	31.0
合计	368	100

(九) 民族身份认同

如表6-54所示,受访者在不同情境中,对民族身份的认同具有一定弹性。回族、藏族在同一文化情景中,对民族身份的认同也有所不同。当外国人在询问民族身份时,"中国人、本民族"是三个民族的最主要回答,分别占样本量的82.4%(回)和51.9%(藏)。藏族受访者的回答分化最大,其中认为"本民族优先"的占19.5%,认为"不分先后"的占24.5%。

但在数据中,回族受访者有更强的民族意识,无论是民族身份与公民身份还是民族身份与本地人身份的比较中,其强调民族身份的比例在三族中都是最高的。特别是在与本地人身份比较中,其强调民族身份优先的比例高达47.1%。

表6-54　　　　不同情景中的白朗县受访者民族身份认同考察

		回族	藏族	合计
如果外国人问您的民族身份,您回答的排序是(%)	中国人、本民族	82.4	51.9	54.3
	本民族、中国人	5.9	19.5	18.4
	二者不分先后	5.9	24.5	23.0
	不好回答	5.9	4.1	4.3
样本量(个)		17	339	370
在您的生活中,您认为民族身份和公民身份哪个对您更重要?(%)	民族身份	11.8	8.3	8.1
	公民身份	23.5	33.4	32.5
	一样重要	64.7	58.3	59.3
样本量(个)		17	338	369
在您的生活中,您认为民族身份和本地人身份哪个对您更重要?(%)	民族身份	47.1	26.3	26.8
	本地人身份	11.8	13.0	12.4
	一样重要	41.2	60.8	60.8
样本量(个)		17	339	370

(十)房屋拆迁态度及对城市生活的适应

在关于自家房屋拆迁的态度考察中,如表6-55所示,71.5%的受访者表示"服从国家需要",同时也有10.8%的受访者强调了"看拆迁工作的方式方法"对自身拆迁态度的重要影响。此外,"只要价钱合理就行"(8.8%)和"看周围邻居态度"(5.5%)均表现出一定的影响力。

表6-55　　　　白朗县受访者关于自家房屋拆迁的态度考察

如果本县/市的城市建设中您的房屋被计划拆迁,您的态度是:		
	频次	频率(%)
只要价钱合理就行	32	8.8
价钱再高也不愿意拆迁	12	3.3
服从国家需要	259	71.5
看周围邻居态度	20	5.5

续表

如果本县/市的城市建设中您的房屋被计划拆迁，您的态度是：		
	频次	频率（%）
看拆迁工作的方式方法	39	10.8
合计	362	100.0

如表 6-56 所示，关于城市生活，受访者不太习惯的地方主要表现在"各类开销多经济压力大"（19.8%）、"文化水平和技能低，难以找到满意的工作"（18.7%）以及"城市太大，生活不方便"（10.4%）。

表 6-56 　　白朗县农村受访者对城市生活适应的反向考察

假如您有进城工作或生活经历，您对城市有哪些不习惯的地方		
	加权频次	加权频率（%）
城市太大，生活不方便	28	10.4
各类开销多经济压力大	53	19.8
人际关系淡漠难有真朋友	25	9.3
住房拥挤	24	9.0
收入和社会地位低，被人看不起	17	6.3
工作中的规矩、管制多，不自由	9	3.4
文化水平和技能低，难以找到满意的工作	50	18.7
老人养老、孩子教育问题难解决	21	7.8
其他（请注明）	41	15.3
合计	268	100.0

如表 6-57 所示，在休闲时间安排上，有 69.8% 的受访者会"看电视或电影"；其次是"参加朋友聚会"，约占 39.1%；选择经常参加"宗教活动"的受访者，约占 25.1%，上述是白朗县受访者休闲时间经常参加排名前三的活动。

表 6-57 　　白朗县受访者参加休闲活动的考察

休闲时间（工作后或晚上）您经常参与的活动：			
	频率	百分比（%）	样本（个）
看电视或电影	259	69.8	371

续表

休闲时间（工作后或晚上）您经常参与的活动：			
	频率	百分比（%）	样本（个）
上网	42	11.3	371
参加朋友聚会	145	39.1	371
文体活动	42	11.3	371
读书学习	51	13.7	371
宗教活动	93	25.1	371
其他（请注明）	38	10.2	371

六 结论与讨论

白朗县在14—15世纪曾是江孜法王的领地和行宫所在地，也是后来白朗宗的政府所在地。昔日后藏地区的政治中心，成为今天西藏第二大城市日喀则市下辖的近郊县，据市中心不足50千米。从调查结果看，样本中日喀则市对白朗县流动人口辐射量不足30%，合计106人，其中县外藏族54人，占50.9%。在整个外来人群中，党政机关及事业单位负责人及工作人员合计53人，县外藏族占75%，共计40人。这些行政精英占县外藏族受访者的72.2%。通过对其受教育程度的考察，这些藏族行政精英中，大专及以上学历者超过70%。此外，回族17人全部集中于商业和服务业，占外来人口的16%。汉族外来人口占整个外来人口的1/3，其中一半集中于商业和服务业。可见藏族族内的高学历流动是目前白朗县流动人口的主要人群。2005年安德烈·马丁·费希尔（Andrew Martin Fisher）所言，西部大开发政策及随之涌入藏区的汉回流动人口会加剧本地人的边缘化[①]，缺乏事实依据。这一结果同时表明，关注不同地区藏族在西藏的流动对澄清一些所谓西藏族裔排斥论可能具有很大潜力，值得进一步关注。

此外，地处后藏中段的白朗县，是西藏典型的河谷农区，传统即为后藏粮仓的一部分。20世纪80年代以来，在立足其传统生计模式基础上，

---

① Andrew Martin Fisher, *State Growth and Social Exclusion in Tibet: Challenges of Recent Economic Growth*, NISA Press, 2005, p. xv.

经两批援藏人员与当地人民的共同努力，白朗县实现了产业结构调整，不仅成为西藏自治区商品粮基地县，而且在年楚河流域建立温室大棚，种植蔬菜，成为日喀则地区主要的蔬菜供应基地。国家对当地农业的扶植与改造，使得大多数当地农户可以从农业获取现金收益，在18463元左右，但从农业获利的边际效益已经不大，这部分收入不足一般家庭总体收入的二分之一，已经让位于非农收入。

292名本地受访者中有76.7%感觉在过去5年中，生活"上升很多"，这部分人群除一人外皆为藏族，同时高出外来人口约20个百分点。这一结论再次回击了安德烈·马丁·费希尔提出的"藏区面对的最紧迫经济问题就是大多数藏族在国家主导的快速增长中的社会经济边缘化"的论断。[①] 同时也表明因地制宜的产业扶植政策是对当地百姓经济生活的重要保障，澄清了西藏农区族裔不平等和空间不平等高度相关的误读。[②] 当然在改善西藏民生的问题上，仍然任重道远，调查结果也显示，经济压力仍是受访者感受的最大压力，与之相关的就业公平感低以及贫富差距的潜在矛盾都值得进一步关注。

那么怎样的流动可能进一步缓解经济压力呢？从调查结果看，白朗县有75.3%的当地人理想打工半径仅在县城之内，90%以上的人觉得在自治区内打工比较理想，愿意到内地打工的仅为2.1%。影响其外出打工的最主要原因是"家里需要照顾必须返乡"。可见，安居在一定程度上仍主导着当地人的乐业，这与藏区相对艰苦的高寒生境、人们更可能感知生命无常不无关系，因而倾向"低消耗"，而非"高增长"。此外，客观存在的语言障碍、大城市的经济开销以及"文化水平和技能低、难以找到满意工作"反映了白朗受访者外出打工的重重顾虑，推力与拉力并不充分。这意味着对于生态历史资源不同的藏族地区经济发展策略是"走出去"，还是"引进来"，不仅需要更仔细地甄别，因地制宜，而且可能需要考虑相关的语言、技能培训的配套措施。

与就业紧密相关的子女教育，是白朗县受访者面临的第二大压力。调查显示，接受高等教育，特别是本科教育大大增加了藏族进入国家机关党政组织、事业单位负责人和工作人员的机会。担任国家机关单位负责人的

---

① Andrew Martin Fisher, *State Growth and Social Exclusion in Tibet: Challenges of Recent Economic Growth*, NISA Press, 2005, p. xv.

② Ibid.

受访藏族92.4%的学历在大专及以上，而相关藏族工作人员82.5%的学历在大专及以上，合计47人。但值得关注的是，这47名藏族公务员中有40人非白朗县藏族，约占85%。这也不禁让人联想到受访者对于当地干部选拔任用的社会公平感不高，约有26%的受访者表达了"不公平"，这也是社会公平感考察中，不公平感最突出的一项，值得深入关注。

白朗县受访者感受的第三大压力来自医疗健康。尽管当地参加新型农村医疗保险制度的比例高达92.6%，但本地人对这一制度的满意度并不是太高。同时医患矛盾在当地是排在前三位的社会矛盾。如何提高新农保的满意度以及其他相关医疗制度及设施建设在藏区农村值得进一步探究。

此外，白朗县受访者安全感最低的是食品安全一项，这在西藏农牧区具有一定的普遍性。由于汉文程度不高，当地人阅读产品汉文说明的能力有限，对伪劣产品的辨识能力较弱，加之相关社会供给的力度不够，给了不法分子可乘之机，有必要对相关问题进行系统研究。

受类似之困影响，受访藏族对于学习普通话的积极意义有充分认识，63.2%的受访者认为对工作生活各方面都有好处，有26.8%认为便于与其他民族交往。也表现出较强与汉族互动的意愿，无论是聊天、成为邻居、一起工作、成为亲密朋友的动力都在70%—80%，全面高于与其他少数民族的互动意愿。

在特殊民族政策方面，藏族对双语教育的权利更为敏感，同时藏族对国家实施的民族特殊优惠政策满意度也最高，比例高达93.1%。对民族地区双语行政的期待并不存在民族差异。

最后白朗县受访者在房屋拆迁问题上，展现了较高程度的国家认同，71.5%的受访者表示会服从国家需要。在与外国人的情景交流中，51.9%的藏族会优先突出"中国人"身份，另有24.5%的藏族认为二者同等重要。而且在生活中当地藏族近60%的受访者认为民族身份和公民身份同样重要，如果一定要选择，优选公民身份的比例是优选民族身份的受访者的4倍。此外，改革开放以来国家民族关系的改善是绝大多数受访者的共识，而且认为本地民族关系始终高于全国水平，这表明民族和谐也是当地受访者的基本诉求之一。由此，白朗县受访者呈现了良好的国家认同状况。

第七章

西藏拉萨市经济社会发展综合调查报告

　　拉萨是我国西藏自治区的首府城市，藏语译为"圣地"，是西藏的政治、经济、文化和宗教中心，也是藏传佛教圣地。地处西藏高原的中部、喜马拉雅山脉北侧，海拔 3650 米，年日照 3000 小时以上，素有"日光城"之称。辖区面积 3 万平方千米，2013 年常住人口 83 万人，户籍人口 57.6 万，有城关区、林周、达孜、堆龙德庆、尼木、当雄、曲水、墨竹工卡 7 县 1 区。[①] 1988 年中央对西藏提出"一手抓稳定局势，一手抓繁荣经济"方针，明确指出稳定和发展是西藏面临的时代主题。2013 年 3 月习近平总书记提出"治国必治边，治边先稳藏"的治藏方略，将西藏的稳定和发展推到国家战略前沿的突出地位。拉萨一直在西藏自治区政治、经济、民生、文化、稳定等各方面发挥首位作用，作为稳定和发展的"要城"，对其他地市具有重要的辐射带动作用。2012 年拉萨市市委、市政府提出"环境立市、文化兴市、产业强市、民生安市、法治稳市"五大战略，全方位立体化地引领拉萨改革发展方向。本报告基于拉萨居民的主观反映，针对拉萨经济生活、社会事业、生态保护移民、民族关系、民族文化、民族政策、民族教育与语言、社会安全与和谐 8 个方面进行定量分析，为评估拉萨市经济社会发展程度提供必要参考依据，希望以此对维护拉萨市发展和稳定有所贡献。

---

① 《拉萨统计年鉴》，2013 年。

一 调查对象基本情况

本报告关于"拉萨市经济社会发展综合调查"的分析数据来源于中国社会科学院民族学与人类学研究所于 2014 年开展实施的中国社会科学院创新工程重大专项"21 世纪初中国少数民族地区经济社会发展综合调查"在拉萨市的家庭问卷抽样调查数据。拉萨市的样本回收数为 400 份,调查对象包括拉萨市各民族成员。问卷回收整理录入后,主要使用社会统计软件 SPSS 加以统计分析。调研对象的基本情况见表 7-1。

表 7-1　　　　　　　　　拉萨市人口基本特征　　　　　　　　　(%)

性别	男性	46	民族	汉族	14.4	户籍	农业	39.5
	女性	54		回族	3.5		非农业	25.3
年龄	30 岁及以下	21.25		藏族	80.9		居民户口(之前是农业户口)	26.3
	31—45 岁	39.25		其他民族	1.4		居民户口(之前是非农业户口)	9
	46—60 岁	28.25	宗教信仰	佛教	75.1	职业	国家机关事业单位负责人、工作人员	12.2
	61 岁及以上	11.25		没有宗教信仰	15.8		专业技术人员	1.8
受教育程度	未上学	33.8		伊斯兰教	4		各类企业办事人员	2.8
	小学	26.3		道教	0.3		商业人员	29.1
	初中	17		基督教	0.3		农林牧渔水利生产人员	7.7
	高中	13		不知道	4.3		生产、运输设备操作人员及有关人员	0.3
	大专及以上	10		不想说	0.3		军人	0.3
							不便分类的其他从业人员	45.9

注:(1)民族维度中"其他民族"是由样本量低于 30 的民族共同构成,拉萨的抽样数据中"其他民族"包含土族、门巴族、珞巴族。

(2)职业类型是按照人力资源和社会保障部职业能力建设司公布的国家职业分类目录编制而成,详情可参见网站:http://ms.nvq.net.cn/nvqdbApp/htm/fenlei/index.html。

从拉萨市被访群体的人口特征来看,在性别方面,男性比例为 46%,女性比例为 54%,女性明显高于男性。在年龄分布方面,31 岁至 60 岁占 67.5%,30 岁及以下的年轻人和 61 岁以上的人分别占 21.25%、11.25%。在民族成分上,藏族最多,占 80.9%,其次是汉族,占 14.4%,回族人口占比为3.5%，其他民族（门巴族、珞巴族、回族3个民族）人口比例较小，占1.4%。在户籍类型方面，农业户口占39.5%，非农业户口占25.3%，农业户口转居民户口的占26.3%，非农业户口转居民户口的占9%。在受教育程度上，接受了大专及以上教育的占10%。受教育程度在初中及以下的占77.1%。总体来看，受教育程度不高。在职业类型分布方面，不便分类的其他从业人员比例最大，占45.9%，其次商业人员占29.1%，"国家机关党群组织事业单位负责人和工作人员"占12.2%。在宗教信仰方面，信仰佛教的占75.1%，没有宗教信仰的占15.8%，信仰道教和基督教的皆占0.3%，4.3%不知道自己的宗教信仰情况。

二 经济生活

"稳定"和"发展"构成当今拉萨市的时代主旋律。"发展"包括经济发展和社会发展，经济发展是民族地区发展的起点，是民族平等、团结的物质基础，是民族共同繁荣的重要内容。地区经济发展包括宏观方面的经济增长、经济结构、经济关系、经济制度、经济协调和可持续发展等各方面，也包括微观方面的人均GDP、居民收入水平和结构、居民生活质量等微观方面，民族地区经济发展归根结底是要落实到民族地区人民的物质生活需要的满足上，因此，本报告从居民就业情况、住房情况和生活质量3个方面分析拉萨市居民经济生活情况。

（一）就业情况

就业是国家宏观调控目标之一，是地区经济内生增长的核心动力，也是最大的民生。就业关系到地区经济社会全局，影响着居民生活质量。本报告从职业类型、就业性质、就业途径和影响劳动力流动的因素4个方面分析拉萨市受访居民的就业状况。

拉萨市受访居民的职业类型集中在主要的几个行业。从事"灵活就业人员"比例最高，占45.9%，"商业、服务业人员"占29.1%，"国家机关党群组织、事业单位工作人员"占10.1%，从事"农林牧渔水利生产人员"占7.7%，其他职业分布比例较少。从城乡维度看，49.4%农村受访居民属"商业、服务业人员"，"灵活就业人员"占31%，从事"农林牧渔水利生产人员"仅占16.5%。城镇受访居民以"灵活就业人员"

为主，相关比例为34.7%，其次"国家机关党群组织、事业单位工作人员"占28.6%。农转居和非农转居人员主要以"灵活就业人员"为主，相关比例分别为70.8%、75%。城镇受访居民职业分布相对均匀，农村受访居民的职业分布较集中单一。因此，拉萨市受访居民主要是"不便分类的其他从业人员"，说明处于快速转型的拉萨市经济活跃程度较高，但同时面临职业结构体系构建和调整的重大任务。

表7-2 拉萨市城乡受访居民职业分布类型 (%)

	国家机关党群组织、事业单位负责人	国家机关党群组织、事业单位工作人员	专业技术人员	各类企业办事人员	商业、服务业人员	农林牧渔水利生产人员	生产、运输设备操作人员及有关人员	军人	灵活就业人员	合计	样本量（个）
拉萨市	2.1	10.1	1.8	2.8	29.1	7.7	0.3	0.3	45.9	100.0	388
农户	0.0	0.6	1.3	0.6	49.4	16.5	0.0	0.6	31.0	100.0	158
非农户	7.1	28.6	3.1	9.2	16.3	0.0	1.0	0.0	34.7	100.0	98
农转居	0.0	5.2	2.1	1.0	16.7	4.2	0.0	0.0	70.8	100.0	96
非农转居	2.8	13.9	0.0	0.0	8.3	0.0	0.0	0.0	75.0	100.0	36

注：以下将"农转居"和"非农转居"均归入城镇户籍。

在农村劳动力工作结构方面，拉萨市受访农村劳动力中有14.6%从事"非农务工"工作，这部分劳动力中50%从事非农务工时间为2—4个月，50%工作时间为12个月。2013年拉萨市农村受访劳动力从事"农业生产"的比例为14.6%，这部分劳动力工作时间大都在8—12个月范围内。从民族维度看，只有藏族农村受访劳动力从事"农业生产"或"非农务工"，藏族农村劳动力从事"非农务工"和"农业生产"的比例均为22.7%。农村的汉族和回族受访劳动力"非农务工"和"农业生产"的比例为零，可能是农村汉族和回族人口大都从事商业和服务业等第三产业，这一点能够从两个民族的职业分布情况得到印证。

表7-3 拉萨市农业户口受访劳动力工作性质 (%)

	非农务工	农业生产	样本量（个）
汉族	0.0	0.0	44
回族	0.0	0.0	13
藏族	22.7	22.7	97
合计	14.6	14.6	158

从城镇劳动力合同性质方面看，拉萨市城镇受访劳动力的合同以"固定职工（包括国家干部、公务员）"为主，比例为29.6%，25.6%是"退休人员、无工作人员和在校学生"，"长期合同工"占16%，"私营和个体经营人员"占10.4%，"短期或临时合同工"和"没有合同的员工"的情况分别占8.8%、9.6%。因受样本量的限制，所以只对藏族进行了分析。藏族受访者的"固定职工（包括国家干部、公务员）"比例为29.3%。此外，藏族劳动力中"没有合同的员工"的占9.5%。说明拉萨市城镇劳动力以工作稳定为主要就业导向，劳动力市场化程度不高。同时，劳动力市场还很不完善，短期临时合同工仍占据一定比例，甚至部分劳动力没有劳动合同，劳动者的合法权益保障工作需要进一步提升。

表7-4　　　　拉萨市非农业户口受访劳动力合同性质　　　　（%）

	固定职工（包括国家干部、公务员）	长期合同工	短期或临时合同工	没有合同的员工	私营或个体经营人员	退休人员、无工作人员和在校学生	合计	样本量（个）
藏族	29.3	16.4	9.5	9.5	9.5	25.9	100.0	109
合计	29.6	16.0	8.8	9.6	10.4	25.6	100.0	118

根据农村受访劳动力寻找非农工作的途径看，通过"政府/社区安排介绍"的占22.7%，尽管通过"其他"途径找工作的比例达36.4%，但"其他"主要包括开店、自己做等方式，对应灵活就业方向，因此可以说政府保障农村劳动力从事非农工作的能力较强。23.3%农村藏族受访者主要通过"政府/社区安排介绍"获得非农工作，其次是"朋友/熟人介绍"占14%，"商业职介（人才交流会等）"途径占11.6%。说明农村藏民通过传统社会关系网络和权力授予相结合的方式实现非农就业。总体来看，农村劳动力直接获得市场就业信息的机会小，利用市场途径实现非农就业的能力较弱，侧面说明市场发育不健全，城镇市场对农村劳动力的开放程度不足，劳动力未处于完全竞争状态。

表7-5　　　　拉萨市农村受访劳动力寻找非农工作的途径　　　　（%）

	政府/社区安排介绍	商业职介（人才交流会等）	招聘广告	直接申请（含考试）	家人/亲戚介绍	朋友/熟人介绍	通过本乡人介绍	其他	合计	样本量（个）
藏族	23.3	11.6	2.3	4.7	2.3	14.0	4.7	37.2	100.0	40
合计	22.7	11.4	2.3	4.5	2.3	13.6	6.8	36.4	100.0	41

从城镇受访劳动力就业途径来看，36%主要通过"直接申请（含考试）"实现就业，通过"政府/社区安排介绍"就业的占26.1%，"其他"路径相对较窄。尽管"直接申请（含考试）"所占的比例最大，但根据田野调查，由于拉萨市市场交换模式的配置条件不足，职业申请和商业职介大都由政府就业保障中心定期组织开展，只是从原来的政府包办调整到引导市场手段来主办。因此，政府仍然在保障拉萨市城镇劳动力就业方面发挥主导作用。藏族劳动力中35%通过"直接申请（含考试）"就业，28.2%依靠"政府/社区安排介绍"实现就业。

表7-6　　　　拉萨市城镇受访劳动力寻找非农工作的途径　　　　（%）

	政府/社区安排介绍	商业职介（人才交流会等）	招聘广告	直接申请（含考试）	家人/亲戚介绍	朋友/熟人介绍	通过本乡人介绍	其他	合计	样本量（个）
藏族	28.2	5.8	5.8	35.0	10.7	6.8	1.9	5.8	100.0	98
合计	26.1	7.2	5.4	36.0	9.9	8.1	1.8	5.4	100.0	106

根据表7-7，限制农村劳动力流动的主要原因是"其他"，相关比例为48.2%，"其他"部分12.3%是没有任何原因的，其次因在本地经商不愿外出工作的占3.3%。因"语言能力不强""当地能找到满意的工作"而不外出流动的均为11%。总体来看，拉萨市农村劳动力外出就业意愿不高。从民族维度看，除"其他"外，汉族劳动力外出就业限制的主要障碍是"当地能找到满意的工作"，比例为35%；藏族的主要原因是"语言能力不强"，比例为12.5%，其余各项原因也均有涉及。

表7-7　　　　拉萨市限制农村劳动力流动的因素　　　　（%）

	找不到工作（或担心）	不适应外地生活环境	收入没有在家稳定	疾病或伤残	家中农业缺乏劳动力	回家结婚、生育	当地能找到满意的工作	语言能力不强	缺乏同乡或熟人带领	不适应工作纪律、管理约束等	其他	合计	样本量（个）
汉族	0.0	5.0	0.0	0.0	0.0	0.0	35.0	0.0	0.0	0.0	60.0	100.0	38
藏族	10.0	5.0	1.9	3.1	8.1	3.8	6.9	12.5	0.6	1.3	46.9	100.0	59
合计	8.4	5.2	1.6	2.6	6.8	3.7	11.0	11.0	0.5	1.1	48.2	100.0	114

关于劳动力流动区域，农村受访者流动率非常低，结合农业发展受季

节性影响较大,可以推知农村劳动力流动区域较小。城镇 76.3% 的受访者主要流动区域为"县外省内",在"乡镇内"流动的比例为 14.8%,"乡外县内"占 8.1%。由此可知拉萨市城镇受访劳动力流动范围相对较大,由于拉萨市区在全自治区的就业空间最大,可以推知,拉萨地区城镇劳动力流动以拉萨市区为主。

表 7-8　　　　　拉萨市城镇受访劳动力流动区域　　　　　　（%）

	乡镇内	乡外县内	县外省内	省外国内	合计	样本量（个）
藏族	14.3	8.7	76.2	0.8	100.0	119
合计	14.8	8.1	76.3	0.7	100.0	128

在城乡受访者工作流动的主观愿望方面,42.5% 希望在"县外省内,但必须是家附近的市/县"工作,26.9% 希望在"县城之内"工作,希望到"东部一线大城市"工作的比例为 12.3%。从民族维度看,汉族、藏族关于外出工作区域的愿望与全体受访者相近,但藏族受访者中仅有 9.8% 希望到"东部一线大城市"工作,远低于其余各民族,说明藏族受访者有浓厚的乡土观念。

表 7-9　　　　拉萨市城乡受访居民劳动关于工作区域的主观愿望　　　　（%）

	县城之内	县外省内,但必须是家附近的市/县	县外省内无所谓远近	本省区相邻的外省区	本省区外非相邻省区	东部一线大城市	其他（请注明地区名称）	合计	样本量（个）
汉族	18.2	30.9	3.6	5.5	9.1	21.8	10.9	100.0	55
藏族	29.4	44.3	2.2	1.3	2.2	9.8	10.8	100.0	316
合计	26.9	42.5	2.3	1.8	3.8	12.3	10.5	100.0	391

关于阻碍城乡劳动力流动的主观看法,54.6% 受访者认为是"其他","其他"范围内,27.8% 因为没有外出就业经历,20.5% 属于没有任何原因。说明传统就业路径依赖和就业意愿不强是阻碍城乡劳动力流动的主要障碍。此外"语言障碍""生活习俗不能适应"和"孩子就学困难"也是阻碍城乡劳动力流动的重要因素,相关比例分别为 8.7%、8.2%、8.2%。从民族维度看,除"其他"原因外,汉族劳动力流动的主要障碍是"气候自然环境不能适应",比例为 7.9%;藏族的主要障碍

是"生活习俗不能适应"和"语言障碍",比例均为10.2%。

表7-10　　　拉萨市城乡受访者关于阻碍劳动力流动的主观看法　　　(%)

	得不到相关就业信息	被当地人看不起	工作辛苦收入低	想留在就业地但生活成本太高	生活习俗不能适应	气候自然环境不能适应	孩子就学困难	家里需要照顾必须返乡	当地政府的政策限制	语言障碍	其他	合计	样本量(个)
汉族	3.8	3.8	5.8	3.8	0.0	7.9	1.9	1.9	0.0	1.9	69.2	100.0	52
藏族	3.5	1.4	6.3	2.1	10.2	1.4	9.5	3.2	0.4	10.2	51.9	100.0	285
合计	3.4	2.3	6.5	2.5	8.2	2.5	8.2	2.8	0.3	8.7	54.6	100.0	355

(二) 住房情况

住房需求属于人类基本需求之一,关系到人的安全感和社会稳定,1931年美国总统胡佛谈道:没有什么东西比住房对人们的幸福和社会的安定更加重要。[①] 在自古以来以"安居乐业"作为民生终极目标的中国,住房更是"家"的物化,因此住房是社会稳定发展的重要载体。本报告将从家庭自有住房拥有情况、受访者对现有住房及住房政策的满意度两方面讨论拉萨市居民住房情况。

从家庭自有住房拥有情况看,拉萨市家庭中72.3%拥有1套自有住房,23.3%没有自有住房,拥有2套或2套以上自有住房的比例非常小。城乡受访者中没有住房的比例分别是42.4%和10.7%。

表7-11　　　　拉萨市受访家庭自有住房拥有情况　　　　(%)

	0	1	2	3	4及以上	合计	样本量(个)
农村	42.4	51.9	2.5	0.6	2.6	100.0	158
城镇	10.7	85.5	1.7	0.0	2.1	100.0	242
合计	23.3	72.3	2.0	0.3	2.1	100.0	400

目前拉萨市受访者居住的房屋中,61%为"自有住房",20.3%为"租/住廉租房",13.3%为"租/住私人房","租/住亲友房"的为2.5%。从城乡维度看,城镇居民"自有住房"占66.9%,农村居民占

---

① 周长城等:《中国生活质量:现状与评价》,社会科学文献出版社2003年版,第33页。

51.9%，低于城镇居民。农村居民"租/住私人房"的比例高于城镇居民。在拉萨市居民目前所住房屋的面积方面，总体平均值为104.8平方米，城镇家庭平均住房面积为84.5平方米，农村家庭为147.5平方米，农村家庭平均住房面积较大。

表7-13 　　　　　拉萨市受访家庭住房产权归属情况　　　　（%）

	自有住房	租/住廉租房	租/住亲友房	租/住私人房	集体宿舍	其他（请注明）	不清楚	合计	样本量（个）	面积（平方米）
农村	51.9	15.8	3.8	25.3	0.6	2.5	0.0	100.0	158	147.5
城镇	66.9	23.1	1.7	5.4	0.0	1.7	1.2	100.0	242	84.5
合计	61.0	20.3	2.5	13.3	0.3	2.0	0.8	100.0	400	104.8

关于对当前住房的评价，76.4%的受访居民持"满意"态度，"不满意"的仅占2.8%，总体满意度较高。从城乡维度看，农村居民对当前住房持"满意"态度的比例为69.5%，城镇居民为80.9%，高于农村居民。整体看居民对住房的满意度与居民自有住房情况存在一定正相关性，但并非完全线性相关。

表7-13 　　　　　拉萨市受访居民对当前住房的满意情况　　　　（%）

	满意	一般	不满意	不清楚	合计	样本量（个）
农村	69.5	22.1	5.2	3.2	100.0	154
城镇	80.9	16.1	1.3	1.7	100.0	236
合计	76.4	18.5	2.8	2.3	100.0	390

（三）生活质量

整体看，拉萨市受访居民对过去5年生活水平变化大都持肯定态度。89.2%的受访居民认为过去5年生活水平"上升很多"或"略有上升"，认为"上升很多"的占53.6%。从城乡维度看，农村93%受访居民认为过去5年生活水平"上升很多"或"略有上升"，城镇相关比例为86.7%，低于农村，说明近年来农村居民对生活质量的评价更乐观。

表7-14　拉萨市受访居民对过去5年生活水平变化的评价　　（%）

	上升很多	略有上升	没有变化	略有下降	不好说	合计	样本量（个）
农村	57.6	35.4	5.7	0.6	0.7	100.0	158
城镇	51.0	35.7	11.6	0.4	1.3	100.0	241
合计	53.6	35.6	9.3	0.5	1.0	100.0	399

三　移民与生态环境保护

拉萨市在藏传佛教文化中处于中心地位，在西藏自治区内外具有很强的吸引力。随着自治区内部各地区城镇化进程的加快，连接自治区与内地的青藏铁路通车，加之拉萨市生态发展具有中等或较高的弹性度，资源环境承载力有较大盈余，① 拉萨市近些年成为自治区内外移民和旅游的汇集地。但处于青藏高原的拉萨环境承载力毕竟有限，移民不可避免地产生一定环境污染和资源压力，因此关注拉萨市环境变化具有重要意义。本报告从生态环境保护和移民情况两个方面分析拉萨市生态环境现状。

（一）生态环境保护

关于所在地生态环境的评价，受访居民对20年前当地生态环境评价不高，仅44.8%认为当时生态环境"好"。认为当前自己所处地区生态环境"好"的比例为62.8%，66.7%认为未来20年后当地生态环境"好"。从历史维度看，受访居民对地区生态环境的评价逐渐升高。从民族维度看，汉族、藏族受访者对近20年来当地生态环境的评价逐渐变好。此外，汉族受访者对未来20年当地生态环境的评价均有一定程度提升，但藏族受访者居民对当地生态环境变化并不乐观。

表7-15　　拉萨市受访者对地区生态环境的评价　　（%）

	您对目前自己所处地区的生态环境评价			您所了解的20年前当地的生态环境状况			合计	样本量（个）
	好	一般	不好	好	一般	不好		
汉族	77.2	21.1	1.8	54.8	19.4	25.8	100.0	57

---

① 赵成章：《生态移民与西藏生态环境保护》，《西部论丛》2006年第5期。

续表

	您对目前自己所处地区的生态环境评价			您所了解的20年前当地的生态环境状况			合计	样本量
	好	一般	不好	好	一般	不好		
藏族	60.8	36.1	3.1	42.7	48.0	9.3	100.0	319
合计	62.8	34.4	2.8	44.8	43.6	11.6	100.0	398

	您认为20年后当地的生态环境状况			您对居住地周边环境状况的评价			合计	样本量（个）
	好	一般	不好	好	一般	不好		
汉族	90.9	5.5	3.6	77.2	22.8	0.0	100.0	57
藏族	60.9	34.6	4.5	67.5	30.0	2.5	100.0	319
合计	66.7	28.9	4.4	68.9	28.8	2.3	100.0	398

注：本报告对"居民关于地区生态环境"的评价标准进行量化的方法是：好为3分、一般为0分、不好为-3分，分值越高，对地区生态环境的评价越好。

关于生态环境和资源保护的态度，拉萨市受访居民的环保意识非常强。99.5%的受访居民认为"大自然很容易被破坏，需要人类开发使用中加强保护"，80%的受访居民认为"不能为了当地经济发展和解决就业，而大规模开发自然资源"，83.9%的受访居民认为"国家和发达地区需要加强生态补偿机制建设"，96%的受访居民认为"不能为了加快致富，不考虑环境约束问题"，96.5%的受访居民认为"必须平衡好开发利用与保护环境的关系"，98.5%的受访居民认为"为了子孙后代的生存和发展必须大力保护环境"，99%认为"万物与人类一样都有生命"。从民族维度看，汉族受访者的综合环保意识强于藏族受访者，但各民族受访者都具有很强的环保意识。由此看来，拉萨作为西藏宗教中心，拉萨市受访居民普遍认可"万物有灵，众生平等"的说法，且相比于物质生活的改善，拉萨市受访者更加注重生态环境的保护，在此前提下寻求环境与经济的协调发展。

表 7-16　拉萨市受访居民关于生态环境和资源保护方面的看法　　（%）

	大自然很容易被破坏，需要人类开发使用中加强保护	不能为了当地经济发展和解决就业，而大规模开发自然资源	国家和发达地区需要加强生态补偿机制建设	不能为了加快致富，不考虑环境约束问题	必须平衡好开发利用与保护环境的关系	为了子孙后代的生存和发展必须大力保护环境	万物与人类一样都有生命	样本量（个）
汉族	100.0	98.2	94.6	98.2	100.0	100.0	100.0	57
藏族	99.4	76.3	81.9	96.3	96.3	98.8	98.8	319
合计	99.5	80.0	83.9	96.0	96.5	98.5	99.0	398

拉萨市受访者对地方政府保护生态环境效果的整体评价较高。具体来看，受访者对"生态保护措施和法规"的评价为"好"的比例占72.5%；对"公众参与环境保护的宣传动员"工作评价"好"的比例为69%，对"环境保护投入力度""处罚违法违规环境事件""公众自发制止影响环境的资源开发"的态度的评价相关比例分别为63.8%、64.3%、63.3%。从民族维度看，汉族受访者相关评价大都高于平均水平，但对政府组织"公众参与环境保护的宣传动员"工作评价最低。藏族受访居民对政府各项环保工作评价接近整体平均水平。

表 7-17　拉萨市受访居民对地方政府保护生态环境效果的评价　　（%）

| | 生态保护措施和法规 |||| 环境保护投入力度 |||| 处罚违法违规环境事件 |||| 合计 | 样本量（个） |
	好	一般	不好	说不清	好	一般	不好	说不清	好	一般	不好	说不清		
汉族	75.4	14.0	1.8	8.8	70.2	19.3	1.8	8.8	70.2	14.0	7.0	8.8	100.0	57
藏族	71.7	24.9	2.2	1.2	61.7	34.9	1.9	1.6	62.6	34.0	1.6	1.9	100.0	319
合计	72.5	23.3	2.0	2.3	63.8	31.8	1.8	2.8	64.3	30.5	2.3	3.0	100.0	398

| | 公众参与环境保护的宣传动员 |||| 公众自发制止影响环境的资源开发 |||| 合计 | 样本量（个） |
	好	一般	不好	说不清	好	一般	不好	说不清		
汉族	66.7	19.3	5.3	8.8	73.7	10.5	3.5	12.3	100.0	57
藏族	68.8	28.3	1.2	1.6	61.4	26.8	1.2	10.6	100.0	319
合计	69.0	26.5	1.8	2.8	63.3	24.3	1.8	10.8	100.0	398

(二) 生态移民

拉萨市移民现象较少,调查样本中移民仅占5.5%。移民类型以"外地迁入"为主,这部分移民占移民样本总数的68.2%,"非工程移民"占13.6%,"其他"占18.2%,这里的"其他"主要是指打工。而调查样本中生态保护等大型公共工程移民比例为0。藏族受访移民中,65%为"外地迁入",15%为"非工程移民",以打工为主要内容的"其他"情况占20%。

表7-18　　　　　拉萨市受访居民生态移民类型　　　　　　　（%）

	非工程移民	外地迁入	其他	合计	样本量（个）
藏族	15.0	65.0	20.0	100.0	20
合计	13.6	68.2	18.2	100.0	22

拉萨市受访居民所在地区实施退耕还林还草项目的比例较低,仅为1.9%,98.1%未参与退耕还林还草项目。从民族维度看,汉族受访居民所在地区实施该项目的比例为5%;藏族受访者为1%。

表7-19　　　拉萨市受访居民所在地区实施退耕还林还草项目情况　　　（%）

	是	否	合计	样本量（个）
汉族	5.0	95.0	100.0	57
藏族	1.0	99.0	100.0	319
合计	1.9	98.1	100.0	398

四　社会事业发展

在实现中华民族伟大复兴的"中国梦"的伟大理想和2020年全面建成小康社会的战略目标过程中,推动社会事业均衡化发展,对于当前经济发展水平仍然落后于内地的拉萨而言,有利于改善民生、支持经济发展、体现社会主义制度优越性、维护社会稳定、实现长治久安。本部分从公共基础设施建设、社会保障、扶贫项目和居民社会预期4个方面对当前拉萨市社会事业发展状况加以讨论。

(一) 公共基础设施

根据受访者的回答，城乡各项基础公共设施缺失情况均不足 2%。总体来看受访者对各项公共基础设施持满意态度的比例均超过 50%。其中，农村受访者对教育设施满意的比例均低于城镇受访者 6.5—11.9 个百分点，但持不满意态度的比例也略低于城镇受访者。一方面说明城乡受访者对学前和小学阶段教育设施满意度差距小于对中学满意度的差距，初等教育公共基础设施均衡化程度高于中等教育阶段。另一方面说明农村受访者对教育及教育重要性的认知还不够清晰。此外，农村受访者对治安设施、活动中心、运动场所及器材、农贸市场、车站、码头、邮政储蓄所和银行等公共基础设施的满意度均低于城镇受访者，说明农村公共基础设施建设仍然落后于城镇。农村受访者对各项公共基础设施持"不好说"态度的比例均显著高于城镇受访者，说明农村受访者对公共基础设施的熟悉程度和使用率不及城镇受访者。值得注意的是，20 世纪末，拉萨市跟随内地市场化发展脚步，着重发展城镇地区重工业，与之相应的城乡公共基础设施建设曾出现两极化趋势。21 世纪以来，拉萨市发展目标结构有重大调整，城乡公共基础设施建设也趋向均等化，表 7-20 中尽管农村受访者对各项公共基础设施建设的满意度不及城镇受访者，但差值均在 0.5—12.9 个百分点，而农村受访者对卫生院基础设施的满意度高于城镇受访者，说明近年来拉萨市针对农村公共服务基础设施的"扶低"建设得到大力开展。

表 7-20　　　　拉萨市城乡受访者对公共基础设施的评价　　　　(%、个)

		满意	一般	不满意	不好说	没有该设施	合计	样本量
教育设施（幼儿园）	农村	66.9	12.1	0.6	20.4	0.0	100.0	157
	城镇	73.4	17.0	2.1	7.5	0.0	100.0	241
	合计	70.8	15.1	1.5	12.6	0.0	100.0	398
教育设施（小学）	农村	61.8	15.9	0.6	21.7	0.0	100.0	157
	城镇	68.9	22.8	1.7	6.2	0.4	100.0	241
	合计	66.1	20.1	1.3	12.3	0.3	100.0	398
教育设施（中学）	农村	54.5	21.2	0.6	23.1	0.6	100.0	156
	城镇	66.4	24.4	1.3	7.6	0.4	100.0	238
	合计	61.7	23.1	1.0	13.7	0.5	100.0	394

续表

		满意	一般	不满意	不好说	没有该设施	合计	样本量
社区或乡卫生院或最近的医院	农村	61.9	30.3	0.6	7.1	0.0	100.0	155
	城镇	59.4	33.9	1.7	4.6	0.4	100.0	239
	合计	60.4	32.5	1.3	5.6	0.3	100.0	394
治安设施（派出所、警卫室等）	农村	72.6	20.4	1.9	5.1	0.0	100.0	157
	城镇	73.1	21.9	2.1	2.9	0.0	100.0	242
	合计	72.9	21.3	2.0	3.8	0.0	100.0	399
活动中心（老年）	农村	49.7	26.1	3.8	19.1	1.3	100.0	157
	城镇	53.4	33.6	1.3	10.8	0.9	100.0	223
	合计	51.8	30.5	2.4	14.2	1.1	100.0	380
运动场所及器材	农村	49.7	30.3	3.2	14.8	1.9	100.0	155
	城镇	54.8	31.5	1.8	10.0	1.8	100.0	219
	合计	52.7	31.0	2.4	12.0	1.9	100.0	374
农贸市场	农村	45.9	44.6	3.2	5.1	1.3	100.0	157
	城镇	58.5	34.9	0.4	5.0	1.2	100.0	241
	合计	53.5	38.7	1.5	5.0	1.3	100.0	398
车站（码头）	农村	56.4	27.6	4.5	11.5	0.0	100.0	156
	城镇	64.7	24.9	3.3	7.1	0.0	100.0	241
	合计	61.5	25.9	3.8	8.8	0.0	100.0	397
邮电所	农村	57.4	27.1	0.6	13.5	1.3	100.0	155
	城镇	66.9	25.5	0.4	7.1	0.0	100.0	239
	合计	63.2	26.1	0.5	9.6	0.5	100.0	394
银行（信用社）	农村	61.9	27.7	1.3	7.7	1.3	100.0	155
	城镇	69.9	23.3	0.4	6.4	0.0	100.0	236
	合计	66.8	25.1	0.8	6.9	0.5	100.0	391

受访居民对幼儿园基础设施的评价较高，持"满意"态度的比例占70.9%，表示"不好说"的占12.6%。从民族维度看，藏族和汉族受访者对幼儿园基础设施持"满意"态度的比例分别为76.3%、50%。

表7-21（1）　　　　拉萨市不同民族受访居民对幼儿园的评价　　　　（%）

	满意	一般	不满意	不好说	合计	样本量（个）
汉族	50.0	3.6	1.8	44.6	100.0	56
藏族	76.3	17.2	0.9	5.6	100.0	320
合计	70.9	15.1	1.5	12.6	100.0	398

受访居民对小学基础设施的评价也较高，持"满意"态度的比例占66.1%，表示"一般"的占20.1%。从民族维度看，藏族对小学基础设施持"满意"态度的比例为70.3%，高于全市被访者的平均水平。汉族受访者相关比例为50%，远远低于全市平均水平。

表7-21（2）　　　　拉萨市不同民族受访居民对小学的评价　　　　（%）

	满意	一般	不满意	不好说	没有该设施	合计	样本量（个）
汉族	50.0	3.6	1.8	44.6		100.0	56
藏族	70.3	23.8	0.6	5.0	0.3	100.0	320
合计	66.1	20.1	1.3	12.3	0.3	100.0	398

受访居民对中学基础设施的评价也较高，持"满意"态度的比例占61.7%，表示"一般"的占23.1%。从民族维度看，藏族受访者对中学基础设施持"满意"态度的比例为65.2%，略高于全市被访者的平均水平。汉族受访者的相关比例为50%，远远低于全市平均水平。由此可见，拉萨市藏族受访居民对幼儿园、小学、中学三阶段基础设施的满意度依次降低，而汉族受访者的相关满意度基本不变。

表7-21（3）　　　　拉萨市不同民族受访者对中学的评价　　　　（%）

	满意	一般	不满意	不好说	没有该设施	合计	样本量（个）
汉族	50.0	7.1		42.9		100.0	56
藏族	65.2	26.6	0.6	7.0	0.6	100.0	316
合计	61.7	23.1	1.0	13.7	0.5	100.0	394

受访居民对社区或乡卫生院基础设施的评价良好，持"满意"态度的比例占60.4%，表示"一般"的占32.5%。从民族维度看，藏族受访者对卫生院基础设施持"满意"态度的比例为59.8%，低于全市被访者

的平均水平。汉族受访者相关比例为67.9%，高于全市平均水平。

表7-21（4）　拉萨市不同民族受访居民对社区或乡卫生院的评价　　（%）

	满意	一般	不满意	不好说	没有该设施	合计	样本量（个）
汉族	67.9	19.6		12.5		100.0	56
藏族	59.8	34.8	0.9	4.1	0.3	100.0	316
合计	60.4	32.5	1.3	5.6	0.3	100.0	394

受访居民对治安基础设施的评价较高，持"满意"态度的比例占72.9%，表示"一般"的占21.3%。从民族维度看，藏族受访者对治安基础设施持"满意"态度的比例为71.3%，略低于全市被访者的平均水平。汉族受访者相关比例为85.7%，远远高于全市平均水平。

表7-21（5）　　拉萨市不同民族受访居民对治安设施的评价　　（%）

	满意	一般	不满意	不好说	合计	样本量（个）
汉族	85.7	8.9	1.8	3.6	100.0	56
藏族	71.3	23.4	1.6	3.7	100.0	321
合计	72.9	21.3	2.0	3.8	100.0	399

受访居民对当地活动中心的评价相对较低，持"满意"态度的比例占51.8%，表示"一般"的占30.5%。从民族维度看，汉族受访者对当地活动中心设施持"满意"态度的比例为30.4%，低于全市被访者的平均水平。藏族受访者相关比例为57.9%，略高于全市平均水平。

表7-21（6）　　拉萨市不同民族受访居民对活动中心的评价　　（%）

	满意	一般	不满意	不好说	没有该设施	合计	样本量（个）
汉族	30.4	30.4	1.8	35.7	1.8	100.0	56
藏族	57.9	30.8	1.7	8.9	0.7	100.0	302
合计	51.8	30.5	2.4	14.2	1.1	100.0	380

受访居民对当地运动场所及器材的评价也相对较低，持"满意"态度的比例占52.7%，表示"一般"的占31.0%。从民族维度看，汉族受访者

对当地运动场所及器材持"满意"态度的比例为 30.9%，远远低于全市被访者的平均水平。藏族受访者相关比例为 58.9%，高于全市平均水平。

表 7-21（7）　　拉萨市不同民族受访者对运动场所及器材的评价　　（%）

	满意	一般	不满意	不好说	没有该设施	合计	样本量（个）
汉族	30.9	32.7	3.6	30.9	1.8	100.0	55
藏族	58.9	30.6	1.3	7.4	1.7	100.0	297
合计	52.7	31.0	2.4	12.0	1.9	100.0	374

受访居民对农贸市场基础设施的评价相对较低，持"满意"态度的比例占 53.5%，表示"一般"的占 38.7%。从民族维度看，藏族对农贸市场基础设施持"满意"态度的比例为 54.7%，略高于全市被访者的平均水平。汉族受访者相关比例为 46.4%，低于全市平均水平。

表 7-21（8）　　拉萨市不同民族受访居民对农贸市场的评价　　（%）

	满意	一般	不满意	不好说	没有该设施	合计	样本量（个）
汉族	46.4	44.6	5.4	1.8	1.8	100.0	56
藏族	54.7	38.1	0.3	5.6	1.3	100.0	320
合计	53.5	38.7	1.5	5.0	1.3	100.0	398

受访居民对车站基础设施持"满意"态度的比例占 61.5%，表示"一般"的占 25.9%。从民族维度看，汉族受访者对车站基础设施持"满意"态度的比例为 44.6%，低于全市被访者的平均水平。藏族受访者相关比例为 67.2%，远远高于全市平均水平。

表 7-21（9）　　拉萨市不同民族受访居民对车站的评价　　（%）

	满意	一般	不满意	不好说	合计	样本量（个）
汉族	44.6	26.8	12.5	16.1	100.0	56
藏族	67.2	24.1	1.9	6.9	100.0	320
合计	61.5	25.9	3.8	8.8	100.0	397

受访居民对邮电所基础设施持"满意"态度的比例占 63.2%，表示"一般"的占 26.1%。从民族维度看，藏族受访者对邮电所基础设施持"满意"态度的比例为 63%，低于全市被访者的平均水平。汉族受访者相

关比例为 69.6%，略高于全市平均水平。

表 7–21（10）　　拉萨市不同民族受访居民对邮电所的评价　　　　　（%）

	满意	一般	不满意	不好说	没有该设施	合计	样本量(个)
汉族	69.6	26.8	1.8	1.8		100.0	56
藏族	63.0	25.3		11.1	0.6	100.0	316
合计	63.2	26.1	0.5	9.6	0.5	100.0	394

受访居民对银行基础设施持"满意"态度的比例占 66.8%，表示"一般"的占 25.1%。从民族维度看，汉族对银行基础设施持"满意"态度的比例为 66.1%，低于全市被访者的平均水平。藏族受访者相关比例为 68.1%，高于全市平均水平。

表 7–21（11）　　拉萨市不同民族受访居民对银行的评价　　　　　（%）

	满意	一般	不满意	不好说	没有该设施	合计	样本量(个)
汉族	66.1	32.1	1.8			100.0	56
藏族	68.1	22.7	0.3	8.3	0.6	100.0	313
合计	66.8	25.1	0.8	6.9	0.5	100.0	391

（二）社会保障

1. 城乡社会保险参保情况

在农村社会保险方面，根据调查数据整理，拉萨市农村受访居民参加"新农合"的比例为 81.5%，参加"新农保"的比例为 57.5%。从民族维度看，藏族受访居民参与"新农合"和"新农保"的比例最高，分别为 89.9%、64.7%，汉族受访居民相关比例分别为 57.1%、28.6%。本次数据调查仅针对受访居民主观感受，实际上由于拉萨市部分地区的社会保险不符合责任分担原则，个人或家庭无能力参加社会保险的，由集体代缴的情况普遍，部分受访居民对自己是否参与社会保险情况并不清楚。同时受农村受访者对社会保险认知和熟悉程度的限制，已公开的西藏农村受访者的社会保险参保率高于目前的调查数据结果。

表 7-22　　　　　拉萨市农村受访者参与社会保险情况　　　　　（%）

	新农合	样本量（个）	新农保	样本量（个）
藏族	89.9	69	64.7	68
汉族	57.1	12	28.6	12
合计	81.5	81	57.5	80

在城镇社会保险参与率方面，50%的城镇受访居民参加了"城镇职工基本医疗保险"，参加"城镇居民基本医疗保险"的比例占68.6%，参加"城镇居民养老保险"的比例为40.3%。"城镇职工基本医疗保险"参与情况中，藏族受访居民的参与率为49.5%。而"城镇居民基本医疗保险"方面，藏族受访居民参与率为71.6%。在"城镇居民养老保险"方面，藏族受访居民的参保率为39.4%。

表 7-23　　　　　拉萨市城镇受访居民参加社会保险的情况　　　　　（%）

	城镇职工基本医疗保险	样本量（个）	城镇居民基本医疗保险	样本量（个）	城镇居民养老保险	样本量（个）
藏族	49.5	210	71.6	218	39.4	218
汉族	53.8	18	30.8	18	53.8	18
合计	50.0	228	68.6	236	40.3	236

2. 受访居民对社会保障的评价

拉萨市受访居民对当地社会保障整体评价很高，对各社会保障项目评分均在2—2.9分。具体来看，受访居民对"城镇低保"和"新型农村合作医疗"的评分最高，均为2.9分；对"城镇居民养老保险"和"农村低保"的满意度相对较低，评分分别为2.4分、2分。从民族维度看，汉族受访居民对"城镇居民基本医疗保险""城镇低保""新型农村合作医疗""新型农村养老保险"的评分均为3分。藏族受访者的相关评分与汉族差异不大。

表 7-24　　　　　拉萨市受访居民对社会保障的满意度

	城镇职工基本医疗保险	城镇居民基本医疗保险	城镇居民养老保险	城镇低保	新型农村合作医疗	新型农村养老保险	农村低保
汉族	2.3	3.0	2.3	3.0	3.0	3.0	—
藏族	2.7	2.8	2.5	2.9	2.9	2.7	2.0

续表

	城镇职工基本医疗保险	城镇居民基本医疗保险	城镇居民养老保险	城镇低保	新型农村合作医疗	新型农村养老保险	农村低保
合计	2.6	2.8	2.4	2.9	2.9	2.7	2.0

注：本报告对"社会保障满意度"的评价标准进行量化的方法是：满意 3 分、一般 0 分、不满意 -3 分，分值越高，满意度越高。

拉萨市受访居民更看重最低生活保障制度的积极作用。认为低保"能够帮助解决家庭特殊困难"的受访者占 40.8%，28.8% 的受访者认为低保"能够帮助提高生活水平"，认为"能够满足最低需求"的受访者占 28.5%。对低保作用持"不能够满足最低需求"态度的受访者较少，仅占 1.9%。从民族维度看，汉族受访者更看重低保对生活水平的改善，藏族受访者更重视低保对家庭特殊困难的扶助作用。从城乡维度看，城乡受访居民最注重的均是低保的济困作用。值得注意的是，3.1% 城镇受访居民认为低保"不能够满足最低需求"，说明小部分城镇受访居民认为目前低保水平过低。

表 7-25　　　　拉萨市受访居民对低保作用的看法

	能够满足最低需求	能够帮助提高生活水平	能够帮助解决家庭特殊困难	不能够满足最低需求	合计	样本量（个）
汉族	32.7%	40.8%	24.5%	2.0%	100.0%	49
藏族	29.2%	24.9%	43.9%	2.0%	100.0%	301
农村	30.5%	27.0%	42.6%	0	100.0%	141
城镇	27.3%	30.0%	39.6%	3.1%	100.0%	227
合计	28.5%	28.8%	40.8%	1.9%	100.0%	368

（三）扶贫项目

1. 扶贫项目开展情况

根据调查数据，拉萨市受访居民所在地区主要扶贫项目有"'两免一补'政策""道路修建和改扩工程""电力设施建设工程""人畜饮水工程""卫生设施建设项目""村村通工程"和"教育扶贫工程"，知晓以上扶贫项目的居民比例分别为 80.3%、51.9%、57.7%、53%、53.9%、53.3%、46.4%。此外，开展"资助儿童入学和扫盲教育项目""扶贫工程生产项目"的地区也占一定比例,受访居民知晓度分别为32.5%、19.4%。受访居民对其余各项扶贫政策的知晓度不高。从民族维度看,汉族受访居民对"'两免一补'政策""道路修建和改扩工程""电力设施建设工程""卫生设施建设项目""村村通工程"知晓度较高,相关比例分别为41.7%、29.2%、33.3%、25%、33.3%。藏族居民对各项扶贫项目的整体知晓度较高,其中对"'两免一补'政策""道路修建和改扩工程""电力设施建设工程""人畜饮水工程""卫生设施建设项目""村村通工程""教育扶贫工程"的知晓比例分别达到83.3%、54.2%、59.9%、55.8%、56.4%、55.8%、49%。从城乡维度看,农村居民对除"移民搬迁工程"外的各扶贫项目的知晓度均超过城镇,说明拉萨市扶贫政策重点向农村倾斜。

表7-26　　　　　　　　拉萨市扶贫项目实施情况　　　　　　　（个、%）

	移民搬迁工程	"两免一补"政策	扶贫工程生产项目	退耕还林还草补助工程	道路修建和改扩工程	基本农田建设工程	电力设施建设工程	人畜饮水工程	技术推广及培训工程	资助儿童入学和扫盲教育项目	卫生设施建设项目	种植业/林业/养殖业扶贫金	村村通工程	教育扶贫工程	牧区扶贫工程	扶贫培训工程	样本量
汉族	4.2	41.7	8.3	12.5	29.2	8.3	33.3	20.8	8.3	16.7	25	4.2	33.3	16.7	8.3	8.3	24
藏族	6.7	83.3	20.8	3.5	54.2	4.2	59.9	55.8	9.3	34.6	56.4	11.5	55.8	49	3.5	7.1	312
农村	5.4	80.4	33	7.1	66.1	8.9	68.8	66.1	18.8	50	59.8	25	65.2	57.1	8.9	14.3	112
城镇	6.9	80.3	12.9	3	45.1	2.1	52.4	46.8	4.3	24	51.1	3.9	47.6	41.2	1.3	3.4	233
合计	6.4	80.0	19.4	4.3	51.9	4.3	57.7	53	9	32.5	53.9	10.7	53.3	46.4	3.8	7	345

2. 受访居民对扶贫项目的整体评价较高

除对"扶贫工程生产项目""技术推广及培训工程"和"种植业/林业/养殖业扶贫金"的评分均为2.9分外,对其余各扶贫项目的评分均在3—4分,即态度介于满意和非常满意之间。其中对"人畜饮水工程"的满意度最高,评分为4分。从民族维度看,汉族受访者对"移民搬迁工程""'两免一补'政策""技术推广及培训工程""卫生设施建设项目""扶贫培训工程"的满意度较高,评分分别为5分、4.2分、4分、4分、4分,对"扶贫工程生产项目"和"退耕还林还草补助工程"满意度较低,评分分别为2.5分、2分。藏族受访居民对各项扶贫的评分波动不大,均在2.9—4.1分。从城乡维度看,农村受访居民对扶贫项目的整体满意度高于城镇受访居民。

表 7-27　拉萨市受访居民对扶贫项目的评价

	移民搬迁工程	"两免一补"政策	扶贫工程生产项目	退耕还林还草补助工程	道路修建和改扩建工程	基本农田建设工程	电力设施建设工程	人畜饮水工程	技术推广及培训工程	资助儿童入学和扫盲教育项目	卫生设施建设项目	种植业/林业/养殖业扶贫金	村村通工程	教育扶贫工程	牧区扶贫工程	扶贫培训工程
汉族	5	4.2	2.5	2	3.3	1.5	3.6	3.4	4	3	4	3	3.6	3.5	3	4
藏族	3.4	3.5	2.9	3.9	3.4	4.1	3.9	4	2.9	3	3.5	2.9	3.5	3.7	3.1	3.3
农村	3.3	3.8	3.1	3.9	3.4	4.4	3.9	3.8	3.3	3.3	3.7	2.9	3.7	4.0	3.3	3.2
城镇	3.5	3.4	2.7	3.9	3.4	3.5	4.0	4.1	2.1	2.8	3.4	3.0	3.3	3.5	3.0	3.8
合计	3.5	3.6	2.9	3.4	3.5	3.7	3.9	4	2.9	3	3.5	2.9	3.5	3.7	3.1	3.4

注：本报告对"扶贫项目效果"的评价标准进行量化的方法是：很满意 5 分、比较满意 4 分、一般 3 分、不太满意 2 分、很不满意 1 分，得分越高，相关满意度也越高。

（四）社会预期

拉萨市受访居民中，认为当地未来 5 年生活水平将会"上升很多"或"略有上升"的占 75.6%，认为"略有下降"的仅占 0.8%，"不好说"的占 18.4%，总体看，拉萨受访居民对未来生活比较有信心。从民族维度看，藏族受访居民对生活改善最为乐观，77.4%认为未来 5 年生活水平"上升很多"或"略有上升"。汉族受访者相关比例为 70.2%。从城乡维度看，城乡受访居民认为未来 5 年生活会上升的比例分别为 73.3%、79%，农村受访居民对未来生活改善的信心强于城镇居民。

表 7-28　拉萨市受访居民对未来 5 年生活水平的预期　　　（%）

	上升很多	略有上升	没有变化	略有下降	不好说	合计	样本量（个）
汉族	38.6	31.6	3.5	3.5	22.8	100.0	57
藏族	40.3	37.1	6.0	0.3	16.4	100.0	318
农村	40.8	38.2	3.2	1.3	16.6	100.0	157
城镇	40.0	33.3	6.7		19.6	100.0	240
合计	40.3	35.3	5.3	0.8	18.4	100.0	397

95.7%的受访居民对当地 2020 年全面建成小康社会"很有信心"或"有信心"。从民族维度看，藏族受访居民对所在地区 2020 年全面建成小康社会的信心最强，认为"很有信心"或"有信心"的比例为 98.1%，汉族受访者相关比例为 85.1%。从城乡维度看，农村居民对当地 2020 年全面建成小康社会"很有信心"或"有信心"的比例占 94.7%，城镇居民为

96.3%，略高于农村。

表7-29 拉萨市受访居民对所在地区2020年全面建成小康社会的态度 （%）

	很有信心	有信心	没什么信心	不可能	没听过	合计	样本量(个)
汉族	37.0	48.1	7.4	0.0	7.4	100.0	54
藏族	50.8	47.3	0.6	0.3	1.0	100.0	315
农村	48.3	46.4	1.3	0.0	4.0	100.0	146
城镇	47.1	49.2	1.7	0.4	1.7	100.0	223
合计	47.6	48.1	1.5	0.3	2.6	100.0	369

五 民族关系

本部分从语言使用、宗教差异、族际交往、族际通婚、族群意识、当地居民对外来人员的评价、民族身份平等、民族关系主观评价和民族冲突状况这9个方面，对拉萨市民族关系现状加以论述。

（一）语言使用

国家通用语言文字在拉萨市受访居民中普及率不高。日常生活交谈中，81.8%拉萨市受访居民使用"本民族语言"，使用"普通话"的受访居民占44.2%，使用"汉语方言"的受访居民占22.5%。从民族维度看，汉族受访者日常交谈中习惯使用"普通话"，比例为94.7%；藏族受访居民中98.7%日常交谈使用"本民族语言"。从城乡维度看，农村受访居民使用普通话作为日常交谈媒介的比例高于城镇，使用本民族语言的比例低于城镇受访居民，但无论城乡，受访居民日常交谈都主要使用本民族语言。

表7-30 拉萨市受访居民与人交谈时语言使用情况 （%）

	普通话	汉语方言	本民族语言	其他少数民族语言	其他	样本量（个）
汉族	94.7	73.7	0.0	7.0	1.8	57
藏族	32.5	11.0	98.7	0.0	4.1	317
农村	53.8	34.8	65.2	2.5	3.2	158
城镇	37.8	14.3	92.9	1.3	3.8	238
合计	44.2	22.5	81.8	1.8	3.5	396

(二) 宗教信仰

受访居民宗教信仰比例大，以藏传佛教为主。拉萨是藏传佛教中心，75.1%的受访居民都信仰"佛教"，"没有宗教信仰"的居民占15.8%，信仰"伊斯兰教"的受访居民占4%，有4.3%的受访居民"不清楚"自己的宗教信仰情况。从民族维度看，68.4%汉族受访居民"没有宗教信仰"。藏族受访居民主要信仰"佛教"，相关比例为90.9%，仍有7.5%藏族受访居民"没有宗教信仰"。从城乡维度看，城镇受访居民"没有宗教信仰"的比例为12.1%，农村受访居民为21.5%，说明城镇信教受访居民比例高于农村受访居民。其中，城镇受访居民中83.8%信仰"佛教"，农村受访居民相关比例为62%。

表7–31　　　　　　　拉萨市受访居民宗教信仰情况　　　　　　　（%）

	伊斯兰教	佛教	道教	基督教	没有宗教信仰	不清楚	不想说	合计	样本量（个）
汉族	0.0	7.0	0.0	1.8	68.4	22.8	0.0	100.0	57
藏族	0.0	90.9	0.3	0.0	7.5	0.9	0.3	100.0	319
农村	9.5	62.0	0.6	0.6	21.5	5.7	0.0	100.0	158
城镇	0.4	83.8	0.0	0.0	12.1	3.3	0.4	100.0	240
合计	4.0	75.1	0.3	0.3	15.8	4.3	0.3	100.0	398

拉萨市受访居民宗教信仰程度较高。在休闲时间，24.3%的受访居民经常参与"宗教活动"。但受访居民主要的休闲活动是"看电视或电影""朋友聚会"，相关比例分为86.7%、43.9%，拉萨市受访居民的休闲活动内容较为丰富。藏族受访者在休闲时间参与"宗教活动"的比例为24.7%。从城乡维度看，城镇受访居民休闲时间参与"宗教活动"的比例为27.7%，高于农村受访者相关比例17.4%，可能是因为拉萨市寺院主要集中在城镇，城镇受访居民参加佛事活动较为便捷。

表7–32　　　　　拉萨市受访者休闲时间参与活动的情况　　　　　（%）

	看电视或电影	上网	朋友聚会	文体活动	读书学习	宗教活动	其他（请注明）	样本量（个）
藏族	88.1	10.0	43.8	20.9	9.7	24.7	7.8	320
农村	85.2	14.8	47.8	20.0	4.3	17.4	3.5	115
城镇	87.4	11.7	42.0	23.4	12.1	27.7	10.0	231
合计	86.7	12.7	43.9	22.3	9.5	24.3	7.8	346

（三）族际交往

拉萨市各族居民的族际交往意愿相对较强。各民族受访者与本民族之外的民族成员交往评分均在3分以上，即处于愿意到非常愿意阶段。具体来看，汉族与少数民族交往的意愿相对最强，在"聊天""成为邻居""一起工作"等方面的评分均为3.7分。少数民族与汉族交往的意愿相对较弱，有关评分均为3.4分。少数民族与其他少数民族成员交往意愿处于最弱的状况，在"聊天""成为邻居""一起工作"方面的评分分别为3.2分、3.1分、3.2分。藏族受访居民与其余各民族交往的意愿相对最弱，与汉族交往的意愿评分为3.3分，与其余少数民族交往的意愿为3.1分。但总体来看，民族之间的交往情况较为乐观。

表7-33　　　　　　　拉萨市受访者的民族交往情况

	汉族对少数民族			少数民族对汉族			少数民族对少数民族		
	聊天	成为邻居	一起工作	聊天	成为邻居	一起工作	聊天	成为邻居	一起工作
汉族	3.7	3.7	3.7	—	—	—	—	—	—
藏族	—	—	—	3.3	3.3	3.3	3.1	3.1	3.1
合计	3.7	3.7	3.7	3.4	3.4	3.4	3.2	3.1	3.2

注：本报告对"民族交往意愿"的评价标准进行量化的方法是：非常愿意4分、愿意3分、不太愿意2分、不愿意1分，分值越高，意愿越强。

（四）族际交友与族际通婚

在"成为亲密朋友"方面，汉族受访居民有关评分为3.3分，藏族受访居民与汉族和其余少数民族"成为亲密朋友"的意愿评分分别为2.9分、2.8分。在族际通婚方面，汉族受访居民和藏族受访居民的族际通婚意愿也相对较弱。

表7-34　　　　　　　拉萨市受访者的交友与通婚

	汉族与少数民族		少数民族与汉族		少数民族与少数民族	
	成为亲密朋友	通婚	成为亲密朋友	通婚	成为亲密朋友	通婚
汉族	3.3	1.4	—	—	—	—
藏族	—	—	2.9	1.8	2.8	1.6
合计			2.9	1.8	2.8	1.6

注：本报告对"族际交友或通婚意愿"的评价标准进行量化的方法是：非常愿意4分、愿意3分、不太愿意2分、不愿意1分，分值越高，意愿越强。

(五) 民族意识与国家意识

拉萨市受访居民民族意识和国家意识处于协调发展过程中。33.1%的受访居民认为未来"国家意识增强,民族意识也随之逐步增强";14%的受访居民认为未来"民族意识增强,国家意识也随之逐步增强";16.7%的受访居民认为未来主要是"国家意识增强",认为未来主要是"民族自我意识增强"的受访居民占1.3%。值得注意的是,34.9%的受访居民对于未来民族意识和国家意识变化情况表示"不清楚"。从民族维度看,藏族受访居民认为"国家意识增强,民族意识也随之逐步增强"的比例最高,为38.6%。汉族受访者主要认为"民族意识会增强,国家意识也随之逐步增强"的比例最高,相关比例为37.3%。从城乡维度看,城乡受访居民认为未来先是"国家意识增强,民族意识也随之逐步增强"的相关比例为35.8%、28.8%。尽管各民族对民族意识和国家意识变化顺序和侧重有所不同,但民族意识和国家意识都处于增强趋势,且逐渐趋于平衡。

表7-35　　拉萨市民族意识与国家意识未来变化趋势　　(%)

	民族自我意识增强	国家意识增强	民族意识增强,国家意识也随之逐步增强	国家意识增强,民族意识也随之逐步增强	不清楚	合计	样本量(个)
汉族	5.9	7.8	37.3	9.8	39.2	100.0	51
藏族	0.7	19.0	8.5	38.6	33.3	100.0	306
农村	2.1	11.0	16.4	28.8	41.8	100.0	146
城镇	0.9	20.3	12.5	35.8	30.6	100.0	232
合计	1.3	16.7	14.0	33.1	34.9	100.0	378

(六) 当地受访居民对外来人口的态度

拉萨市对外来人口的开放程度较高。当地受访居民对"县外省内的外来流入人员"持"欢迎"态度的比例为93.9%,对"省外国内的外来流入人员"持"欢迎"态度的比例为91.6%,对"外国人"持"欢迎"态度的比例为84.2%。从民族维度看,藏族受访居民对"县外省内的外来流入人员""省外国内的外来流入人员"和"外国人"持欢迎态度的比例分别为94%、92%、83.9%,藏族受访居民的有关态度受亲疏关系基础上的心理距离影响较为明显。汉族受访者的相关比例分别为85.7%、

71.4%、85.7%。值得注意的是,汉族受访居民对"省外国内的外来流入人员"欢迎程度低于对"县外省内的外来流入人员"和"外国人"的欢迎程度,是否因为省外国内的外来人员流入给本地汉族带来的利益竞争更直接,需要进一步研究。从城乡维度看,农村受访居民对各类外来流入人员的欢迎程度均高于城镇受访居民。

表7-36　　　　　拉萨市受访居民对外来人口的态度　　　　　　（%）

	县外省内的外来流入人员			省外国内的外来流入人员			外国人			合计	样本量（个）
	欢迎	视情况而定	不清楚	欢迎	视情况而定	不清楚	欢迎	不欢迎	视情况而定	不清楚		
汉族	85.7	14.3	0.0	71.4	28.6	0.0	85.7	14.3	0.0	0.0	100.0	51
藏族	94.0	5.0	1.0	92.0	7.0	1.0	83.9	0.0	13.0	3.0	100.0	306
农村	95.5	2.3	2.3	94.3	3.4	2.3	88.6	0.0	6.8	4.5	100.0	146
城镇	93.3	6.3	0.4	90.6	9.0	0.4	82.5	0.4	14.8	2.2	100.0	232
合计	93.9	5.1	1.0	91.6	7.4	1.0	84.2	0.3	12.5	2.9	100.0	378

拉萨市受访居民对外来流动人口的欢迎源于多个原因。90.8%的受访居民认为外来人口"增加了当地投资",85.3%的受访居民认为外来人口"扩大了当地的就业机会",认为外来人口"开阔了当地人眼界""增强了民族间交往""增加了当地劳动力市场劳动力""提高了当地社会服务水平""带来了先进技术和管理方式""有利于缩小区域间差距"的比例分别为79.5%、75.9%、73.3%、71.2%、71.2%、61.3%。从民族维度看,各民族对于大多数外来人口流入持肯定态度的比例均超过70%,藏族受访居民认为外来人口"有利于缩小区域间差距"的比例为61.1%。从城乡维度看,农村受访居民欢迎外来人口的原因相对单一,主要是增加当地投资,扩大当地就业;城镇受访居民欢迎外来人口的原因相对多元,说明外来人口对城镇受访居民的影响方面的多样化。

表7-37　　　　　拉萨市受访者欢迎外来人口的原因　　　　　　（%）

	增加了当地投资	扩大了当地的就业机会	开阔了当地人眼界	提高了当地社会服务水平	带来了先进技术和管理方式	有利于缩小区域间差距	增强了民族间交往	增加了当地劳动力市场劳动力	样本量（个）
藏族	90.7	86.4	79.3	70.4	70.4	61.1	75.2	72.9	279
农村	91.4	85.7	68.6	54.3	60.0	51.4	57.1	61.4	70

	增加了当地投资	扩大了当地的就业机会	开阔了当地人眼界	提高了当地社会服务水平	带来了先进技术和管理方式	有利于缩小区域间差距	增强了民族间交往	增加了当地劳动力市场劳动力	样本量（个）
城镇	90.5	85.1	82.9	76.6	74.8	64.4	81.8	77.0	222
合计	90.8	85.3	79.5	71.2	71.2	61.3	75.9	73.3	292

（七）民族身份平等

当问及"在工作、学习和日常生活中，您的民族身份有无不便利的地方"时，78.9%的受访居民回答是"没有"，"经常有""偶尔有"和"很少有"的比例非常低。另外有15.3%的受访居民表示"不清楚"，说明在日常生活中，这部分受访居民对自己的民族身份并未形成有意识的关注，一方面可能与本民族外的成员接触较少，另一方面也可能是民族身份平等更高程度的体现。藏族受访者无论是工作还是外出旅行或出国感受到不便利的比例都低于3%。

表7-38　拉萨市受访者工作中民族身份有无不便利的地方　　　　　　（%）

	经常有	偶尔有	很少	没有	不清楚	合计	样本量（个）
藏族	1.3	1.6	1.6	79.7	15.9	100.0	313
合计	1.4	2.3	2.0	78.9	15.3	100.0	391

表7-39　拉萨市受访者民族身份在外出旅行或出国时有无不便利的地方　（%）

	经常有	偶尔有	很少	没有	不清楚	合计	样本量（个）
藏族	0.0	2.5	1.6	59.4	36.6	100.0	320
合计	0.3	3.5	1.4	59.2	35.5	100.0	346

（八）民族关系

从改革开放前至今，拉萨市民族关系不断改善。受访居民对民族关系持好评的比例，由改革开放前的26.1%，上升到如今的79.4%。改革开放至2000年，好评提升25.3个百分点，2000年至今提升28个百分点。

同时受访居民对民族关系的认知也逐渐清晰化,对民族关系"说不清"的比例由改革开放前的48.4%下降到如今的3%。从民族维度看,藏族受访者对于不同时期民族关系的好评有较大幅度提升。从城乡维度看,2000年至今城镇的民族关系改善幅度较大,上升30.3个百分点,农村上升24.7个百分点。总体来看,拉萨市民族关系良好,和谐程度不断提升。

表 7-40　　　　　　　　拉萨市民族关系变化情况　　　　　　　　（%）

	改革开放前				改革开放到2000年				2000年至今				合计	样本量（个）
	好	一般	不好	说不清	好	一般	不好	说不清	好	一般	不好	说不清		
汉族	29.8	10.5	3.5	56.1	42.1	28.1	0.0	29.8	66.7	28.1	0.0	5.3	100.0	57
藏族	25.0	15.6	12.2	47.2	53.8	33.8	1.9	10.6	81.9	15.3	0.3	2.5	100.0	321
农村	28.5	13.3	3.8	54.4	53.8	27.2	1.3	17.7	78.5	19.0	0.6	1.9	100.0	158
城镇	24.5	16.6	14.5	44.4	49.8	36.1	2.1	12.0	80.1	16.2	0.0	3.7	100.0	242
合计	26.1	15.3	10.3	48.4	51.4	32.6	1.8	14.3	79.4	17.3	0.3	3.0	100.0	400

（九）民族冲突

44.9%的受访居民认为当前民族间冲突"不算严重",39.8%认为"完全不严重",认为"有点严重"或"非常严重"的仅占4.3%。从民族维度看,汉族受访者认为民族冲突"不算严重"或"完全不严重"的比例占64.9%,"不清楚"民族冲突情况的占26.3%;藏族受访者相关比例分别为90.4%、6.3%。从城乡维度看,城乡受访居民中大都认为民族冲突不严重,且差异不明显。

在宗教信仰冲突方面,拉萨市79.5%的受访居民认为"不算严重"或"完全不严重","不清楚"是否严重的比例为19.3%,拉萨市受访居民整体观念上宗教信仰冲突不严重。藏族居民中只有1.5%认为"有点严重"或"非常严重"。从城乡维度看,农村受访居民均认为宗教冲突不严重或不清楚,城镇受访居民中有2.1%认为"有点严重"或"非常严重"。

表 7-41　拉萨市受访者对民族冲突与不同宗教信仰者之间冲突的评价　（%）

	民族间冲突					不同宗教信仰者间冲突					合计	样本量（个）
	非常严重	有点严重	不算严重	完全不严重	不清楚	非常严重	有点严重	不算严重	完全不严重	不清楚		
汉族	0.0	8.8	28.1	36.8	26.3	0.0	0.0	17.5	43.9	38.6	100.0	57

续表

	民族间冲突					不同宗教信仰者间冲突					合计	样本量（个）
	非常严重	有点严重	不算严重	完全不严重	不清楚	非常严重	有点严重	不算严重	完全不严重	不清楚		
藏族	0.3	3.1	49.1	41.3	6.3	0.3	1.2	34.3	50.2	14.0	100.0	321
农村	0.0	5.1	41.1	38.0	15.8	0.0	0.0	26.6	51.3	22.2	100.0	158
城镇	0.4	3.3	47.3	41.1	7.9	0.4	1.7	34.7	45.9	17.4	100.0	242
合计	0.3	4.0	44.9	39.8	11.0	0.3	1.0	31.5	48.0	19.3	100.0	400

六　民族政策

我国民族地区主要分布在中西部，资源环境、区位交通和历史发展条件等方面的差异，使得民族地区经济社会发展程度参差不齐，且落后于内地社会。民族政策是应对特殊民族问题、优化多民族生态、实现民族团结的重要途径。民族政策是指在一个由不同民族和族群构成的国家中，政府针对少数民族在政治、经济、文化、宗教、教育等方面所制定的制度性安排。[①] 由于针对拉萨市特殊的住房保障、促进就业等具体政策已在上文有所论述，这里仅从计划生育、高考加分、民族特殊优惠政策三个方面分析评估民族政策在拉萨市的执行效果。

（一）计划生育政策

受访居民对计划生育政策的认可度较高。在对民族地区计划生育政策的评价方面，71.6%的受访居民认为"好"，认为"不好"的占1.3%，"不清楚"的占22.4%。汉族和藏族受访居民中有一部分对计划生育政策不清楚，可能是政策宣传不足造成的。从城乡维度看，城镇受访居民对计划生育政策认为"好"的比例为75.9%，农村相关比例为65%。城镇受访居民对计划生育政策"不清楚"的占19.5%，农村受访居民为26.8%。说明城镇受访居民对计划生育政策的熟悉程度和支持程度均高于农村居民。

---

① 关凯：《民族关系的社会整合与民族政策的类型》，《西北民族研究》2003年第2期。

表 7-42　　　　　拉萨市受访居民对计划生育政策的评价　　　　　（%）

	好	一般	不好	不清楚	合计	样本量（个）
汉族	55.4	0.0	3.6	41.1	100.0	56
藏族	73.8	5.3	0.6	20.3	100.0	320
农村	65.0	5.7	2.5	26.8	100.0	157
城镇	75.9	4.1	0.4	19.5	100.0	241
合计	71.6	4.8	1.3	22.4	100.0	398

（二）高考加分政策

受访居民对高考加分政策满意度较高。拉萨市受访居民中61%对少数民族高考加分政策持"满意"态度，"不满意"的占3.8%，"不清楚"的占35.3%。说明知晓高考加分政策的受访居民相关满意度非常高，但也有一部分受访居民没能直接或间接地享受或熟悉高考加分政策（中等教育需要进一步加强）。从民族维度看，藏族受访居民对高考加分政策"满意"度最高，相关比例为65.7%。汉族受访者相关比例为35.1%，满意度最低，且不满意的比例最高。可能是由于在少数民族地区，汉族受访居民没有享受到高考加分政策所致。从城乡维度看，城镇受访居民对少数民族高考加分政策持"满意"态度的比例为67.4%，农村受访者为51.3%。城镇受访居民对高考加分政策"不清楚"的比例占29.8%，农村受访者为43.7%。

当问及"少数民族且长期在城市居住，其子女高考是否应该加分？"时，62.6%的受访居民认为"应该"，认为"不应该"的占6.5%，"不清楚"的占30.9%。从民族维度看，相比于实际政策（实然）基础上的评价，在具体看法方面，汉族和少数民族呈截然相反的方向延展。汉族受访居民支持长期居住在城市的少数民族子女高考加分占18.9%，远低于其对少数民族受访者整体高考加分政策的满意比例（35.1%）。而藏族受访居民支持长期居住在城市的少数民族子女高考加分的比例为71.1%。

表 7-43　　　　　拉萨市受访居民对高考加分政策的态度　　　　　（%）

	少数民族的高考加分政策			少数民族且长期在城市居住，其子女高考是否应该加分？			合计	样本量（个）
	满意	不满意	不清楚	应该	不应该	不清楚		
汉族	35.1	12.3	52.6	18.9	30.2	50.9	100.0	57

续表

	少数民族的高考加分政策			少数民族且长期在城市居住，其子女高考是否应该加分？			合计	样本量（个）
	满意	不满意	不清楚	应该	不应该	不清楚		
藏族	65.7	2.2	32.1	71.1	2.1	26.8	100.0	321
农村	51.3	5.1	43.7	50.0	9.3	40.7	100.0	158
城镇	67.4	2.9	29.8	70.8	4.6	24.5	100.0	242
合计	61.0	3.8	35.3	62.6	6.5	30.9	100.0	400

（三）民族地区特殊优惠政策

关于民族地区特殊优惠政策的评价，85.2%的受访居民持"满意"态度，"不满意"的仅占0.5%，14.3%表示"不清楚"。从民族维度看，汉族受访居民对特殊优惠政策的"满意"度最低，相关比例为70.2%，"不清楚"的比例也最高，为28.1%；藏族受访者的相关比例为87.5%和12.2%。从城乡维度看，农村受访居民对民族地区特殊优惠政策持"满意"态度的比例为82.2%，城镇受访居民为87.2%。

表7-44　　拉萨市受访居民对民族地区特殊优惠政策的评价　　（%）

	满意	不满意	不清楚	合计	样本量（个）
汉族	70.2	1.8	28.1	100.0	57
藏族	87.5	0.3	12.2	100.0	321
农村	82.2	0.6	17.2	100.0	158
城镇	87.2	0.4	12.4	100.0	242
合计	85.2	0.5	14.3	100.0	400

七　民族教育与语言

（一）语言习得情况

在第一语言习得方面，拉萨市受访居民中82%最先习得"本民族语言"，最先习得"汉语方言"的比例占20%，最先习得"普通话"的占9.8%。从民族维度看，汉族最先习得的语言是"汉语方言"，相关比例为68.4%。藏族最先习得的语言是"本民族语言",相关比例为99.1%。从城乡维度看,城乡受访居民均以"本民族语言"为最先习得语言,相关比例为93.8%、63.9%。城乡第一语言习得差异实质是民族分布差异,本次调查点汉族和回族被访者主要集中在农村。

表7-45　　　　　　　拉萨市受访者最先习得语言情况　　　　　　（%）

	普通话	汉语方言	本民族语言	其他少数民族语言	合计	样本量（个）
汉族	31.6	68.4	0.0	1.8	100.0	57
藏族	6.2	9.3	99.1	0.0	100.0	321
农村	10.8	32.9	63.9	1.9	100.0	158
城镇	9.1	11.6	93.8	0.0	100.0	242
合计	9.8	20.0	82.0	0.8	100.0	400

在普通话掌握能力方面,拉萨市受访居民中54.2%"能流利准确地使用"普通话,"能熟练使用但有些音不准"的占15.1%,"能熟练使用但口音较重"的比例占8.9%,"基本能交谈但不太熟练"的占13.5%。总体来看,拉萨市受访居民普通话掌握能力较强。从民族维度看,汉族受访居民对普通话的掌握能力相对最强,藏族受访居民掌握普通话能力最弱,一部分藏族受访居民在使用普通话交谈中仍存在障碍。从城乡维度看,农村受访居民掌握普通话的能力强于城镇受访居民。

表7-46　　　　　　　拉萨市受访者普通话掌握程度　　　　　　（%）

	能流利准确地使用	能熟练使用但有些音不准	能熟练使用但口音较重	基本能交谈但不太熟练	能听懂但不太熟练	能听懂一些但不会说	合计	样本量（个）
汉族	68.5	20.4	11.1	0.0	0.0	0.0	100.0	54
藏族	47.5	8.3	9.2	21.7	10.8	2.5	100.0	120
农村	63.5	17.6	5.9	7.1	3.5	2.4	100.0	85
城镇	46.7	13.1	11.2	18.7	9.3	0.9	100.0	107
合计	54.2	15.1	8.9	13.5	6.8	1.6	100.0	192

关于普通话的功能效用,拉萨市76.4%的受访居民认为普通话"对工作生活各方面都有好处",10.8%认为普通话主要功能是"方便做买卖",11.8%的受访居民更看重普通话"方便与其他民族交往"。从民族

维度看，藏族受访者认为普通话"对工作生活各方面都有好处"的比例为 81.3%。相比于藏族，汉族受访居民更重视普通话在做买卖中的作用。从城乡维度看，城镇受访居民认为普通话"对工作生活各方面都有好处"的比例为 83.3%，农村受访者为 65.8%，因此城镇受访居民更能看到普通话的多功能效益，这可能是由于普通话在城镇的使用空间更大，用途更多样化。

表 7 - 47　　　　拉萨市受访者关于普通话的效用评价　　　　（%）

	方便与其他民族交往	方便做买卖	对工作生活各方面都有好处	不好说	合计	样本量（个）
汉族	12.7	30.9	56.4	0.0	100.0	55
藏族	10.9	6.5	81.3	1.2	100.0	321
农村	15.2	17.7	65.8	1.3	100.0	158
城镇	9.6	6.3	83.3	0.8	100.0	240
合计	11.8	10.8	76.4	1.0	100.0	398

（二）双语教育情况

拉萨市受访居民整体送子女到双语学校就学的意愿较强。69.2% 的受访居民"愿意"送子女到双语学校学习，表示"无所谓"的占 26.7%，4.1%"不愿意"。从民族维度看，藏族居民"愿意"送子女到双语学校学习的比例为 75.9%，相关意愿较强。从城乡维度看，城镇受访居民"愿意"送子女到双语学校学习的比例为 75.5%，农村受访居民为 59.5%，低于城镇。在民族分布因素影响之外，可能是城镇受访居民对于双语教育功能的认知更全面，学习双语所能发挥的作用更大。

表 7 - 48　　　拉萨市受访者对子女就学于双语教育学校的意愿　　　（%）

	愿意	不愿意	无所谓	合计	样本量（个）
藏族	75.9	2.3	21.9	100.0	311
农村	59.5	5.2	35.3	100.0	153
城镇	75.5	3.4	21.0	100.0	233
合计	69.2	4.1	26.7	100.0	386

在双语教育效果评价方面，55.8% 的受访居民给予正面评价（"好"），负面评价占 1.8%（"不好"），"不清楚"的占 32.8%。从民族维度看，藏

族受访居民对双语教育效果的评价最高,正面评价("好")占64.2%。汉族对双语教育效果评价为"不清楚"的比例最高。从城乡维度看,城镇受访居民对双语教育效果的评价高于农村受访居民。

表7-49　　　　　拉萨市受访者对双语教育效果评价　　　　　　（%）

	好	一般	不好	不清楚	合计	样本量（个）
汉族	21.1	8.8	3.5	66.7	100.0	57
藏族	64.2	10.0	0.9	24.9	100.0	321
农村	48.1	6.3	2.5	43.0	100.0	158
城镇	60.7	12.0	1.2	26.0	100.0	242
合计	55.8	9.8	1.8	32.8	100.0	400

关于少数民族地区干部学习当地民族语言的态度方面,拉萨市受访居民中89%认为"有必要",认为"没有必要"的仅占0.5%。从民族维度看,认为少数民族地区干部学习当地民族语言"有必要"占比最高的民族是汉族,相关比例为91.2%。藏族受访者的相关比例为89.4%。从城乡维度看,城镇受访居民认为少数民族地区干部"有必要"学习当地民族语言的比例为90.9%,农村受访者为86.1%。

表7-50　　　拉萨市受访居民对到少数民族地区工作的干部
　　　　　　　学习掌握当地民族语言的态度　　　　　　（%）

	有必要	一般	没有必要	不清楚	合计	样本量（个）
汉族	91.2	1.8	0.0	7.0	100.0	57
藏族	89.4	2.5	0.6	7.5	100.0	321
农村	86.1	4.4	0.6	8.9	100.0	158
城镇	90.9	1.7	0.4	7.0	100.0	242
合计	89.0	2.8	0.5	7.8	100.0	400

八　民族文化传承与保护

（一）民族文化认知

总体来看,拉萨市受访居民认为本民族最具特色的文化类型是"传统服饰",相关比例为22%。其次是"传统节日",比例为21.7%。再次是"传统民居",比例为17.1%。藏族受访者与总体的评价比例基本一致。

表7-51　　　　拉萨市受访者认为本民族最具特色的文化类型　　　　（%）

	传统民居	传统服饰	传统节日	人生礼仪	传统文娱活动	传统饮食	道德规范	人际交往习俗	传统生产方式	宗教活动习俗	合计	样本量（个）
藏族	17.8	22.8	21.6	9.1	3.1	5.0	5.6	4.1	1.6	8.4	100.0	320
合计	17.1	22.0	21.7	8.7	3.2	5.2	5.2	4.3	1.4	10.1	100.0	346

关于最需要保护的民族文化类型，25.4%的受访居民认为是"传统节日"，22.5%的受访居民认为是"传统服饰"，13.9%认为是"宗教活动习俗"。藏族受访居民认为最需要保护的民族文化是"传统节日"，相关比例为25%。

表7-52　　　　拉萨市受访者认为本民族最需要保护的文化类型　　　　（%）

	传统民居	传统服饰	传统节日	人生礼仪	传统文娱活动	传统饮食	道德规范	人际交往习俗	传统生产方式	宗教活动习俗	合计	样本量（个）
藏族	8.1	22.8	25.0	7.5	2.2	6.9	8.1	3.8	1.3	13.1	100.0	320
合计	7.5	22.5	25.4	6.9	2.6	7.2	7.8	3.5	1.2	13.9	100.0	346

（二）民族文化传承

拉萨市受访居民中45.7%认为本民族文化传承的主要途径是"家庭、邻里、亲朋耳濡目染"，34.1%认为是"广播、电视、互联网等"。藏族受访者认为传承本民族文化的主要途径是"家庭、邻里、亲朋耳濡目染"的比例是43.4%。通过"广播、电视、互联网等"现代传播媒介传承文化的比例为35.3%。在传承民族文化上，"学校教育""村庄或社区的公共文化活动"和"图书报刊"等传播媒介的使用率不高。由此可见，以家庭为主的社会网络依然是拉萨市藏族传播本民族文化的主要途径。

表7-53　　　　　　拉萨市民族文化传承途径　　　　　　（%）

	家庭、邻里、亲朋耳濡目染	学校教育	村庄或社区的公共文化等活动	广播、电视、互联网等	图书报刊	合计	样本量（个）
藏族	43.4	6.9	9.1	35.3	1.3	100.0	320
合计	45.7	6.6	8.4	34.1	1.2	100.0	346

拉萨市受访居民对本民族文化传承的信心较强。在民族语言文字方面，91%的受访居民认为子女和上辈相比有更强烈的接受意愿（"愿

意"),各民族中除藏族受访居民中9.2%认为子女是否更愿意接受本民族语言文字"无所谓"外,各民族语言文字传承信心都很强。在民族风俗传承方面,87.8%的受访居民对子女传承本民族风俗很有信心("愿意")。藏族受访居民相关比例为86.8%。在宗教传承信心方面,71.9%受访居民很有信心("愿意"),11.1%缺乏信心("不愿意"),17%表示"无所谓"。藏族对本民族的宗教信仰传承有信心("愿意")的比例是70.6%。在本民族特色手艺传承方面,85.4%的受访居民很有信心("愿意"),其中藏族受访居民信心较强,相关比例为86.1%。

表7-54 拉萨市受访者子代和上辈相比接受本民族语言、文化和风俗习惯的意愿 (%)

	语言文字			风俗			宗教			特色手艺			合计	样本量(个)
	愿意	不愿意	无所谓	愿意	不愿意	无所谓	愿意	不愿意	无所谓	愿意	不愿意	无所谓		
藏族	90.2	0.6	9.2	86.8	1.2	12.0	70.6	11.0	18.4	86.1	0.6	13.3	100.0	317
农村	87.0	0.9	12.1	81.7	0.9	17.4	70.4	7.9	21.7	85.2	0.9	13.9	100.0	115
城镇	93.0	0.4	6.6	90.8	1.3	7.9	72.7	12.8	14.5	85.5	0.9	13.6	100.0	228
合计	91.0	0.5	8.5	87.8	1.2	11.0	71.9	11.1	17.0	85.4	0.9	13.7	100.0	343

(三) 民族文化保护

在对待历史建筑拆迁改造的看法上,42.5%的受访居民主张"保持原貌不动",23.7%的受访居民主张"保留外形但内部可改造",主张"异地重建"和"直接拆迁"的比例较小,没有形成明确看法("不清楚")的受访居民占21.3%。总体来看,受访居民保护历史建筑的意识相对较强。从城乡维度看,城镇受访居民对历史建筑的保护意识强于农村受访居民,城乡受访居民中认为历史建筑应"保持原貌不动"的比例分别为46.8%、33.9%。

表7-55 拉萨市受访居民对历史建筑 (以旧的传统民居和祖屋为主)
改造拆迁的看法 (%)

	保持原貌不动	保留外形但内部可改造	直接拆迁	异地重建	不清楚	合计	样本量(个)
藏族	42.4	24.6	3.4	9.3	20.3	100.0	321
农村	33.9	22.6	2.6	9.6	31.3	100.0	115
城镇	46.8	24.2	3.9	8.6	16.5	100.0	231
合计	42.5	23.7	3.5	9.0	21.3	100.0	346

关于在城建过程中自家房屋被拆迁的看法，68%的受访居民认为应该"服从国家需要"，11.9%的受访居民"看拆迁的方式方法"而定，11.6%的受访居民"看周围邻居态度"。藏族受访居民的主要看法是"服从国家需要"，比例为70.6%。从城乡维度看，城乡受访居民在城建过程中自家房屋被拆迁的态度上大都服从国家需要，差异不明显。

表7-56　关于城建过程中拉萨市受访者自家房屋被拆迁的态度　（%）

	只要价钱合理就行	价钱再高也不愿意拆迁	服从国家需要	看周围邻居态度	看拆迁的方式方法	合计	样本量（个）
藏族	5.9	0.9	70.6	12.2	10.3	100.0	320
农村	7.8	1.7	69.0	12.1	9.5	100.0	116
城镇	6.6	1.3	67.5	11.4	13.2	100.0	228
合计	7.0	1.5	68.0	11.6	11.9	100.0	344

当开发旅游资源和保护本民族文化遗产发生冲突时，74.3%的受访居民主张"以保护本民族传统文化为主，不赞同过度商业化"，主张"以发展经济，提高现代生活水平为主"的受访居民占9.5%。从城乡维度看，城镇受访居民主张"以保护本民族传统文化为主，不赞同过度商业化"的比例占80.7%，农村受访者相关比例为61.5%，可以说城镇受访居民的本民族文化保护意识强于农村受访居民。

表7-57　当开发旅游资源和保护本民族文化遗产发生冲突时拉萨市受访者的态度　（%）

	以发展经济，提高现代生活水平为主	以保护本民族传统文化为主，不赞同过度商业化	不好说	合计	样本量（个）
藏族	10.0	74.4	15.6	100.0	301
农村	11.0	61.5	27.5	100.0	109
城镇	8.7	80.7	10.6	100.0	218
合计	9.5	74.3	16.2	100.0	327

拉萨市受访居民对政府保护民族文化工作的评价较高，89.4%的受访居民对政府的民族文化保护工作持"满意"态度。

表 7-58　　　拉萨市受访者对政府保护民族文化工作的评价　　　（%）

	满意	不满意	不好说	合计	样本量（个）
藏族	90.2	0.6	9.1	100.0	317
合计	89.4	0.9	9.7	100.0	340

九　社会和谐与安定

社会和谐与安定是民族地区经济社会发展的归宿，本节将从社会压力感、社会安全感、社会公平感、社会冲突感、政府处理突发事件的能力五个方面对拉萨市社会和谐与安定程度进行测量分析。

（一）社会压力

拉萨市受访居民的整体压力感不大，相关评分均在 1.5—2.8 分，即处于几乎没有压力到有压力之间。具体来看，受访居民最大的压力是"经济压力"，有关评分为 2.8 分。其次是"孩子教育压力"和"医疗健康压力"，评分分别为 2.5 分、2.4 分。居民"婚姻生活压力"最小，仅 1.5 分。从民族维度看，汉族受访居民最主要的压力来源是"社交压力"，有关评分为 4.0 分，其次是"经济压力"和"住房压力"，评分均为 2.9 分。藏族受访者的主要压力是"经济压力"，评分为 2.8 分。从城乡维度看，城乡受访居民各方面压力大小差异不明显。

表 7-59　　　　　　拉萨市受访者社会压力情况

	经济压力	个人发展	社交压力	孩子教育压力	医疗健康压力	赡养父母压力	住房压力	婚姻生活压力	总体社会生活压力
汉族	2.9	2.3	4.0	2.3	2.2	1.9	2.9	1.6	2.5
藏族	2.8	2.2	1.9	2.6	2.5	1.8	2.1	1.5	2.2
农村	2.8	2.2	1.9	2.4	2.4	1.8	2.4	1.6	2.3
城镇	2.8	2.2	2.0	2.6	2.5	1.8	2.2	1.5	2.3
合计	2.8	2.2	2.0	2.5	2.4	1.8	2.3	1.5	2.3

注：本报告对"社会压力感"的评价标准进行量化的方法是：压力很大 4 分、有压力 3 分、压力很小 2 分、几乎没有压力 1 分，分值越高，压力越大。

(二) 社会安全感

在社会安全感方面,拉萨受访居民总体评分为 1.7 分,介于很安全到比较安全范围内。具体来看,拉萨市受访居民对食品的安全感最弱("食品安全"),评分为 2.2 分,其次是"交通安全",评分为 2 分。安全感最强的是在"生态环境安全"和"人身自由"两方面,有关评分均为 1.6 分。藏族居民安全感最弱项也为"食品安全",相关评分为 2.2 分。从城乡维度看,农村受访居民除在"交通安全"和"个人信息隐私安全"略弱于城镇受访居民外,其余各项安全感均强于城镇受访居民。

表 7-60　　　　　拉萨市受访者社会安全感状况

	个人和家庭财产安全	人身安全	交通安全	医疗安全	食品安全	劳动安全	个人信息隐私安全	生态环境安全	人身自由	总体情况
汉族	1.5	1.4	1.8	1.6	2.3	1.5	2.1	1.5	1.5	1.5
藏族	1.7	1.7	2.0	1.9	2.2	1.7	1.7	1.6	1.6	1.7
农村	1.6	1.6	2.1	1.8	2.2	1.7	1.8	1.5	1.5	1.6
城镇	1.8	1.7	2.0	1.8	2.3	1.7	1.7	1.6	1.6	1.7
合计	1.7	1.7	2.0	1.8	2.2	1.7	1.7	1.6	1.6	1.7

注:本报告对"社会安全感"的评价标准进行量化的方法是:很不安全 4 分、不太安全 3 分、比较安全 2 分、很安全 1 分,分值越高,安全感越弱。

(三) 社会公平

拉萨市受访居民的总体社会公平感较强,评分为 1.7 分。具体来看,拉萨市受访居民对"干部选拔任用"的公平感相对最弱,评分为 1.9 分,在"投资经营"方面的安全感最强,为 1.6 分。受访居民对"教育""语言文字""医疗""住房""社会保障""就业发展""信息""政府办事"等方面的公平感均较强。从民族维度看,汉族受访居民的"社会保障"公平感和"政府办事"公平感最弱,评分均为 2 分。藏族受访居民对"干部选拔任用"和"就业发展"的公平感最弱,评分均为 1.9 分。从城乡维度看,农村受访居民的各项社会公平感均强于城镇受访居民。

表 7 - 61　　　　　　　　拉萨市受访者社会公平状况

	教育	语言文字	医疗	住房	社会保障	法律	干部选拔任用	就业发展	信息	政府办事	投资经营	总体社会公平状况
汉族	1.8	1.6	1.7	1.9	2.0	1.8	1.8	1.6	1.5	2.0	1.5	1.7
藏族	1.8	1.8	1.8	1.8	1.6	1.5	1.9	1.9	1.7	1.7	1.7	1.7
农村	1.7	1.7	1.7	1.7	1.7	1.6	1.7	1.7	1.5	1.7	1.5	1.6
城镇	1.9	1.8	1.8	1.9	1.7	1.6	2.0	1.9	1.7	1.7	1.7	1.8
合计	1.8	1.7	1.8	1.8	1.7	1.6	1.9	1.8	1.7	1.8	1.6	1.7

注：本报告对"社会公平感"的评价标准进行量化的方法是：很不公平 4 分、不太公平 3 分、比较公平 2 分、很公平 1 分，分值越高，不公平感越强。

（四）社会冲突

在社会冲突方面，拉萨市受访居民总体评价良好。对"干群冲突"评分为 1.5 分，对"医患冲突"评分为 1.4 分，对"城乡冲突"和"贫富冲突"评分均为 1.3 分，各项评价均处于完全不严重到不太严重范围内。从民族维度看，藏族受访居民认为"干群冲突"相对较严重，评分为 1.6 分，高于其余各项评分。从城乡维度看，农村受访居民对各项冲突的评分均低于城镇受访居民，因此推论农村的整体和谐感强于城镇。

表 7 - 62　　　　　　　　拉萨市社会冲突状况

	干群冲突	城乡冲突	医患冲突	贫富冲突
汉族	1.2	0.9	1.3	1.0
藏族	1.6	1.4	1.4	1.3
农村	1.5	1.2	1.4	1.2
城镇	1.6	1.4	1.4	1.3
合计	1.5	1.3	1.4	1.3

注：本报告对"社会冲突感"的评价标准进行量化的方法是：非常严重 4 分、比较严重 3 分、不太严重 2 分、完全不严重 1 分，分值越高，冲突程度越强烈。

（五）政府应对突发事件的能力

在对政府应对突发事件能力评价方面，拉萨市受访居民的整体满意度较高。受访居民对政府应对"自然灾害事件""一般社会治安事件"持满意态度的比例均为 76.2%，对"生产安全事件"持满意态度的比例为

73.4%，对政府应对"传染病及公共卫生事故""群体性事件"的能力满意度比例均为 69.4%，对政府应对"暴力恐怖事件"能力评价为满意的受访居民占 62.7%。从民族维度看，汉族受访居民对政府处理"群体性事件"能力的认可度最高，相关比例为 77.2%。藏族受访居民对政府处理"自然灾害事件"能力的认可度最高，相关比例为 80.1%。从城乡维度看，城镇受访居民对政府应对各项突发事件能力的评价均高于农村受访居民。

表 7-63　拉萨市受访者关于政府应对突发事件能力的评价　（%）

	自然灾害事件		生产安全事件		传染病及公共卫生事故		一般社会治安事件		群体性事件		暴力恐怖事件	
	满意	不清楚	满意	不清楚	满意	不清楚	满意	不清楚	满意	不清楚	满意	不清楚
汉族	63.2	36.8	66.7	33.3	63.2	35.1	70.2	29.8	77.2	22.8	71.9	28.1
藏族	80.1	18.1	76.0	22.1	72.3	24.9	78.8	18.7	69.2	28.3	61.4	36.1
农村	73.4	25.9	70.9	27.2	63.9	33.5	70.3	26.6	65.2	32.3	58.2	39.2
城镇	78.0	19.9	75.1	23.7	73.0	24.1	80.1	18.3	72.2	25.7	65.6	32.8
合计	76.0	22.3	73.4	25.1	69.4	27.8	76.2	21.6	69.2	28.3	62.7	35.3

十　总结与讨论

进入 21 世纪特别是"十二五"时期，拉萨市经济社会整体已实现快速发展。中国社科院发布的 2013 年《公共服务蓝皮书》报告中，拉萨市公共交通、公共安全、社保就业、城市环境、文化体育、GDP 杠杆指数 6 项要素满意度均位列全国 38 个主要城市第一。① 然而，位于反分裂斗争前沿的拉萨市在社会稳定和发展方面依然面临严峻的考验。因此，有必要对目前拉萨市经济社会发展的成就加以分析总结，对存在的问题进行讨论。

（一）取得的成就

在党中央和国务院的大力支持下，在自治区各级政府和人民的共同努

---

① 马捷：《齐扎拉：实施五大战略　谱写中国梦拉萨诗篇》，人民网：http://cpc.people.com.cn/n/2014/0110/c64102-24084940.html。

力下，拉萨市在促进经济进步、开展社会事业、改善民族关系、发展民族教育、保护民族文化等各领域取得了巨大的成就。具体来看，经济生活方面，政府对劳动力配置力度强，受访居民生活质量逐渐提高，休闲活动内容较丰富。社会事业均衡化程度不断提升，城乡公共基础设施正处于大力普及中，社会保障水平和覆盖面不断提升，扶贫工作获得受访居民一致好评，受访居民社会预期增强。民族关系不断改善，族际交往意愿较强，民族意识和国家意识增强，当地居民对外来人口欢迎程度较高，民族身份平等状况良好，民族冲突和宗教冲突不严重。民族政策得到有效贯彻执行，其中计划生育政策、高考加分政策、民族特殊优惠政策获得受访居民的较高认可。民族教育工作不断完善，受访居民对普通话功用的认知趋于全面，双语就学意愿高，双语教学效果好。受访居民文化保护意识突出，文化传承信心较强，政府保护民族文化工作开展顺利，取得较满意效果。社会和谐和安定程度高，受访居民社会压力感不大，安全感较高，公平感较强，社会冲突感弱化，对政府应对突发事件的能力评价较高。以上成就为拉萨市实现民族团结、社会融合，最终实现长治久安奠定了较为坚实的基础。

（二）存在的问题

拉萨市在促进民族团结和社会融合，实现长治久安和跨越式发展的道路上取得巨大进步，但受客观自然环境、文化传统、历史条件、区位交通、社会结构等因素的影响，拉萨市民族团结和社会融合进程仍然存在一些问题。民族团结和社会融合的对立面是民族隔离和社会排斥，这里涉及"边界管理"这一核心概念。下面本报告将从空间边界、文化边界、社会交往边界、干群边界、社会事业5个方面对当前拉萨市的民族团结和社会融合问题加以论述。

1. 人口迁移流动和劳动力配置模式

民族地区居住模式反映各民族在日常生活工作中基本互动格局和交往空间。不同的居住模式直接影响各民族的交往方式、社会地位、经济关系。[1] 然而当前拉萨市各族居民的居住模式存在明显的风格特征。首先，拉萨市民族成员居住分布分割态势明显，调查点中大部分汉族、回族受访

---

[1] 韩雪：《论居住模式变迁中族群边界的维持——以21世纪后盈江县景颇族为例》，《民族论坛》2014年第11期。

居民在农村居住，藏族 69.8% 受访居民主要集中在城镇。其次，民族成员房屋产权所有情况差异显著，藏族自有住房率较高，汉族主要以租住房屋为主。有研究表明，不同产权类型的自有住房对居民幸福感的影响存在显著差异，拥有大产权住房能够显著提高居民幸福感。[①] 因此，由居住模式分割奠定了各民族地理分布和基本幸福感的空间边界。

拉萨市人口迁移率低。根据调查数据，拉萨市移民（包括迁出、迁入）比例小，劳动力流动的时间和空间非常有限。即人口流动对居住模式差异形成的空间边界的柔化作用不大，空间边界有固化趋势。

劳动力配置模式健全与否对劳动力流动具有直接导向作用。拉萨市劳动力配置以政府保障就业为主，即权力授予模式，市场交换模式和社会关系网络模式受市场发育条件和人力资本储量的限制处于缺位状态。尽管政府保障就业稳定系数高，但也存在劳动力配置灵活度不高、供需结构不合理等问题。由于拉萨市地域人口分散与就业保障中心人力不足，使政府保障就业力度和范围受到较大限制，同时缺少市场配置和社会关系网络的扶助，劳动力缺乏社会支持流动率不高，族际之间的空间边界缺少突破力。

2. 民族文化得到传承，宗教信仰差异明显

文化的传承和发展是以符号为介质的文化再生产。语言是最主要、最广泛的文化符号，以藏族为主体的拉萨市受访居民日常交谈中使用本民族语言占九成以上。结合受访居民普通话掌握程度不高，居住模式分割使国家通用语言文字缺乏实用语境，形成了事实上民族之间的语言"孤岛效应"，"孤岛效应"在农村地区表现尤为突出。拉萨市受访居民传承本民族文化的途径主要是家庭、邻里和亲朋，家庭和亲友是民族文化传承历史文化记忆的主要途径。这种纵向的文化传承方式有利于原生文化边界的维持，却阻碍了民族之间文化的横向传播和融合。

同时，各民族宗教信仰差异较大，藏族主要信仰佛教，回族信仰伊斯兰教，汉族无宗教信仰居多，宗教边界也较为清晰。佛教在济贫、布施等方面对社会财富有一定的再分配作用，但是作为出世信仰的典型，佛教禁欲主义的生活方式、对现实世界的悲凉超越，对经济发展也可以产生负面

[①] 李涛、史宇鹏：《住房与幸福：幸福经济学视角下的中国城镇居民住房问题》，《经济研究》2014 年第 9 期。

作用,① 这一点可以在部分藏族受访居民就业意愿不强上得到印证。

此外,尽管拉萨市受访居民休闲活动较为丰富,但基本是以家庭、朋友等基本社会网络对本民族文化和宗教信仰的进一步强化。因此,现有的日常语言使用方式、民族文化传承方式和宗教信仰差异对文化边界,甚至经济生活边界、社会边界,具有较强的边界维持作用。

3. 社会交往层次越深入,交往边界越清晰

拉萨市民族交往过程中,受访居民在和不同民族成员聊天、做邻居或一起工作等方面的交往意愿较强,但成为亲密朋友的意愿不强,而在族际通婚方面几乎没有什么意愿。以上三类交往代表着族际交往梯度上的不同层次。族际通婚可以深刻地反映族群关系深层次的状况,标志着把一个"异族人"吸收进了"本族"的族群。② 美国社会学家辛普森和英格在他们的研究中把民族通婚率视为衡量种族、民族之间的"社会距离"和民族融合的一个十分敏感的指数。③ 我们可以将这一随着交往层次的加深,交往意愿显著降低,到族际通婚这一交往层次几乎没有交往意愿,实质上是以生计界限来防止"族际边界模糊"。

4. 社会事业总体发展水平与发展能力不足

边界管理状况取决于两个方面:边界差异程度和相互依赖程度。社会事业均衡化是缩小族群差异、改善干群关系、实现边界柔化和边界渗透的重要途径。当前拉萨市社会事业均衡化过程是增强居民对制度依赖程度的重要路径,并将成为由制度依赖向主动参与社会事业、实现责任共担的重要过渡。社会事业均衡弱化日常生活的基本差异:通过基础教育均衡发展,缩小居民参与社会竞争机会的差异;通过社会保险和就业服务,缩小居民参与社会竞争过程的差异;通过社会救助、扶贫项目缩小居民参与社会竞争结果的差异。因此社会事业均衡化是模糊边界、优化边界管理的重要过程,但是拉萨市社会事业均衡化过程中也存在一定问题。

拉萨市社会事业间接供给均衡,直接供给能力不足。在中央和全国人民大力支持、自治区重点关注和拉萨市委、市政府的积极协调下,拉萨市

---

① 杨森:《宗教与西藏经济发展关系透视》,《西藏民族学院学报》(哲学社会科学版) 2005 年第 1 期。

② 马戎:《民族与社会发展》,民族出版社 2001 年版,第 55—60 页。

③ Simpson, G. E. and J. M. Yinger, 1985, *Racial and Cultural Minorities: An Analyses of Prejudice and Discrimination*, Fifth edition, New York: Plenum Press, p. 296.

社会事业财政供给相对充足，管理体制机制较为完善，形成强劲的社会事业间接供给能力。但由于基层政府财政能力差异较大，居民参与社会事业的能力有限，且人口分散增加了社会事业成本（包括人力、财力、物力），拉萨市社会事业的直接供给能力相对不足，居民对于公共服务的可及性仍存在一定差异。例如，乡村受访居民对高考加分的满意度低于城镇受访居民，一方面受不同民族在城乡分布差异基础上的高考加分区别的影响，77.2%的汉族受访居民主要分布在农村；另一方面是由于农村居民获得中高等教育资源的机会仍然明显低于城镇居民。

（三）对策和建议

1. 落实全面从严治党要求，加强党风廉政建设

党的领导是民族地区实现经济社会持续发展和民族团结的根本保证。坚持党的政治领导、思想领导、组织领导，坚定反腐败的决心和意志。密切联系群众，坚持党的群众工作路线，全面开展群众监督，拓展群众参与反腐途径，提高群众参与反腐的能力，建立和谐的干群关系。对于举报腐败行为，给予法律上和制度上的安全保障，严惩打击报复举报腐败的行为，解决居民参与反腐的后顾之忧，增强居民的制度信任，巩固反腐的群众基础。

2. 合理引导社会关系网络与市场对接，实现劳动力合理流动

利用社会关系网络实现就业具有较好的成本效益。目前，拉萨市居民的社会关系网络广泛存在，但社会关系网络的成员很少融入市场。一方面源于市场的不完善，对于劳动力的吸纳能力不强，另一方面在于社会关系网络具有较强的稳定性。因此，通过政策引导和制度优惠，促进社会关系网络中部分成员进入市场，为其他成员提供典型示范效应，提高整个社会网络成员参与市场竞争的可能性。与此同时，需要加快户籍制度改革，进一步消除城乡劳动力流动的制度障碍，完善劳动力市场，扩大就业吸收能力。当然，以上举措需要与普及基础教育、提升人力资本协同进行，通过教育提升人力资本，增强劳动力融入能力，实现劳动力供需对接，增加社会密度，促进经济有序发展。

3. 大力发展教育事业和民族教育

教育内容现代化和教育实践频繁化，消融时间序列上传统记忆与现代化的边界，学校教育寄宿跨越民族交往的空间边界，通过普及双语教育，

跨越语言符号边界。让原有构成群体边界成员，以个体的方式进入新的空间，实现边界个体化和边界重组，形成新的组织形式。新的组织与其他组织边界嵌套互通，实现民族成员经历多样化，民族习惯多样化，以增加民族资本，提升民族融入主流社会的能力。

4. 加大社会事业投入，推动社会事业持续发展

加快推进社会事业发展，尤其是提高基层社会事业直接供给能力，按等于或高于内地相应标准配置基层从事社会事业的服务组织和经办机构，配备足够的工作人员，进一步提升社会事业在基层的影响力。正确看待短期"福利依赖"和"制度依赖"。依赖分为有条件基础上的依赖和缺少发展基础的依赖。前一种是资源的浪费，需要极力避免。对于缺少发展基础，自身无力改变的弱势民族而言，依赖有很强的短期价值，既有利于民族本身的成长和发展，缩小民族之间的差距，也是增强认同不可或缺的要素，因为民族认同一个基本前提是民族成员对群体形成依赖。

关键词索引

龙胜各族自治县 1, 2, 3, 54
旅游产业 125
生态保护 16, 17, 21, 24, 25, 26, 55, 58, 70, 71, 123, 150, 151, 166, 206, 237, 260, 271, 272
国家认同 56, 259
民族关系 37, 43, 44, 56, 58, 60, 88, 97, 98, 122, 123, 144, 147, 148, 149, 160, 161, 162, 163, 184, 211, 214, 215, 216, 246, 251, 252, 259, 260, 283, 288, 289, 290, 302, 303
隆林各族自治县 58, 59, 60, 69, 121
人口迁移 122, 303, 304
市场化就业 160
社会压力 108, 109, 122, 154, 155, 161, 218, 224, 249, 299, 303
族际交往 37, 38, 56, 88, 91, 122, 246, 283, 285, 303, 305
金秀瑶族自治县 123, 124, 125, 126, 139, 144, 160, 162, 163
人力资本开发 153, 161
民族文化保护 29, 55, 106, 107, 108, 142, 163, 181, 297, 298
民族团结 56, 60, 99, 121, 123, 144, 160, 161, 162, 163, 167, 290, 303, 306
景宁畲族自治县 165, 167, 168, 170, 172, 173, 174, 176, 177, 178, 179, 180, 181, 182, 183, 184, 185, 186, 187, 189, 190, 191, 192
城镇化 121, 134, 160, 161, 162, 163, 269
劳动力流动 61, 64, 65, 66, 67, 122, 126, 128, 148, 160, 167, 170, 171, 172, 191, 229, 262, 265, 266, 267, 304, 306
民族文化 26, 27, 28, 29, 31, 32, 33, 37, 55, 56, 58, 95, 103, 104, 105, 107, 108, 122, 123, 139, 141, 142, 143, 160, 161, 162, 163,

178，179，180，181，186，192，221，252，253，254，260，295，296，298，299，303，304，305

那曲县 193，194，195，196，197，199，209，222，223，224

双语教育 37，56，146，147，161，181，183，214，224，244，245，259，294，295，306

民族教育 33，55，101，260，292，302，303，306

白朗县 196，223，225，226，227，228，229，230，231，232，233，234，236，237，238，239，240，241，242，244，245，246，247，256，257，258，259

非农产业 195

生活质量 13，60，61，68，121，126，131，157，161，167，229，262，267，268，303

拉萨市 260，261，262，263，264，265，266，267，268，269，270，271，272，273，275，278，279，280，281，282，283，284，285，286，287，288，289，290，291，292，293，294，295，296，298，299，300，301，302，303，304，305，306

经济社会发展 1，2，54，58，59，99，108，123，124，126，162，165，166，191，193，194，225，226，260，261，290，299，302

后　记

　　中国社会科学院民族学与人类学研究所主持开展的国家社科基金特别委托暨中国社会科学院创新工程重大专项"21世纪初中国少数民族地区经济社会发展综合调查",在2013年完成民族地区16个县的问卷调查的基础上,2014年继续完成了城乡问卷调查(以下简称民族地区大调查),调查地点涵盖了内蒙古、吉林、浙江、湖北、广西、四川、西藏、青海、宁夏和新疆10个省区的18个县域。

　　受中国社会科学院民族学与人类学研究所委托,西藏大学、广西民族大学民族学与社会学学院、中央民族大学完成了对西藏、广西、湖北、四川、浙江5省区10个县市的3973份家庭问卷调查和158份社区问卷调查。

　　西藏大学的美朗宗贞和索朗仁青教授不仅精心挑选了富有问卷调查经验的本校藏族研究生和本科生,组织了近30人的调查队,而且亲自带队认真和高质量地完成了那曲县、洛扎县、白朗县和拉萨市共1507份家庭问卷和90份社区问卷的调查。

　　广西民族大学民族学与社会学学院的王柏中教授组织本院师生圆满完成了广西龙胜各族自治县、隆林各族自治县、金秀瑶族自治县共1203份家庭问卷和31份社区问卷的调查。

　　中央民族大学民族学与社会学学院艾斌教授、丁宏教授亲自挑选了本科、研究生阶段的同学组建了问卷调查队,于2014年7—8月圆满完成了湖北长阳土家族县、四川阿坝藏族羌族自治州的茂县和浙江景宁畲族自治县共1263份家庭问卷和37份社区问卷调查。

　　《2014年调查问卷分析·南方卷》共分七章,第一章广西龙胜各族自治县经济社会发展综合调查报告由张姗撰写;第二章广西隆林各族自治县经济社会发展综合调查报告由胡心瑜撰写；第三章广西金秀瑶族自治县经济社会发展综合调查报告由夏艳玲撰写；第四章浙江省景宁畲族自治县经济社会发展综合调查报告由张琳娜撰写；第五章西藏那曲县经济社会发展综合调查报告和第六章西藏白朗县经济社会发展综合调查报告由王媛撰写；第七章西藏拉萨市经济社会发展综合调查报告由黄万庭撰写。

中国社会科学院民族学与人类学研究所所长王延中研究员和丁赛研究员对全书进行了修改和统稿。

中国社会科学院民族学与人类学研究所大调查办公室在王延中所长的带领下对问卷设计、问卷调查的组织与协调、调查问卷录入、调查数据清理、调查数据分析等各项工作倾注了大量心血。同时，2014年大调查各子课题的主持人也对问卷调查给予了大力支持，10个省区、18个民族自治县的民委等有关部门也提供了大量的帮助，在此我们一并表示深深的谢意！